연방제의 이론과 실제

남북한 통합방안으로서의 유용성과 한계

연방제의 이론과 실제
남북한 통합방안으로서의 유용성과 한계

초판 1쇄 발행 2017년 4월 25일

저   자 | 이형근
펴낸이 | 윤관백
펴낸곳 | 도서출판 선인

등록 | 제5-77호(1998.11.4)
주소 | 서울시 마포구 마포대로 4다길 4 곳마루 B/D 1층
전화 | 02)718-6252 / 6257   팩스 | 02)718-6253
E-mail | sunin72@chol.com
Homepage | www.suninbook.com

정가 27,000원
ISBN 979-11-6068-083-6 93300

· 잘못된 책은 바꿔 드립니다.

[현대사총서 제48권]

연방제의 이론과 실제
남북한 통합방안으로서의 유용성과 한계

이형근 저

책머리에

　이 연구에 처음 관심을 갖게 된 계기는 1980년대 말경 뉴욕시립대학교 퀸즈대학에서 정치학을 공부할 때였다. 당시 석사논문 작성을 위해 남·북한 통일문제를 연구하던 중이었다. 분단의 아픔을 극복하기 위해 통일을 어떻게 하면 하루빨리 앞당길 수 있는지에 관한 문제의식을 갖고 이에 관한 책과 논문들을 찾아 연구를 시작했다. 그 당시 한국에서의 통일문제에 관한 연구물들을 검토한 결과, 연구물들의 양도 그다지 많지 않았거니와 질적으로도 이념적 진영논리에 상당히 치우쳐 있음을 발견하였다. 통일연구는 정부나 보수진영의 전유물이었으며, 주로 분단국 사례에 기초한 통일방안 연구나 북한고려연방제에 대한 비판이 주류를 이루고 있었다. 재야인사들이나 운동권으로부터의 통일에 대한 주장이나 연구도 일부 있었지만, 이들의 주장은 정부에 의해 거의 금기시되었다. 그것은 진보진영에서의 통일주장은 주로 반정부 투쟁적 성격을 지니고 있었기 때문이었다. 이러한 당시 국내에서의 이념적, 정치적 분열 양상은 자유로운 분위기에서 깊이 있는 학술적인 통일연구를 할 수 있는 분위기를 만들어내지 못하였다.

　국내서적에서 적절한 참고자료를 발견하지 못한 필자는 자연히 미국 내 도서관을 자주 찾을 수밖에 없었으며, 도서관에 소장된 영문서적들을 검토하는 과정에서 국가들 간의 통합문제에 관심을 갖게 되었다. 특히 필자의 관심을 끈 것은 평화적 대화를 통해 국가 간 통합을 이룬 사례들과 통합이론에 대한 것이었다. 당시 한국 내에 소개된 국가통합이론은 정치학 교과서에 짧게 소개된 수준에 불과했다. 그런데 미국이 연방국가이기 때문이었을까, 국가통합을 위한 정치제도 또는 국가유형으로서의 연방제도에 관한 수많은 연구서적들을 미국에서 쉽게 접할 수 있었다. 연방제라고 하면 무조건 북한의 연방제를 떠올리면서 외면했던 연방제도에는 북한 연방제와 다른 매우 다양한 연방제 유형이 존재한다는 것을 처음으로 인식하게 되었다. 그리고 북한이 연방제를 주장했다고 해서 연방제 자체를 무조건 거부해야 할 제도가 아니라는 것도 알게 되었다. 그리고 서구의 주요 선진국들인 미국, 캐나다, 독일, 호주, 스위스 등도 연방제를 채택하고 있고, 세계 인구의 3/4 정도가 연방제도 아래 살고 있다는 사실도 깨닫게 되었다.

이 지점에서 필자는 남북통합에 적용할 수 있는, 북한의 연방제와 다른 어떤 다른 유형의 연방제가 있지 않을까 하는 생각을 갖게 되었다. 그리고 연방제에 관한 국제정치학자들의 이론들과 비교연구 사례들을 연구하는 과정에서 왜 어떤 국가는 연방제 국가가 되었고 다른 국가들은 단일제 국가로서 존재하고 있는지에 관해서도 궁금증이 생겨났다. 또한 어떤 국가는 연방제를 성공적으로 잘 유지하고 있는 반면 다른 국가는 왜 실패했는지, 그 이유에 대해서도 관심이 생겨났다. 연구하던 석사논문은 시간상 제약 등으로 몇몇 국가들의 연방제 사례를 선별하여 한반도 통일에 주는 시사점을 정리하는 수준에서 마무리되었다. 2년간의 연수기간을 마치고 국내에 귀국하여 공무에 복귀한 필자의 뇌리에는 줄곧 연방제의 한반도에의 적용 가능성에 대한 심도있는 연구를 제대로 마무리하지 못한 안타까움이 자리잡고 있었다.

30년간의 공직생활에서 물러난 후 지난번 뉴욕 연수에서 못다 이룬 연방제 연구를 다시금 계속하고 싶은 마음이 생겨났다. 다행히 경남대학교 박사과정에 들어가 연구할 수 있는 기회가 생겨났다. 논문은 자연적으로 연방제 연구에 초점이 맞추어졌다. 국내의 연구성과들을 대상으로 선행연구를 실시한 결과, 아직까지도 국내에서는 연방제 연구가 불모지나 다름없다는 것을 알게 되었다. 그 주된 이유는 여전히 국내에서 연방제에 대한 부정적 이미지가 강고하게 자리잡고 있기 때문이었다. 그럼에도 불구하고 북한문제와 통일문제를 연구하는 학자들 사이에 연방제에 대한 관심은 점점 높게 나타나고 있는 것을 발견했다. 그것은 주로 그간의 정부의 통일방안이 제대로 통일에 기여를 하지 못하여 거의 사문화되어 있는 점과 현실적으로 흡수통일이나 무력통일이 거의 불가능하다는 인식에서 비롯된 것으로 보인다. 본 책자는 필자의 박사논문을 수정·보완한 것이다. 학술적 연구를 바탕으로 한 연방제에 관한 기본서로서 북한문제나 통일문제를 연구하는 전문가뿐만 아니라 일반인들의 연방제 일반에 대한 이해에 조금이라도 도움이 되었으면 한다.

이 책을 발간하기까지 도움을 주신 많은 분들에게 감사를 표하지 않을 수 없다. 우선 연방제에 관해 눈을 뜨게 해주신 뉴욕시립대학교 퀸즈대학의 슈나이더 교수님께 감사를 표한다. 그리고 박사공부를 계속 할 수 있는 기회를 제공해주고 연구를 끊임없이 독려해준 선배님들에게도 감사를 표한다. 연방제에 관한 박사논문을 완성할 수 있도록 논문작성을 지도해주신 김근식 교수님과 심사를 맡아주신 최완규 총장님, 이수훈 교수님, 김갑식 통일연구원 연구실장님, 이기동 국가안보전략연구원 교수님께 감사를 표한다. 무엇보다도 이 책이 세상에 나올 수 있도록 흔쾌히 필자의 출간요청을 수락해 주시고 애써주신 선인출판사 관계자들에게도 깊은 감사를 드린다. 그리고 바쁜 공직생활과 퇴직 후의 늦깎이 공부를 함에 있어서 아무런 불평도 없이 늘 묵묵히 곁에서 연구활동을 지켜봐 주고 내조를 아끼지 않은 아내와 가족의 사랑에 고마움을 표한다.

현 시기 북한의 핵·미사일 개발 가속화, 대북강경제제, 사드배치 등 문제로 한반도에서의 군사적 긴장과 대립이 증폭되고 있는 엄중한 상황 아래서 국민들의 통일에 대한 관심은 당분간 뒷전으로 밀려날 수밖에 없는 분위기다. 그러나 이 같은 상호대립의 분단의 고통을 치유하고 분단의 비용을 최소화할 수 있는 길은 오직 남과 북의 통합 또는 통일임을 누구도 부인하지는 못할 것이다. 아무쪼록 남·북한 통합방안으로서의 연방제에 대한 연구가 더욱 확대되어 한반도에서의 안정과 평화, 그리고 통일의 길을 여는 데 밑거름이 될 수 있기를 기대한다.

2017년 3월
따뜻한 봄날을 기다리며
이형근

차 례

책머리에 · 4

제1장_ 머리말 · 11

제2장_ 선행연구 고찰 및 차별성 · 19
    제1절 선행연구 고찰 ·· 21
    제2절 기존연구와의 차별성 ·· 30

제3장_ 연방제의 이론 · 33
    제1절 연방제 개념 ·· 35
        1. 서구의 연방제 개념 ·· 35
        2. 북한의 연방제 개념 ·· 66
    제2절 연방제의 유형 ·· 71
        1. 엘라자르의 "연방정치체제 모형" ································ 71
        2. 왓츠의 "연방정치 파트너쉽 스펙트럼" ······················ 73
        3. 버제스의 "연방민주주의 국가 모델" ·························· 76
    제3절 연방제 국가의 형성과정 ·· 77
        1. 연방제의 기원 ·· 77
        2. 형성 조건 ·· 81
        3. 형성 과정 ·· 85
        4. 연방국가의 성공과 실패 조건 ···································· 92
    제4절 연방제의 장·단점 ·· 103
    제5절 소결론 ·· 107

제4장_ 연방제 국가의 법제·운영의 다양성 · 113
    제1절 헌법적 제도설계의 다양성 ·· 115
        1. 초국가기구 ·· 118
        2. 구성단위체 ·· 137
        3. 재정연방주의(fiscal federalism) ································ 140

제2절 실제적 운영(actual practice)의 다양성 ………………… 141
　1. 서구 자본주의국가들의 연방제 운영 ……………………… 141
　2. 사회주의국가들의 사이비연방제 운영 …………………… 146

제5장_ 연방제 통합사례 · 149
제1절 이체제국가 간 연방제 통합사례 ……………………… 151
제2절 2개국가 간 연방제 통합사례 ………………………… 156
제3절 단일국가에서 연방국가로의 통합사례 ……………… 158
제4절 연방제의 진화·퇴행 사례 …………………………… 160
　1. 국가연합에서 연방국가로 진화 …………………………… 161
　2. 국가연합에서 단일국가로의 진화 ………………………… 165
　3. 연방국가에서 단일제 국가로의 진화 ……………………… 166
　4. 연방제의 퇴행 ……………………………………………… 167

제6장_ 남·북한의 연방제국가로의 통합조건 · 171
제1절 통합조건 Ⅰ: 통합 촉진요인 …………………………… 175
　1. 심리적 요인 ………………………………………………… 175
　2. 구조적 요인 ………………………………………………… 183
　3. 호혜적 요인 ………………………………………………… 190
　4. 소결론 ……………………………………………………… 196
제2절 통합조건 Ⅱ: 통합 장애요인 …………………………… 197
　1. 심리적 요인 ………………………………………………… 197
　2. 구조적 요인 ………………………………………………… 210
　3. 제도적 요인 ………………………………………………… 242
　4. 소결론 ……………………………………………………… 263

제7장_ 맺음말: 연방제 통합의 한계와 시사점 · 267

참고문헌 · 275
부록 · 287
찾아보기 · 293

제1장_ 머리말

제1장_ 머리말

　남·북한은 지난 2000년 남북 정상 간 6·15공동선언의 합의를 통해 완전한 통일에 앞서 과도체제로서 연합·연방의 복합국가체제를 단계적으로 거치는 것이 바람직하다는 데에 인식을 공유하고, 남북 간 화해·협력과 통일을 위한 노력을 경주해 나갈 것을 다짐하였다. 그러나 이러한 합의에도 불구하고 합의가 이루어진지 15년도 더 지난 현재까지 한반도에서 남과 북의 대결과 긴장상태는 전혀 나아지지 않고 있다. 오히려 북한의 핵·미사일 개발 문제를 둘러싸고 유엔과 국제사회의 북한에 대한 전례없는 제재와 압박이 가중되는 가운데 한반도에는 군사적 충돌의 위험이 증대되고 있다. 한반도 신뢰프로세스의 기조 아래 남북간 현안을 대화에 의한 신뢰형성을 통해 해결해 보려던 한국정부도 대북정책의 최우선적 목표를 북한의 비핵화에 두고 국제사회와 공조 아래 제재와 압박을 통한 북한의 태도변화 유도에 모든 역량을 집중하고 있다.

　한반도의 분단은 남과 북에 군사·안보 분야뿐만 아니라, 사회·경제·문화 등 다방면에 걸쳐 수많은 문제들의 근원이 되어왔다. 이로 인해 남과 북의 주민들은 직·간접적으로 말로 다할 수 없는 고통을 받아왔으며, 분단상태가 지속되는 한 이러한 고통은 계속될 수밖에 없는 상황이다. 상황이 이렇기 때문에 남과 북 모두 통일을 염원하며 분단해소를 위해 많은 노력을 기울여왔다. 이같은 노력에도 불구하고 남·북한 정부의 통일방안은 통일에 아무런 실질적인 기여를 하지 못하고 사문화된 지 오래되었다. 또한 무력통일이나 흡수통일의 가능성이 기대되지 않는 상황에서 통일에 대한 회의적 시각이 날로 늘어나고 있으며, 이에 따라 자연히 통일논의도 새로운 돌파구를 찾지 못한 채 방향성을 잃고 표류하고 있다.

이러한 한반도의 분단과 통일에 대한 문제의식을 바탕으로 '연방제 통합' 문제를 다루려고 한다. 여기에서의 연방제 개념은 북한식 "련방제"나 협의의 연방국가가 아닌 단방제에 대한 상대적 개념으로서 공동체, 국가연합, 연방국가 등을 모두 아우르는 포괄적 개념의 복합정치체를 의미한다. 따라서 북한의 "련방제"뿐만 아니라, 남한의 남북연합도 모두 연방제 개념에 포괄하였다. 또한 통일한국의 연방제는 최종적인 국가형태뿐만 아니라, 과정으로서의 연방제의 개념도 포함하고 있다. 그간 한국에서의 연방제에 대한 연구는 주로 북한식 연방제에 초점을 맞추어 주로 이를 비판하는 방향으로 이루어져왔다. 이 때문에 '연방제' 용어 자체에 대한 부정적 인식이 강고하게 자리잡게 됨으로써 그간 학계에서 연방제의 개념이나 연방제의 다양성 등 연방제도 일반에 대한 논의와 연구가 상대적으로 미진했다.

한 국가가 통합의 국가유형 또는 정치제도로서 연방제를 택할지, 단방제를 택할지는 순전히 선택의 문제이다. 본 연구에서는 무력통일과 남북 현(現)단방제 체제로의 흡수통일의 문제점, 이(異)체제 하에서의 남과 북의 오랜 분단의 지속으로 인한 적대성과 이질화의 심화 등 통일의 환경적 요인, 그리고 연방제도의 장점 등을 고려하여 연방제 통합을 상정하였다. '공치와 자치'를 통해 '큰 것의 최선과 작은 것의 최선', 즉 통일성과 다양성을 동시에 구현하여 사회적 갈등을 해소하려는 연방제도의 장점 등을 고려할 때, 단방제가 아닌 연방제 국가로의 통일한국의 통합에 관한 연구는 나름대로 의미가 있다.[1] 또한 연방제 통합에 대한 연구는 남한의 연합제안과 북한의 낮은 단계의 연방제안을 하나의 연속선상에 존재하는 '공치와 자치'

---

[1] 손병권은 한국의 통일과정이 무력에 의한 강제 병합 상황으로 펼쳐지지 않을 것을 가정할 경우, 가장 현실적인 통일방안은 연방제 국가로의 통일이 될 것이라고 주장하면서, 통일한국의 국가형태가 단방국가가 아닌 연방국가의 형태를 지닐 것이라는 점에 대해서는 학자 간의 이견이 거의 없다고 말한다. 손병권, "통일한국의 의회제도," 윤영관, 강원택 엮음, 『통일한국의 정치제도』, 서울대학교국제문제연구서 총서 6(서울: 늘품플러스, 2015), p. 174.

의 포괄적인 연방제의 개념적 틀 속에서 이들의 공통점에 주목하여 접점을 모색할 수 있는 가능성을 제시해줌으로써 남과 북의 합의에 의한 통일의 길을 여는 데에도 기여할 수 있을 것이다.

그런데 여기서 과연 한반도에서 통일한국의 연방제로의 통합이 실제로 실현 가능한지에 대한 근본적인 의문이 제기된다. 그리고 연방제로의 통합이 가능하다면, 연방제의 다양한 유형 가운데 어떤 유형으로의 통합이 선택 가능한지, 특히 연방국가로의 통합은 가능한지, 단계적 통일방안 마련과 관련하여 결합도가 낮은 단계에서부터 높은 단계로의 연방제 국가형태의 진화는 가능한지 등에 관한 각종 물음이 생겨난다. 본 연구는 이같은 물음에 대한 해답을 찾기 위한 기초작업의 일환으로서 서구학자들의 연방제에 대한 비교정치학적 이론과 실제적 사례연구 결과를 바탕으로 연방제도의 다양성을 제시하려고 노력하였다. 그리고 연방제의 성립과 유지에 필요한 핵심적인 구성요소인 통합/성공요인(구심력)과 분화/실패요인(원심력)에 주목하여 통일한국의 '연방제 통합조건', 즉 통합 촉진요인과 장애요인에 대한 심층적인 분석을 시도하였다. 연방제 통합조건의 연구를 통해 얻게 될 통일한국의 연방제 통합에 대한 가능성과 심리적, 법적·제도적, 구조적 한계에 대한 현실적 진단은 남과 북의 통일준비, 통일교육, 통일전략, 통일과정과 단계, 통일방안, 통일한국의 헌법적 제도설계 등에 관한 연구와 정책 마련에도 새로운 시각을 부여해 줄 수 있을 것이다.

본 연구의 대상범위는 현존하는 연방제 국가뿐만 아니라, 역사상 존재하였으나 소멸되었던 서방 및 사회주의 진영의 연방제 국가들의 주요 형성·운영 사례와 독일 및 남북한의 통일방안과 같이 국가통합(통일) 방안으로 검토되었거나 현재 검토되고 있는 연방제 방안까지를 연구대상에 포함시켰다.[2] 남북한 통일방안의 경우는 남·북한 정부의 공식적인 통일방안과

---

2) 본서에서 '통일'은 명시적이며, 법적·제도적 측면에 초점을 두고, 특정한 시점을 기준으로 한 개념으로, '통합'은 좀 더 포괄적이고 동적인 분석적 개념으로서 통

김대중 전 대통령의 통일방안이 주요 검토대상에 포함되었다. 연구방법으로는 서방의 저명한 연방제 이론가들의 연방제 관련 각종 영문 단행본 및 논문 등 연구문헌을 주로 활용하였다. 또한 한국정부의 각종 자료, 북한 발행 노동신문, 단행본 및 보도자료, 통일관련 국내학자들의 연구자료, 기타 공개된 자료의 활용을 통한 기존의 연구문헌 분석방법을 주로 하여 과학적이고 실증적인 고찰을 시도하였다. 먼저 연방제 용어의 개념 및 사용상의 혼선을 극복하기 위해 학제 간 연구방법을 혼용하여 헌법학 및 국제법적 개념과 국제정치학적 개념을 심도 있게 비교분석함으로써 연방제의 일반적 개념에 대한 올바른 이해를 도모하려고 노력하였다. 특히 듀차섹(Ivo D. Duchacek), 왓츠(Ronald L. Watts), 엘라자르(Daniel J. Elazar), 버제스(Michael Burgess) 등 서방의 저명한 연방제 이론가들의 연방제 이론들을 상세하게 소개하고, 다양한 복합국가의 유형들을 검토하였다. 또한 내재적 비판적 접근방법을 사용하여 북한식 "련방제" 개념의 성격을 올바로 규명하려고 노력하였다. 즉 북한의 연방제 개념의 특수성을 북한의 내재적 시각에서 뿐만 아니라, 연방제에 대한 서구의 일반적, 외재적, 비판적 시각을 동시에 고려하여 분석하였다.3) 그리고 연방제의 비교분석을 위해 법적·제도적 구조와 형태를 비교하는 정태적, 기술적, 평면적 비교방법과 더불어 그 형성 및 발전과정과 연방과 지방간 세력균형의 상호관계를 중심으로 연방제 운영의

일을 포함하는 개념으로 사용하였다. 통합은 각 부문의 유기적 상호의존과 결합을 중시하며, 최종적인 결과보다는 과정을 중시한다. 박종철, "남북한 정치공동체 형성방안," 『남북한 '실질적 통합'의 개념과 추진과제: 민족공동체 형성을 중심으로』, 인문사회연구회 협동연구총서 2002-1(통일연구원, 2002), p. 2; 통일과 통합에 대한 개념 비교와 학자들 간 견해의 비교는 김학노, "'분단-통일'에서 '분리-통합'으로: 남북한 관계에 대한 함의," 『분리·통합의 비교사례』, KAIS 한국국제정치학회 주최 KAIS 2013 연례학술회의(2013.12.13), pp. 43-65 참조.
3) 이종석은 "내재적 비판적 접근방법"에 대해 어떤 현상이든 일단 '안'으로부터 이해한 뒤에 그 검토는 '안'으로부터만이 아니라 '바깥'의 기준을 가지고 검토할 수도 있다고 설명한다. 이종석, 『새로 쓴 현대 북한의 이해』(서울: 역사비평사, 2000), pp. 24-27.

다양성을 상호 비교하는 동태적 방법론을 병행 사용하였다.

본 연구는 다음과 같이 구성되었다. 먼저 제1장에서는 본 연구의 목적과 방법론 등에 관해 소개하고, 제2장에서는 남·북한 통합과 관련된 연방제 이론 및 사례연구 및 각종 통합방안들에 관한 선행연구들을 검토하였다. 그리고 본 연구의 기존연구와의 차별성을 기술하였다.

제3장에서는 연방제에 대한 이론적 배경으로서 우선 연방제 일반의 국제법적·국제정치학적인 일반적, 보편적 개념과 북한식 연방제 개념의 특수한 성격을 분석하였다. 그리고 이러한 개념을 바탕으로 연방제의 다양한 유형과 연방제의 기원, 형성요인, 형성과정, 연방제의 장·단점을 살펴보았다. 제4장에서는 통합조건의 구심력과 원심력의 차이로 인해 발생하는 연방제의 다양성을 문서상의 헌법적 제도설계의 다양성과 실제 유지·운영상의 다양성으로 구분하여 설명하였다. 그리고 서구 자본주의 연방제 사례와 사회주의의 연방제 사례간의 실제적 차이점을 제시하였다. 제5장에서는 연방제 통합(추진) 사례를 이념적 이체제 국가 통합, 2개 국가 통합, 단방제국가에서 연방국가로의 통합, 연방제 진화·퇴행 사례 등으로 구분하여 설명하였다.

제6장에서는 연방제 통합사례 분석을 통해 도출한 연방제 국가들의 통합조건을 바탕으로 한반도의 특수성을 고려한 통일한국의 연방제 통합조건을 분석하였다. 제1절에서는 연방제 통합조건의 하나인 '통합 촉진요인'을 서구 등의 연방제 국가들의 통합요인, 성공조건들을 토대로 그 구성요인별로 구분하여 각 요소들에 대해 세밀한 분석을 시도하였다. 제2절에서는 연방제 통합조건의 또 다른 하나인 '통합 장애요인'을 서구 등의 연방제 국가들의 분화요인, 실패조건들을 토대로 그 구성요인별로 나누어 분석하였다. 제7장 결론 부분에서는 이제까지의 분석결과를 토대로 연방제 통합의 현실적 한계와 이것이 통합준비, 헌법적 제도설계, 연방제의 운영과 유지, 연방제의 진화 등에 주는 정책적 함의와 시사점을 도출하였다.

제2장_ 선행연구 고찰 및 차별성

제2장_ 선행연구 고찰 및 차별성 21

제1절 선행연구 고찰

연방제 통합에 관한 선행연구는 남·북한 정부 및 전문가들이 연구, 제안 해온 연방제 이론 및 사례 연구와 통일(통합)방안들을 중심으로 고찰하였다. 김명기는 연방제의 개념과 유형, 성립요인 등을 연구하였으나, 주로 국제법적 개념에 편중되어 국제정치학적 개념에 대한 연구가 미흡하다.[1] 이로 인해 국가연합과 연방국가의 국가유형들을 국제법적 시각에서 단절적으로 구분함으로써 이들 유형들 간의 공통점과 현실에 존재하는 다양한 국가유형들의 형태를 파악해 내지 못하는 한계를 드러내고 있다. 연방제 형성과 관련해서도 성립요인에만 한정되어 있어 연방제 유지를 위한 성공요인이나 실패요인에 대한 분석이 전무하다. 그리고 연구대상 자료들이 1950-1970년대의 자료들로서, 그 이후의 다양한 연구결과들을 반영하지 못하고 있다.

박도태는 남·북한 정부의 연방제 방안과 남한 내 재야세력들의 연방제 통일론을 망라하여 제시하였으나, 연방제 분석의 패러다임을 물리학적 개념이나 국제법적 개념에 기초하여 구성함으로써 대부분 추상적이고 이론적인 측면의 분석에 그치고 있다.[2] 국제정치학적 개념을 이용한 연방제 국가들의 현실적 사례에 대한 비교분석 결과들을 활용하지 못한 한계를 보여주고 있다.

---

1) 김명기,『연방제에 관한 종합적 연구』, 연구논문시리즈 88-07(일해연구소, 1988).
2) 박도태,『연방제 통일론』(서울: 정경숙, 1988).

민병천의 경우도 한반도의 통합과 분열요인에 관한 연구결과를 제시하였으나, 세계 연방제 국가들에 대한 비교연구 이론과 실제 사례들에 대한 연구결과가 반영되지 못하고, 당시의 한반도를 둘러싼 국제적 상황과 남북관계, 남한 국민들의 의식에 대한 분석에만 국한되어 있다.[3]

연방제에 대한 개념상 오해와 편견, 그리고 이에 기초한 분석의 오류의 혼란상은 대부분의 북한의 연방제 통일방안에 관한 비판적 연구들에서 극명하게 드러난다.[4] 김명기는 북한도 '국가연합'과 '연합국가'(연방국가)를 구별해서 사용하고 있으면서도 연방제를 제의할 때에는 어느 것인지를 분명히 밝히지 않고 있다고 말한다.[5] 오일환, 정성장 등 다수의 학자들도 북한이 연방국가인 연방제안을, 대외적으로 영문으로 표기할 때는 국가연합을 의미하는 'confederation'이라는 용어를 의도적으로 사용함으로써 이중적 행태를 보이는 등 혼란전술을 구사하는 등 모종의 불순한 의도를 숨기고 있다고 주장한다.[6] 이 같은 북한식 연방제 용어에 대한 이해의 혼란은 국가연합과 연방국가를 단절적으로 이분법적으로 구분하는 국제법적 개념에 입각하여 북한식 연방제의 개념과 내용, 그리고 북한식 연방제 통일방안을 분석하려고 하는 데서 비롯되고 있다. 다시 말해 북한식 연방제 개념을 내재적 시각이 아닌 외재적 시각에서만 분석하려고 하는 데서 오류를 범하고

---

3) 민병천, "한반도의 통합과 분열요인에 관한 연구," 『안보연구』 13(1983.12), pp. 5-19.
4) 박호성, "북한통일정책 연구의 쟁점: 연방제 통일방안을 중심으로," 『북한연구학회보』 제8권 제2호(북한연구학회, 2004), pp. 1-31 참조.
5) 김명기, 앞의 책, p. 51.
6) 오일환은 북한의 이러한 이중적 의도는 대외적 선전효과를 노려 해외교민이나 외국세력과 통일전선을 구축하고자 함에 궁극적 목적이 있다고 주장한다. 오일환, "북한의 통일정책," 김경웅 외, 『신북한 개론』, 개정판(서울: 을유문화사, 1999), p. 288; 정성장은 국제사회에는 국가연합 방식의 통일을 주장함으로써 급격한 통일이 비현실적이라는 국제여론을 무마시키는 한편, 남한에는 연방제 통일을 주장함으로써 신속한 통일을 원하는 남한 국민의 민족주의적 정서에 호소하기 위한 대남선전 차원에서 비롯되었다고 주장한다. 정성장, "통일정책의 전개와 변화," 박호성, 홍원표 외, 『북한사회의 이해』(고양: 인간사랑, 2002), p. 380.

있다. 또한 서구의 국제정치학적인 연방제 이론이나 실제에 대한 이해 부족에서도 혼란이 발생하고 있다. "련방제"나 federation, confederation의 용어 개념을 단순히 '련방제=연방국가', 'federation=연방국가', 'confederation=국가연합'으로 잘못 치환해 버리는 오류를 범하고 있다. 북한식 "련방제" 개념은 사전적 정의와 다르게 일상에서 국가연합과 연방국가를 포괄하는 개념으로도 사용되고 있다. 'confederation'은 국가연합의 의미로만 쓰이는 용어가 아니라 연방국가들에 대해서도 사용되는 용어이다. 연방국가들인 스위스나 캐나다 등의 경우, 현재까지 confederation으로 호칭되고 있다.

연방제의 이론과 실제적 통합 사례에 대한 사실관계의 왜곡도 다수 나타났다. 김은진은 역사적으로 지분국(지역정부)의 연방탈퇴에 의한 연방제 붕괴로 이어진 사례가 없다고 주장한다.[7] 그의 주장은 통합조건의 가변적 특성으로 인해 통합조건 가운데 분화적 요인의 원심력이 커질 경우에는 연방제가 진화하지 못하고 퇴행했던 역사적 사례들을 간과하고 있다. 소련연방, 체코슬로바키아연방, 유고연방 등은 지분국의 탈퇴로 해체되었다. 또한 그는 중국과 홍콩처럼 사상과 제도 면에서 차이가 나는 경우에도 연방제는 실현되었다고 주장한다.[8] 그러나 중국의 일국양제는 연방제 사례가 아니라, 단방제 국가인 중국이 영국과의 협약을 통해 자신의 우월적 지위에서 홍콩을 50년 기한의 특별행정자치구로 편입시킨 것에 불과하다. 정성장은 국가연합에 참여한 국가들이 초기에는 초국가기구에 주권의 일부만 양보하지만, 공동의 필요에 의해 외교나 국방 등 주권의 중요한 부분을 초국가기구에 이양하게 되면 연방제로 발전한다고 주장한다.[9] 그런데 역사적으로 존재했던 국가연합들은 모두 외교, 국방 등 중요 권한을 갖고 있었다.[10] 그리

---

7) 김은진, 『남북연합연방제 통일론』, 평화통일교육총서 03(서울: 리아트코리아, 2015), p. 225.
8) 위의 책, pp. 226-228.
9) 정성장, "한반도민주평화상생통일방안의 모색," 경실련 통일협회 편, 『통일 논의의 쟁점과 통일운동의 과제』(서울: 선인, 2015), p. 193.

고 국가연합의 초국가기구의 권한과 기능이 연방국가의 것보다 큰 경우들도 있었다. 국가연합과 연방국가의 구분기준은 중앙화의 크기가 아니다.[11]

남·북한 통일방안에 관한 연구는 북한의 연방제 방안의 성격과 불순한 의도를 중심으로 한 비판적 연구와 기능주의적 통합이론에 근거한 남북연합제, 즉 한민족 공동체방안에 대한 연구에 초점을 맞추어 집중적으로 실시되어 왔다. 남·북한 정부의 통일방안은 모두 통합조건에 대한 고려가 매우 부족하다. 북한이 제기한 연방제의 통합조건 및 구성요건들의 문제점은 선결조건의 비현실성, 남한혁명을 통한 흡수통일 의도, 연방정부의 성립과 유지에 필요한 실질적 구성요건의 결여, 정치·군사적 타결 우선입장, 낮은 단계의 연방제안의 초국가기구인 민족통일기구의 불충분한 중앙화의 문제 등으로 요약될 수 있다. 그리고 남한 연합제안의 문제점은 기능주의적 접근방법의 한계, 지나치게 점진적(정부案)이거나 지나치게 급진적(김대중案)인 남북연합으로의 진입조건, 남북연합의 단순 협의체적 성격, 남북연합에서 단방제(정부안) 또는 연방제 국가(김대중안)로의 비약적 진화 등을 들 수 있다. 남북연합 진입조건은 주로 남북관계나 북한의 문제에 초점이 맞추어져 있고, 남한의 문제는 조건에 포함되어 있지 않다. 마치 남한은 통합문제와 관련하여 아무런 문제가 없는 것처럼 가정되어 있기 때문에 진입을 위해 남한이 갖추어야 할 조건에 대해서는 아무런 언급이 없다. 또한 정부의 한반도 신뢰프로세스는 너무 추상적으로 되어있어 어느 정도의 수준에서 진입조건이 충족되는지가 불분명하다.

---

10) 부록 〈표 2〉 초국가기구(국가연합) 참조.
11) 과거에 존재했던 고도로 비중앙화된 서인도 연방과 보다 중앙화된 국가연합성격의 동아프리카공동기구(East African Common Services Organization)가 이러한 예에 속하며, EU의 내부 경제연합에 관한 관료적 규제는 어떤 면에서는 캐나다 연방보다도 더 중앙집권화되어 있다. Ronald L. Watts, "Comparing Forms of Federal Partnerships," in Dimitrios Karmis and Wayne Norman, eds., Theories of Federalism: A Reader(Palgrave, 2005), p. 245.

사실 김대중안은 다른 통일방안들에 비해 단계별 통합유형에 대한 진입조건을 다소 구체적으로 제시했다는 점에서 평가할만하다. 그럼에도 불구하고 김대중의 3단계 통일론의 경우도 비현실적인 측면이 있다. 그는 이질성을 극복할 수 있는 시간과 절차가 요구된다고 하면서도, 제1단계인 남북연합단계의 기간을 10년 정도로 설정했다.[12] 최소한의 정치적 신뢰를 바탕으로 정치적 결단에 의해 곧 바로 남북연합단계로 진입한 상태에서 불과 10년 동안에 북핵문제 해결, 군사적 긴장 해소를 통한 평화체제 구축, 그리고 연방국가로의 진입조건으로 제시된 북한의 자유민주주의 시장경제로의 체제 전환, 화폐·금융·재정 통합, 외교·군사 통합, 사회·문화 통합 등을 모두 한꺼번에 이뤄낸다는 것은 거의 불가능하다. 이러한 짧은 기간의 설정에는 김 전(前)대통령 자신의 통일에 대한 의지와 자신감, 북한지도층에 대한 신뢰가 반영된 것으로 보인다. 그러나 이제까지의 남북관계의 경험에 비추어 볼 때 이는 지나치게 낙관적이다. 그리고 연방제 통합조건에는 이 외에도 심리적 요인 등 다양한 구성요인들이 있기 때문에 성공적인 통합을 이루기 위해서는 몇몇 정치지도자 개인의 의지나 지도력만으로는 부족하다. 그 외에도 시민, 단체, 북한 지도층, 주변 이해당사국 등 다양한 행위자들의 참여와 협력이 필요하다.

그런데 최근에는 기능주의적 접근방법의 한계성에 대한 인식의 확산과 더불어 6·15공동선언을 통한 남북 간 연합·연방제 합의 발표를 계기로 남북문제를 연구하는 학자들 사이에 북한의 연방제안 뿐만 아니라 남한의 통일방안에 대해서도 다양한 비판과 새로운 제안들이 쏟아져 나오고 있다. 이들 제안들은 주로 낮은 단계에서 높은 단계로의 점진적, 단계적 통합 필요성에 관심을 보이면서, 단계별 통합국가 유형과 중앙-지역 간 권력배분의 헌법적 제도설계의 연구에 주로 초점을 맞추고 있다.

---

12) 아태평화재단,『김대중의 3단계 통일론』(아태평화재단, 2009), p. 49.

세종연구소는 화해협력-남북연합-연방-통일국가의 4단계 통일방안을 제시하였다.13) 서동만은 기존의 민족공동체 통일방안에 연방제를 가미함으로써 북측에 다가갈 필요가 있다고 말한다.14) 정용길은 오늘날의 남북한 관계를 고려한다면 적어도 중간단계에서 국가연합이나 연방제를 상정해 볼 수 있으며, 연방제 통일에 앞서 남북한은 우선 국가연합의 단계를 거치는 것이 바람직하다고 말한다.15) 우성대는 남북한 간의 구조적 동일성을 확보해 나가며, 이의 증대 정도에 부응하여 '국가연합-연합성연방-연방국가'의 순으로 점진적인 정치통합을 이루어 나가는 방식이 가장 이상적이며 합리적이라고 주장한다.16) 김재경은 남북 쌍방이 공존·공영하는 방식은 결국 연방제 통일 밖에 없다고 말한다.17) 김용욱은 남북신뢰구축단계-국가연합성연방제단계(단일국호 사용, 중앙정부는 외교권 관장)-전형적인연방국가단계의 점진적 정치통합을 이루어나가는 방법을 제시하였다.18) 강광식은 남·북한의 현존 3대 통일방안은 '남북대화와 교류·협력 단계'(현단계)-'연합제 1단계'(김대중의 남북연합/북측의 낮은 단계 연방제)-'연합제 2단계'(김대중의 연방제/북측의 연방제)-'통일'(북측의 제도통일)로 수렴이 가능하다고 주장한다.19) 최양근은 단계적 연방제통일방안으로 제1단

---

13) 세종연구소,『21세기를 향한 한국의 국가전략』(세종연구소, 1996), pp. 150-153.
14) 서동만, "남북한 통일방안의 접점," 고려대 아세아문제연구소 편,『남북정상회담과 패러다임 전환』(고려대 아세아문제연구소, 2000), p. 42.
15) 정용길, "남북한 통일방안과 과도체제 모색,"『사회과학연구』, 제10권 1호(동국대학교 사회과학연구원, 2003년 8월), pp. 10-11.
16) 우성대, "북한의 연방제 통일방안의 재검토,"『한국동북아논총』, 제9권 제4호 통권 33호(한국동북아학회, 2004. 12), p. 98.
17) 김재경, "6·15남북공동선언을 토대로 한 통일방안 모색,"『인문·사회과학』, 제37집(한남대학교, 2007), pp. 39-43.
18) 김용욱,『한반도 연방제 통일실현의 단계와 과정에 관한 연구』, 한남대대학원 박사학위논문(2008. 8), pp. 6-7.
19) 강광식, "남북한 통일방안과 통일지향적 과도체제로서의 복합국가체제: 그 수렴과 가능성 탐색,"『한국과 국제정치』, 제24권 제2호 통권 제61호(경남대학교 2008 여름), p. 88.

계는 1민족, 1국가, 2체제, 2정부의 연합형연방제를, 제2단계는 1민족, 1국가, 2체제, 2지역정부의 연방제로, 제3단계는 1민족, 1국가, 1체제, 14지역정부의 세분화된 연방제를 제시하였다.[20]

이 같은 남·북한 통일방안에 관한 국내의 다양한 시각이나 제안들을 살펴보면, 몇 가지 문제점들이 발견된다. 우선 각종 통합유형별 분석에 있어 전통적인 국제법적 시각에 매몰되어 국가연합과 연방국가의 법적 성격 차이에 관한 분석에만 치우쳐 있다. 그로 인해 연방제 유형의 구분에 있어서 국가연합과 연방국가를 단절적으로 파악함으로써 통일한국이 취할 연방제국가 유형의 선택지를 매우 협소하게 만들고 있다. 또한 동 제안들에는 연방제 일반에 대한 개념의 올바른 이해는 물론 정치적 현실을 고려한 국제정치학적 개념의 다양한 연방제국가들의 유형, 연방제국가 형성과정 및 형성·유지 조건, 법제·운영상의 다양성 등에 관한 비교분석이 현저하게 결여되어 있다. 그리고 동 연구들은 점진적, 단계적 통합추진의 필요성에 대체로 공감하면서 현 남북연합제안의 대안으로서 통합의 단계별 이행과정을 세분화하여 연방국가 유형을 중간단계에 포함시킬 필요성을 제기하는 등 단계별 통합유형과 헌법적 제도설계로서의 중앙-지역 간 권력배분 문제에만 치중하여 이를 제시하는 수준에 그치고 있다. 단계별 통합 이행에 선행적으로 요구되는 조건, 즉 통합요건에 대해서는 거의 분석이 이루어지지 않고 있다.

정성장은 국가연합과 연방국가 유형간의 공통점과 "친화성"을 강조하면서, 초국가기구의 역할과 기능의 조정 등 헌법적 권력배분의 제도설계의 변화를 통해 낮은 단계에서 높은 단계로의 자연스러운 단계적 이행을 이루는 "한반도민주상생통일방안"을 제시하였다.[21] 그러나 역사적 사례들은 통

---

[20] 최양근, 『단계적 연방 통일헌법 연구』(서울: 선인, 2011), p. 8.
[21] 정성장, 앞의 논문, pp. 187-221; 정성장, "남북한 통일과정에 대한 새로운 접근: 연합에서 연방으로," 『황해문화』(2004 가을), pp. 163-164.

합요건의 충족없이는 자연스런 평화적 이행이 쉽지 않음을 보여준다. 독일, 스위스나 미국 등 당초 국가연합으로 출발한 국가들이 연방국가로 이행한 역사적 사례들은 국가연합의 실패 등의 경험을 통해 새로운 대안으로 결합도가 더 높은 연방제를 선택하여 전쟁 등 진통 끝에 완성하였음을 보여준다.

또한 정계를 비롯한 학계 등의 수많은 인사들은 2개 구성국으로 된 연방국가의 불안정성의 해소방안의 하나로 연방국가 형성 전후에 지역정부를 도(道)와 같은 행정단위나 지역단위로 세방화하여 지역정부의 수를 늘려 연방국가를 안정화시키는 문제를 제안하고 있다.[22] 그런데 이런 세방화 제안은 연방제 통합조건의 구성요인들에 대한 이해가 부족한 면이 있다. 연방제 국가의 통합요인인 구심력과 분화요인인 원심력의 상대적 힘은 항상

---

[22] 김대중은 3단계 연방제에서 독일과 미국과 같은 세분화된 연방제를 제시하였다. 아태평화재단, 앞의 책, pp. 21, 27; 민주평화통일자문회의 사무처는 거시연방인 남북연방이 안정적이지 못하기 때문에 중위연방제가 바람직하다면서, 중위연방제의 시안으로서 남과 북의 10개주로 구성되는 연방을 상정하였다. 민주평화통일자문회의 사무처, 『민족통합을 위한 새로운 패러다임』, 민주평통 정책연구자료 제24호 (2006. 6), pp. 34-35; 단계적 연방제 통일방안을 제시한 최양근은 제3단계 세부화된 연방에서 남한 6개 정부, 북한 6개 정부, 공동으로 강원도 1, 연방수도 1 등 총 14개 지역정부 구성을 제의한다. 최양근, 『한반도 통일연방국가 연구: 동북아를 넘어 유라시아로』(서울: 선인, 2014), pp. 383-385; 이옥연은 분단체제의 경험을 감안하여 남북한 대신 남한과 북한을 구성하는 도 단위를 근간으로 연방제도를 구성할 것을 제안한다. 이옥연, "연방제도 다양성과 통일한국 연방제도의 함의," 『한국정치연구』, 제4집 제1호(2015) p. 77; 조민은 통일코리아의 국가형태로 10개 이상의 다양한 지역정부를 포섭하는 분권형의 '한반도형 다(多)연방제 국가' 구상 필요성을 제시한다. 조민, "통일방안의 재검토와 '연방제 프로젝트'," 경실련통일협회 편, 『통일논의의 쟁점과 통일운동의 과제』(서울: 선인, 2015), pp. 174-175; 이상우는 남과 북의 지역자치정부로 구성되는 연방을 10년간 실시한 후, 남과 북을 각각 4개의 지역으로 나누어 총 8개 주를 하나의 연방으로 묶는 방안을 제시한다. 이상우, "남북한정치통합: 전망과 과제," 『국제문제』 271(1993. 3), p. 55; 정용길은 통일한국의 국가형태는 한반도 내의 심한 지역감정까지 고려하여 4-5 또는 5-6개의 주정부를 갖는 연방제를 구상해 볼 수도 있다고 주장한다. 정용길, "남북한 통일정부 구성을 위한 단계적 접근방법," 『행정논집』, 제20권(동국대 행정대학원, 1992), p. 5.

변화하는 과정을 겪기 때문에 세방화로 인해 원심력이 상대적으로 커질 경우에는 중앙의 통제력 약화와 지역정부의 분리이탈을 촉진시켜 자칫 연방국가가 분열될 수 있는 위험성도 있음을 간과하고 있다.

임채완과 장윤수는 남북한이 6·15공동선언에서 확인하고 있는 연합제의 형성조건을 모색할 필요가 있다면서 냉전체제의 청산과 남북기본합의체제의 복원, 평화협정체제의 구축, 주한미군 문제가 쟁점으로 제기될 것이라고 지적한다.23) 이들이 남북연합의 형성조건에 주목한 것은 평가할만하지만, 형성조건이 단순히 남북 간의 평화정착을 위한 체제적 조건의 수준으로만 축소된 측면이 있다. 적극적인 형성조건을 포함한 다양한 통합조건의 구성요소들을 체계적이고 총체적으로 제시하지는 못하였다.

권양주도 남북한 간 이질화된 체제의 통일, 주민들의 통합 등을 고려할 때 통일 전에 정지작업이 이루어져야 할 일들이 무수히 많다면서, 남북 평화통일을 위한 조건에 대한 분석이 필요하다고 지적하였다. 그는 평화통일을 위해 최소한 마련되어야 할 조건으로, 주변국들의 협력과 지원 획득, 대량살상무기 통제 관련 국제규범 준수, 남북한 변화와 여건형성 등을 제시하였다.24) 그러나 그의 이러한 조건들에 대한 분석은 다소 범위가 확대되기는 하였지만, 평화통일에 대한 장애요인을 중심으로 이들 가운데 몇 가지 요소만을 단편적으로 검토한 수준에 그치고 있다. 장애요인뿐만 아니라, 통합을 위한 또 다른 조건인 통합 촉진요인을 동시에 제시하여 분석하지 못하고 있다. 그리고 통합조건의 구성요소들의 종류와 성격, 특성, 통합요인과 장애요인들 간의 상관관계, 한반도적 통합조건이 통일한국의 연방제 통합에 미치는 영향 등을 총체적으로 파악하지 못한 한계를 드러내었다.

---

23) 임채완·장윤수, "연방제와의 비교를 통해 본 남북연합의 형성조건," 『한국동북아논총』, vol. 28(한국동북아학회, 2003), pp. 79-104.
24) 권양주, 『한반도 평화통일 프로세스』(서울: 선인, 2014), pp. 104-131.

제성호는 대한민국의 헌법은 완성형으로서 헌법상 연방제 통일과 연방국가 창설은 위헌이고 위험하기까지 하다고 주장한다.[25] 이 같은 그의 주장은 헌법의 현실 규율적 측면에 지나치게 집착한 나머지 헌법이 끊임없이 변화하는 현실사회 내 제세력들 간의 권력관계를 반영한 정치적 흥정의 결과적 산물이라는 측면을 간과하고 있다. 어떤 국가가 연방제를 채택할지 여부는 헌법을 초월한 고도의 정치적 행위로서 이루어지는 선택의 문제로서 국민적 합의가 있는 한 새로운 헌법의 개정과 제정은 얼마든지 가능하다. 그의 이러한 연방제에 대한 부정적 주장은 연방제 성립과정에 대한 지나친 법적 접근방식과 더불어 연방제를 북한식 연방제로 등식화하는 식의 연방제에 대한 편협적이고 부정적인 선입견에서 비롯된 것으로서, 정치적 현상으로서의 연방제의 기본적 성격과 다양성에 대한 균형적인 시각이 결여되어 있다. 북한식 연방제가 문제가 있다고 해서 연방제 자체를 버리려는 것은 마치 욕조의 목욕물을 아이와 함께 모두 버리는 격이다.

제2절 기존연구와의 차별성

본 연구는 다음과 같은 몇 가지 점에서 기존연구와 차별성을 갖고 있다.

첫째, 연방제에 대한 연구 방법에 있어서 서구의 국제정치학자들의 다양한 이론과 비교정치학적 연구결과들을 소개하여 연방제에 대한 폭넓은 이해를 도모하였다. 특히 국가연합과 연방국가의 개념적 차이점을 부각시켜 이들을 단절적으로 파악했던 기존의 국제법적 개념에서 탈피하여, 연방제 개념을 독립국가들과 단일제 국가로 통합된 국가 사이의 연속선상에 존재하는 복합정치체로 파악함으로써 포괄적인 광의의 연방제 개념을 제시하

---

[25] 배정호·제성호, 『연방제 통일과 평화협정』(파주: 형성출판사, 2016), pp. 72-123.

였다. 이에 따라 국가연합, 연방국가 등 다양한 유형의 통합국가 유형들을 연방제 개념에 포괄시킴으로써 통일국가의 연방제 통합의 선택지를 국가연합이나 연방국가의 단순한 이분법적 구분에서 벗어나 다양한 유형으로 그 범위를 확대하였다.

둘째, 연방제의 개념과 이론에 대한 올바른 이해를 바탕으로 연방제 개념에 대한 혼란과 오해와 편견을 극복하고 보다 객관적인 입장에서 연구를 진행하였다. 특히 역사상에 존재했거나 존재하고 있는 연방제 국가들의 실제적 사례들에 대한 비교정치학적 연구결과들을 활용하여 추상적이고 형식적인 이론적 접근보다 더욱 실증적인 경험적 접근방법을 도입하였다.

셋째, 기존의 북한의 연방제 연구는 서구의 국제법적 시각에서 주로 이루어졌으나, 본 연구는 내재적 비판적 연구방식을 도입하여 북한식 "련방제" 개념의 특수한 성격을 분석해 내었다. 북한의 시각에서 이들이 자신들의 "련방제"를 어떻게 개념화하고 있는지에 주목하여 서구의 국제법적 및 국제정치학적 연방제 개념과의 차이점뿐만 아니라, 북한 정치사전에서의 정의와 북한문헌과 주요 북한지도자들의 언술, 그리고 통일방안에서 사용되는 "련방제", "련방", "련방국가", "국가연합" 등 용어들의 개념적 차이도 분석해 내었다.

넷째, 국가 간 통합에 대한 연구대상을 기존의 독일, 예멘, 베트남 등 몇몇 분단국 중심에서 연방제 국가들로 확대하였다. 이로서 국가 간 통합과 관련한 더욱 다양한 비(非)분단국가들의 연방제 국가 형성, 유지의 성공·실패 사례들에 관한 비교연구결과들을 남북통합 연구에 반영하였다.

다섯째, 기존의 연방제 통합 연구분야가 주로 통합의 결과, 즉 법적, 제도적 측면에 주목하여 연방제 국가의 헌법적 제도설계 분야, 즉 국가형태의 유형과 중앙과 지역 간 권력분배 제도를 중심으로 이루어져 온 반면, 본 연구는 통합의 과정에 주목하여 통합의 조건을 중점적으로 분석하였다. 통합조건을 구성하는 다양한 요소들을 규명해 내고, 이들의 성격과 특징 등을 파악하였다. 그리고 통합 촉진요인의 구심력과 통합 장애요인의 원심력으로 이루어진 통합조건의 이러한 상반된 힘이 통일한국의 연방제 통합의 형성과 유지, 그리고 진화의 각 과정에 어떠한 영향을 미치는지를 중점적으로 분석하였다.

여섯째, 기존의 연구가 북한의 남한체제로의 흡수통일을 가정하고 단방제 국가로의 통합을 목표로 이루어졌음에 반해, 본 연구는 통일국가 과도기적 형태 또는 최종적 형태로서 연방제 국가로의 통합을 연구의 대상으로 상정하였다. 이로써 통일한국의 국가형태에 대한 선택을 협소하게 단일제 국가에 한정하지 않고, 다양한 연방제 국가형태들로 그 선택의 지평을 확대하였다. 이로써 현실적인 통일한국의 목표와 통일과정, 통일준비에 대한 새로운 시야를 열어 놓았다.

일곱째, 기존의 연방제 연구의 대상은 주로 북한의 연방제안으로서 이에 대한 비판적인 연구가 주류를 이루었다. 본 연구는 북한 연방제안 뿐만 아니라, 세계의 다양한 연방제 국가의 사례들을 연구대상으로 삼아 그 교훈들을 한반도 상황에 적용하였다.

마지막으로, 입체적이고 종합적인 통합조건에 대한 연구를 통해 한반도에서의 연방제 통합의 가능성과 한계에 대한 규명을 시도하였다.

제3장_ 연방제의 이론

연방제에 대한 이론은 우선 연방제 개념에 대한 올바른 이해에서부터 출발해야 한다. 먼저 서구의 연방제 개념에 대한 이해를 위해 국제법적 개념과 더불어 다양한 국제정치학적 개념을 함께 고찰하여 이들 개념들 간의 유사점과 차이점을 비교함으로써 연방제 개념을 보다 명확하게 규정하려고 한다. 특히 이러한 서구식 연방제 개념에 대한 이해를 통해 북한의 "련방제" 개념과의 차이점을 규명함으로써 북한의 "련방제"에 대한 올바른 이해를 모색하려고 한다. 또한 광의의 연방제와 협의의 연방제, 연방주의(federalism)와 연방정치제도(federal political system), 연방국가(federation), 국가연합(confederation) 등 연방제를 둘러싼 각종 용어들의 개념적 차이를 살펴봄으로써 연방제 용어 사용을 둘러싼 혼선을 최소화하려고 한다. 그리고 이들 연방제에 대한 개념적 이해의 연장선상에서 연방제 국가들의 다양한 유형들과 연방제 국가의 형성, 연방제의 장·단점 등에 대한 국제정치학자들의 이론들도 함께 고찰하려고 한다.

제1절 연방제 개념

1. 서구의 연방제 개념

'연방'(federal)의 어원은 라틴어 foedus에서 유래한 것으로서, 특정의 공동 이익을 증진할 목적으로 이루어진 개인이나 집단 상호 간의 믿음과 신뢰에 기초한 계약(contract), 서약(pledge), 언약(covenant), 맹약(compact), 동맹(alliance), 조약(treaty)이라는 뜻과 연관되어 있다. 특정 개인이나 집단들 간의 결합의 한 형태(a form of union)인 연방의 도덕적 기초는 상대방에 대한 신뢰와 존중, 파트너쉽의 평등성, 상호성, 자발적으로 합의한 것에 대한 충실한 이행과 같은 사고들로부터 생겨난다. 이러한 연방의 어원에 따라 18세기와 19세기의 영국, 프랑스, 미국의 사전들도 연방주의(federalism), 국가연합(confederation), 연방국가(federation)라는 용어들을 '주권국가들 간의 일종의 결합, 동맹, 맹약'의 개념으로 모두 같은 의미로 정의했었다.

그런데 이러한 어원적 정의에도 불구하고 연방이라는 용어는 국민주권국가들 간의 국제법적 결합관계를 설명하려는 국제법학자들과 국제정치현실의 현상을 설명하고 설계하려는 국제정치학자들 간에 연방의 핵심적 요소에 대한 관점의 차이에 따라 다양하게 정의되고 있다.

가. 국제법학적 개념

국제법학적 개념의 연방제는 단일 민족국가의 형성과 단일한 배타적 국가주권 문제가 중시되었던 근대의 시대적 정신을 반영하여 연방을 국제법 인격의 측면에서 정의하고 있다. 주권국가들 간의 결합방식을 기본단위인 주권국가의 존재방식에 따라 크게 연방국가와 국가연합이라는 두 가지 유형으로 나눈다. 연방제를 연방국가와 동일시하면서, 특히 국가연합과 대조하여 그 법적 개념을 명확하게 구분하고 있다.

(1) 연방국가(federation)

연방국가는 복수의 지분국으로 구성된 국가지만, 중앙정부(연방정부)만이 완전한 국제법적 주체성을 향유하고 국제법적 법인격을 가지며, 구성국들은 극히 제한된 특정사항(예: 문화적 사항)에 관해서만 국제법적 법인격을 갖거나 전혀 갖지 않는 복합국제인(composite international persons)이다.[1] 연방제 또는 연방주의란 경성헌법과 서로 다른 형태의 대의제도를 기초로 한 국가 수준 및 지방 수준에서 서로 독립적인 정부들이 일정 영역에서의 분권을 인정하면서 하나의 국가단위를 조직하는 방식을 말한다.[2] 이것은 기존의 주권국가에 해당하는 단위들이 자신들에 의해 행사되는 주권의 일정한 정도를 양도하여 자신들을 대표하는 상위의 기구를 새로 조직하여 운영해 나가는 방식이다. 따라서 양도된 주권을 기반으로 새로 만들어진 대표기구는 참여한 단위체에 일정한 정도의 권한을 행사하면서 구속력을 강제할 수 있는 기구로서 존속하고 기능하게 된다.

이에 따라 연방국가에서는 연방이 국제법상 책임을 진다. 연방만이 전쟁을 선포하고 강화를 행하며, 외교사절을 파견·접수하고, 조약을 체결하며, 동맹에 가입할 수 있는 권한을 갖고 있다. 연방 내 구성국 간의 전쟁은 내전으로 간주된다. 구성국 국민은 연방의 단일국적을 보유한다. 연방이 군병력을 보유하며, 중앙통치기구는 단일국가의 통치기구와 같이 입법기관으로서의 의회, 행정기관으로서의 정부, 사법기관으로서의 법원으로 구성되는 것이 일반적이다.

(2) 국가연합(confederation)

국가연합은 연방국가와 달리 복수의 국가가 국제법상 국가의 자격을 보유하면서 상호대등한 지위에서 공통의 이익을 위하여 조약에 의하여 결합하고 공동의 기구를 통해 외교 기타 일정한 사항을 협의하여 그에 관한 기능을 공동으로 행사하는 국가결합이다. 이는 복수의 국가가 개별적으로 국

---

1) 최진, 『국가연합의 기구에 관한 연구』(2004), pp. 1-2; 최진, "남북의 통일방안으로서 국가연합과 연방국가," 『비교법학』, 제4권 (전주대학교 비교법학연구소, 2004), pp. 1-2.
2) 김동성, "통일한국의 체제 및 이념 모형과 국민정치의식 정향," 『한국과 국제정치』 제10권 1호(1994 여름), p. 76.

제법상 법인격을 유지하면서 특정한 권한을 보유하는 공동의 연합기구를 가지고 새로운 법적 실체를 구성하는 국가결합이라고 말할 수 있다.3) 연합제는 주권국가에 해당하는 단위체들이 그대로 주권을 유지한 상태에서 상호 간의 필요에 의하여 결합되어 있는 방식이다. 따라서 연합제 방식에서는 연합체에 참여하는 단위를 통제하거나 지배할 수 있는 통치구조가 존재하지 않고, 다만 연합에 가입한 단위체들로 구성된 회의체가 존재하게 된다.

국가연합의 특징은 국가연합 자체는 원칙적으로 국제법의 주체가 아니며, 외교권을 비롯한 대외적 권한은 원칙적으로 구성국들이 행사하되, 국가연합은 그 설립문서인 조약이 인정하는 범위(예: 전쟁개시권, 강화권 등) 내에서 대외적인 권한을 행사한다. 국가연합은 구성국이 행한 국제법 위반행위에 대하여 국제적 책임을 지지 않는다. 국가연합의 경우는 원칙적으로 그 구성국이 자체의 병력을 보유하며 국가연합은 원칙적으로 병력을 보유하지 않는다. 구성국 국민은 국가연합의 국적이 아니라 소속 구성국의 국적을 갖는다. 단 국가연합 구성국들은 상호간에 상대국 주민에 대하여 일반적으로 다른 외국인과는 다른 특별한 우대를 한다. 국가연합의 구성국은 독립국가의 지위를 갖고 있기 때문에 상호간에 외교사절을 파견·접수한다.

따라서 국가연합은 새로운 중앙정부를 창설하지 않고, 보통 각 구성국 대표로 구성되는 합의체인 공동의 상설기구를 통해 조약에 규정된 일정한 범위 내에서 구성국을 대표할 뿐, 구성국 국민에게 직접 통치권을 행사하는 중앙권력기관이 아니다.4) 연방국가와 달리 국가연합의 통치기구는 의회, 즉 '연방의회'(Diet)로 구성되고 행정기관과 사법기관은 설치하지 아니

---

3) 최진, 앞의 논문, pp. 1-2.
4) 김용재, 『국가연합 형태 통일 이후의 국가상』, 국통조 87-1-1 (국토통일원조사연구실, 1987.1), p. 5.

하는 것이 일반적이다. 특히 연방국가의 경우는 연방헌법을 해석하기 위해 연방법원을 설치하는 것이 일반적이며, 이 연방법원의 헌법 해석은 연방구성국을 구속한다. 그러나 국가연합의 경우는 연방헌법이 없으므로 이를 해석하기 위한 국가연합의 법원을 두지 않는 것이 일반적이다.

나. 국제정치학적 개념

대내외적인 법적 주권 문제에 중점을 두고 연방국가와 국가연합을 비교적 명확하게 구분하는 국제법적 개념 정의와 달리, 국제정치학적으로 사용되는 연방제는 현실에서의 다양한 정치적 권력관계의 현상에 주목한다. 연방제는 학자들에 따라 매우 다양한 의미로 정의되고 있어 단일한 정의를 내리기는 어렵지만, 연방제를 보는 시각은 대체로 세 가지로 나누어진다. 연방제를 ① 그룹 거버넌스에 기초하여 지역공동체들을 결합시키는 흥정과 타협의 과정, 또는 ② 이러한 과정의 결과나 수단, 즉 헌법적 연방제도나 기관으로 묘사하기도 하고, ③ 실질적인 정책적 측면에서 정부의 여러 층(layers) 간의 공공재 부문의 기능들과 재정의 분립에 주목한다. 또한 연방제를 국제법상의 연방국가, 국가연합 등 모든 국가결합 유형을 포괄하는 광의의 복수국가 복합체의 의미로 정의하기도 하고, 협의로는 국제법상의 연방국가의 개념과 유사한 의미로 사용하기도 한다.

연방제에 대한 다양한 정의에도 불구하고 일반적으로 국제정치학에서의 연방주의는 '다양성의 유지와 보호'를 위한 하나의 정치적 통합방식으로서 개념화되고 있다. 중앙정부(또는 기구)와 지방정부(또는 기구) 간 권한의 분배와 지위의 독립성, 즉 공치와 자치, 통합과 분권화를 중심으로 그 개념을 정의할 수 있다.

(1) 위어와 "연방주의 원리"

위어(K. C. Wheare)는 캐나다 및 호주와 같은 영국 웨스트민스터 모델에 기초한 의회 연방국가(parliamentary federation)의 위험성, 즉 중앙정부 권력의 비대화에 따른 구성주(構成州)의 이익이 희생될 수 있는 위험성을 경고하였다. 그는 권력을 주의 깊게 행사토록 하는 연방주의 정신으로서의 비공식적인 '정치적 신뢰'의 안전장치뿐만 아니라, 헌법 안에서의 '공식적인 법적 권력배분'의 안전장치가 필요함을 주장하였다. '자유민주적 헌법주의'를 옹호한 그는 연방정부의 '덕과 악'은 인내와 타협주의, 속도가 느린 보수주의, 법치주의라면서, 연방국가로 판단할 수 있는 기준 또는 척도로서 "연방주의 원리"(federal principle)를 제시하였다. 연방주의 원리는 "일반(중앙)정부와 지방정부가 각각 일정한 범위에서 조정적이고(coordinate) 독립적(independent)일 수 있도록 권력을 배분하는 방법"이다.5) 그는 연방주의의 본질은 연방정부와 지방정부가 각자의 관할권의 범위에서 상호 독립적으로 권한을 배분하고 있는 점이라면서, 그 결과 법적으로 어느 일방이 타방에 종속되지 않는다고 설명한다. 중앙정부가 지방정부에 종속되게 되면 이는 연방국가가 아니라 국가연합이라는 것이다. 그는 연방정부의 특징으로 중앙정부와 지방정부 간 권력배분을 구현한 성문헌법, 일방적이 아닌 협력을 통한 공식적인 헌법수정 과정, 헌법에 의해 정해진 권한을 행사하는데 필요한 충분한 재원(finance)에 대한 통제, 갈등을 조정하고 해결할 사법부, 헌법법률가의 역할 등을 지적한다. 그는 연방주의를 목적이 아닌, 좋은 정부라는 목적을 이루려는 수단으로 여겼다.

그러나 그는 법과 현실을 구별할 필요성을 인정하고 "제한적이고 조정적인 정부기능의 배분의 엄격한 기준"은 실제적인 운영에서는 좋은 정부나

---

5) K. C. Wheare, *Federal Government*, 4th ed.(London: Oxford Univ. Press, 1963), p. 10; Michael Burgess, *In Search of the Federal Spirit: New Theoretical and Empirical Perspectives in Comparative Federalism*(Oxford Univ. Press, 2012), p. 38.

효율적인 정부를 위해 일부 수정될 필요성도 있다고 말한다. 그는 "순수하고 엄격한 의미의 연방국가"(pure, strict federalism)는 실제적으로는 거의 존재하지 않으며, 언제 어디서나 항상 좋은 정부인 것도 아니라고 주장한다. 그는 "차이점이 연방주의를 만들어낸다"(difference produces federalism)고 말한다. 현실에서는 대부분 '엄격한 연방주의'가 수정된 형태로 나타나기 때문에 엄격한 연방주의의 기준에 부합하지 않음에도 불구하고 연방국가로 불리는 수많은 사례들이 있다는 것을 인정한다. "이제까지 언급된 엄격한 의미의 연방국가(federation)는 이러한 특정한 의미를 갖기 이전에 종종 연방국가(federation)로 불리던 광의의 속(屬) 가운데 하나의 종(種, one species of a wider genus)이다."[6] 실제적인 현실에서 나타나고 있는 수정된 다양한 연방주의의 형태에 대한 그의 주장은 후에 엘라자르(Daniel Elazar)와 왓츠(Ronald L. Watts)의 비교 연방주의 연구에 기여하게 된다. 그는 헌법의 법 규정과 헌법의 운영(practice) 면을 구별해야 한다면서, 헌법의 현실에서의 운영 면이 법 규정보다도 더 중요하다고 말한다.[7] 또한 그는 연방은 법조문(letter)뿐만 아니라 정신(spirit)도 중요하다고 말한다. 그는 연방국가(federal government)는 다양성만을 의미하는 것이 아니라, "통일성 안의 다양성"(multiplicity in unity)을 의미한다면서, "연방주의는 이러한 두 가지 목적을 조화시키는 하나의 방법"이라고 설명한다.[8]

(2) 리빙스턴과 "연방주의 사회"

이에 대해 리빙스턴(W. S. Livingston)은 미국 내의 남과 북 주, 캐나다 내의 다수 영국어계 주와 소수 프랑스어계 퀘벡 주의 2가지 사례를 들면서, 연방주의의 기본성격을 소수를 보호하는 "반 다수결주의"(anti-majoritarian)

---

6) Wheare, op. cit., p. 245.
7) Ibid., p. 20.
8) Ibid., pp. 244-245.

라고 규정한다. 그는 연방주의 연구에 있어서 위어의 협의의 법적 접근방식에서 벗어나 "연방주의 사회"(federal society)라는 사회학적 개념을 도입하였다. 그는 연방주의의 올바른 작동을 위해서는 다양한 사회적, 경제적, 문화적, 정치적 제 세력들 간의 서로 다른 의견들에 대한 "상호 협력과 존중"의 연방주의 정신이 중요함을 강조하였다. "연방주의의 근본적 성격은 법적, 헌법적 용어의 가림막(shadings) 속에서가 아니라, 연방주의의 외적 형태를 필요하게 만든 경제적, 사회적, 정치적, 문화적 세력들(forces) 안에서 찾아야한다."9) 형식과 기능이 있는 제도 그 자체는 보다 깊은 곳에 있는 연방주의적 사회의 특질이 표면화된 것에 불과하다.10) 따라서 연방주의의 본질은 제도적, 또는 헌법적 구조(structure)에 있지 않고 사회 그 자체에 있기 때문에 연방정부는 연방주의적 사회의 특질들이 그것에 의해 구현되고 보호되는 수단에 불과하다. 성문헌법의 역할이나 특정 유형의 정치제도도 물론 연방형태의 정치조직에 있어 매우 중요하기는 하지만, 진짜 중요한 것은 사회가 이러한 제도를 운영하는 방식이다. 그는 헌법적이고 정치적인 이론과 실제 간의 차이를 인정하면서 중요한 것은 형식(form)이 아니라 운영(operation)이라고 주장하고, 더 중요한 것은 운영방식을 결정하는 사회적 세력들(social forces)이라고 말한다. 연방주의를 이해하는 데 있어 중요한 키(key)는 정치제도와 사회 간의 관계 속에 있을 수 있다. 그는 연방주의적 사회의 특질은 경제적, 종교적, 인종적, 역사적인 다차원의 다양한 요소들이 영토적으로(territorially) 나뉘어 집단화된(grouped) 것이라고 한다.11) 영토적

---

9) W. S. Livingston, "A Note on the Nature of Federalism," *Political Science Quarterly*, vol. 67 (1952), pp. 83-84.
10) 윌데브스키(A. Wildavsky)는 리빙스턴의 '사회적 연방주의'(social federalism)를 인정하면서도, 이와 다른 개념으로서 '구조적 연방주의'(structural federalism)의 전형인 미국과 호주는 사회적 구성보다 오히려 먼저 채택된 구조적 틀이 기득의 이익을 창출해냈다고 설명함. A. Wildavsky, ed., *American Federalism in Perspective*(Boston: Little, Brown and Company, 1967), p. 178.
11) 밀러(J. D. B. Miller)는 상대적으로 동질화된 호주의 경우에 연방제를 채택하고 있

으로 집단화 되어 있지 않다면 그것은 연방주의가 아니라 기능주의나 다원주의, 모종의 조합주의로 보아야 한다는 것이다.12) 그는 연방주의의 두 가지 특징으로서 연방주의는 근본적으로 사회학적 현상이며, 정치조직의 한 형태로서 영토적으로 기반을 두고 있다고 주장한다.

그는 다양성 자체가 모두 연방주의로 귀결되는 것은 아니라면서 다양성의 원심력과 통합하려는 구심력이 함께 존재할 때 연방주의 사회가 구현되며, 이러한 사회는 소위 "다양한 형태의 자기표현"(varying forms of self-expression), 즉 요구들에 의해 다양하게 나타난다고 주장한다. 연방이 생겨나는 것은 정반대인 두 개의 힘의 긴장과 갈등의 산물, 즉 구성단위체를 위한 자치·독립으로 향한 힘과 이러한 다양성을 억누르는 역방향으로 향한 중앙화의 힘의 산물이다. 따라서 연방국가나 연방제는 "이러한 두 가지 요구들의 타협의 제도화"이며, 그 결과 나타난 성문헌법은 이러한 타협의 선을 그어 놓은 것이다. 결국 헌법이라는 것은 두 개의 요구들의 상대적 힘에 따라 더 연방적이 되기도 하고 덜 연방적이 되기도 한다. 따라서 연방주의는 정도(degree)의 차이지 종류(kind)의 문제가 아니다. 정부의 연방적 특질을 결정하는 것은 헌법이 아니라, 이러한 요구들의 결과로 도입된 "대행기관들의 전체적 패턴"(a whole pattern of instrumentalities)이다.13) 사회 경제

는 이유는 인종, 언어 등과 같은 사회적 이질성이 아니라, 강한 지역성(locality) 때문이라고 지적한다. J. D. B. Miller, *Australian Government and Politics: An Introductory Survey*(London Gerald Duckworth & Co., 1954), pp. 150-151; 갤리건(B. Galligan)은 연방주의에 대한 사회학적 접근법을 비판하면서, 연방주의는 사회적 차이의 함수라기보다는 제도적 유형과 정치 공동체의 함수라면서, 이질적인 사회보다는 동질적인 사회에서 더 잘 기능한다고 주장한다. B. Galligan, *A Federal Republic: Australia's Constitutional System of Government* (Cambridge: Cambridge University Press, 1995), p. 55.

12) Livingston, op. cit., p. 85; 다원주의적 자유주의자인 버제스는 영토에 기반을 둔 연방주의 개념은 현재까지도 학자들 간에 커다란 논쟁점 중의 하나라고 소개하면서 대륙 유럽의 연방 전통은 "비영토적 연방주의"(non-territorial federalism)를 수용하여 독특한 연방주의의 역사를 만들었다고 설명한다. Burgess, *op. cit.*, p. 62.

13) 버치(Anthony Birch)는 리빙스턴이 '연방사회'에 대한 적절한 정의를 내리지 못하고

적 그리고 문화·이념적 다양성의 형태가 여러 가지듯이, 그러한 요구에 맞게 설계된 대행기관들과 다양성 간의 관계와 합치성도 또한 사회마다 다양하게 나타난다. 학자들은 성문헌법이 연방적인지 아닌지를 판단하기 위해 어떤 기준을 설정하려는 경향이 있지만, 어떤 나라가 연방인지 아닌지는 연역적(a priori) 리스트의 헌법적 특징들을 검토함으로써가 아니라, 이러한 대행기관들의 패턴을 검토함으로써 결정되는 것이다.14) 소련이 헌법상 구성국의 탈퇴권을 부여하고 있을지라도 미국보다 더 연방주의적이라고 말할 수는 없으며, 스페인과 프랑스는 헌법상 단일제 국가임에도 정치과정을 더욱 자세히 들여다보면 그 운영에 있어서는 연방주의적임을 알 수 있다.

그는 연방주의가 헌법의 함수가 아닌 사회의 함수이기 때문에 절대적 용어가 아닌 상대적 용어라고 말한다. 각 국가는 한 극단에 이론적으로 완전히 통합된 사회로부터 다른 극단에 완전히 분권화된 사회에 이르는 스펙트럼 상의 어느 한 지점에 위치하게 된다.15) 어느 한 쪽에 모든 사회가 단일제로 되어 있거나 다른 한쪽에 모든 사회가 분권화된 그런 지점은 없다.16)

(3) 라이커와 "정치적 흥정"으로서의 연방주의

실증주의 정치이론가인 라이커(W. H. Riker)는 20세기를 "연방주의의 시대"라고 선포하고, "중앙화된 연방주의"(centralized federalism), 즉 연방국가가 이전시대의 "주변화된 연방주의"(peripheralized federalism), 즉 국가연합

있고 '대행기관'의 개념도 매우 모호하다고 비판한다. Anthony H. Birch, "Approaches to the Study of Federalism," *Political Studies*, vol. XIV, no. 1(1966), pp. 15-33.
14) Livingston, *op. cit.*, pp. 90-92.
15) 왓츠는 리빙스턴의 '연방주의사회의 스펙트럼'을 긍정적으로 평가하면서도 그의 정의가 너무 광의적으로 되어 있어 모든 사회를 포함시켜 버림으로써 분류의 가치를 감소시키고 있다고 비판하면서, "통합과 다양성의 압력들이 균형을 이루는 스펙트럼"으로 수정한다. Ronald L. Watts, *New Federations: Experiments in the Commonwealth* (Oxford at the Clarendon Press: Oxford, 1966), pp. 94-95.
16) Livingston, *op. cit.*, p. 88.

을 대체했다고 주장한다. 그는 중앙화된 연방주의의 모델인 미국과 같은 연방국가의 존속과 성공은 다른 나라의 헌법작성자들로 하여금 중앙화된 연방주의를 모방토록 촉진했다고 설명한다.

그는 경험적 실증주의와 이성적 선택 접근방법에 기초하여 연방주의를 순전히 정치적 측면에서 접근하여, "정치적 엘리트들 간의 이성적 선택에 기초한 흥정(bargain) 또는 협상의 결과"로 규정하고, 현실 사례들을 중심으로 한 경험적 연구결과를 발표하였다. 그는 연방주의 연구에 있어서 위어가 정치적 현실을 거의 이해하지 못한 채 고도의 법적인 측면만을 부각시켰다고 비판한다. 또한 그는 리빙스턴의 경우는 법적 접근법을 채택한 위어의 한계를 극복하려고 연방주의의 정의를 폭넓게 개념화하려 했으나 너무나 많이 나가버렸다고 비판하면서, 법적 요소를 완전히 버리지 않고도 연방주의를 정의할 수 있는 다른 방법이 있다고 주장한다. 그는 "융합 안전 공동체"(연방보다 광의의 개념)가 "모종의 공동이익 의식"을 만들어내는 인구의 사회경제적 조건들에 대한 반응으로서 수동적, 기계적으로 형성된다고 주장한 도이취(Karl Deutsch)의 연방국가 형성에 관한 주장을 "환원주의자의 오류"라고 비판한다. 도이취가 목적의식을 가진 정치적 행위, 즉 협상이 생겨나는 필수불가결한 소인으로서의 정치적 조건들을 전혀 고려하지 않았다는 것이다.[17]

그는 분석의 초점을 헌법이나 사회학, 당시의 체제이론에서 벗어나 "정치적 흥정"에 맞추었다. 연방주의 정신은 사회학적인 것이 아니라, 국가와 민족을 형성하려는 과정에 관해 협상, 흥정, 타협하고자 하는 자발적인 의지, 즉 정치적 의지 속에 반영되어 있다고 주장한다. 그는 연방 구성 협상의 형성 조건과 유지 조건은 구분되어야 한다면서, 연방 구성 협상의 유지 능력은 중앙정부가 구성국을 완전히 위압(overawe)하지 못하면서도 또한

---

17) W. H. Riker, *Federalism: Origin, Operation, Significance* (Boston: Little, Brown & Company, 1964), p. 16.

구성국들로 하여금 중앙정부의 결정을 뒤집지도 못하게 할 수 있는 것, 즉 중앙정부가 자신의 독립성을 보장하면서도 구성국의 독립성을 박탈할 수 없는 것이라고 말한다. 그의 연방주의 정신은 연방주의적 흥정을 유지시키는 것이다. 그는 "연방주의는 정부의 활동이 중앙정부와 지방정부간에 나뉘어져 있고, 이들 각 정부가 최종 의사결정권을 행사하는 활동영역을 보유한 형태의 정치적 조직"이라고 정의하였다.[18] 그는 정치엘리트들이 자발성에 기초하여 흥정한 결과, 아래 3가지의 특징을 가진 성문헌법에 합의하게 되면 연방국가로 된다고 한다. ① 두 개 수준(level)의 정부가 같은 영토와 국민을 지배 ② 각 수준의 정부는 적어도 한 개의 자율적인 행동 영역을 보유 ③ 각 수준의 정부의 영역에 있어서 자율성에 대한 모종의 보장장치가 존재(단지 헌법에 언급되기만 하더라도). 또한 그는 연방적 결합구조는 흥정을 통한 일시적인 이익의 연합(coalition) 위에 세워지기 때문에 연방적 균형을 이루지 못하고 본질적으로 불안정한 상태로 존재한다고 한다.

그런데 라이커는 연방국가는 정치적 흥정의 산물로 생겨나지만, 표면적으로 나타난 연방헌법은 보다 깊은 정치문화의 반영에 불과하다면서, 일단 헌법상 권력배분에 따라 중앙정부가 실제 운영되기 시작하면, 다양성과 지방자치를 유지시키거나 파괴하는 것은 헌법규정이 아니라 정치문화라고 지적한다.[19] 그는 연방국가의 창설과 유지, 연방주의 이론과 실제 운영 간의 차이점을 지적하고, 헌법의 표면적 가치는 그다지 중요하지 않다고 설명한다. 또한 그는 연방국가가 다양성과 지방자치를 성공적으로 수용할 수 있는 유일한 형태의 국가는 아니라고 주장한다.

---

18) W. H. Riker, "Federalism," in F. I. Greenstein and N. W. Polsby, eds., *Governmental Institutions and Processes* (Massachusetts: Addison Wesley, 1975), pp. 101-102.
19) W. H. Riker, "Six Books in Search of a Subject or Does Federalism exist and Does it Matter?," *Comparative Politics*, vol. 2, no. 1(1969), p. 142.

(4) 프리드리히와 "과정"으로서의 연방주의

정치를 보댕의 위로부터의 주권이나 국가의 개념이 아닌 아래, 즉 사회로부터의 공동체 형성(community-building)으로 규정한 알투시우스의 정치철학에 영향을 받은 프리드리히(Carl Friedrich)는 끊임없이 변화하는 관계와 변경되는 균형, 계속적으로 발생하는 수정 등 관계의 동적 측면(dynamic aspects)에 착안하여, 연방주의의 개념을 "헌법주의 아래서의 연방화의 과정"으로 제시하였다. 이는 위어의 "연방주의 원리"로 대표되는 당시 풍미했던 이론적 정설에 대한 명백한 지적 도전이었다. 그는 연방주의는 중앙과 지방 정부 간의 정적인 패턴, 즉 고정된 명확한 권력배분의 용어로 간주되어서는 안된다고 말한다. 대신 "연방주의는 정치공동체를 연방화하는 과정, 즉 수많은 개별 정치조직들이 국가든 어떤 다른 집단이든 공동의 문제에 대한 공동의 의사결정을 하는 조직체로 들어가는 과정, 또는 역으로 개별 정치공동체들이 정치적으로 조직화되어 특정문제에 대해 개별적인 의사결정을 할 수 있도록 단일제 정치조직이 비중앙화되는 과정으로 이해되어야 한다"고 주장한다.[20] 따라서 진정한 연방주의는 구성공동체들과 통합된 공동체 간의 영원한 상호작용(interplay)을 특징으로 하며, 이러한 유기적인 상호관계, 참여, 협력, 교류, 공존 등이 연방 정치조직의 보편적 원리가 된다. 그는 연방 '국가' 내에서의 '주권'의 소재에만 불필요하게 사로잡혀 있는 형식적, 법적 논쟁에서 벗어나, 연방주의를 "헌법 아래서의 영토적 형태의 정치적 권력배분"이라고 기술하였다.

그는 연방국가, 국가연합, 연맹, 동맹, 연합체 등 중앙화와 비중앙화가 함께 이루어진 정부는 완전한 통합과 완전한 분리의 양 극단 사이에 정부와 그 정부에 의해 영향을 받는 영토 간의 관계에서 "정도"(degree)의 차이로

---

20) Carl Friedrich, "Federal Constitutional Theory and Emergent Proposals," in Arthur W. Macmahon, ed., *Federalism: Mature and Emergent* (New York: Russell and Russell Inc., 1962), pp. 514-515.

대표될 수 있다면서, "연방제도(federal schemes)는 일정한 정도의 통합성(unity)과 일정한 정도의 다양성(diversity)의 결합을 추구한다"고 주장한다. 따라서 연방주의는 "영토적으로 다양한 목적, 이익, 전통 등의 패턴이 공동의 목적과 이익, 그리고 공동의 전통의 함양을 위해 공동의 노력에 의해 효과적으로 수행될 수 있는 공동체들에게 적합한 정치조직의 형태"로 정의될 수 있다. 그는 특정한 연방구조가 단일한 연방정부(연방국가)인지, 또는 여러 정부들의 연방(국가연합)인지를 구분하여 최선으로 기술하는 것은 때때로 어려울 수 있다면서, 그 구별은 이러한 목적들의 패턴들의 균형에 따라 이루어져야 한다고 말한다.[21] 그는 연방국가나 국가연합, 동맹 등을 구분하는 구분선을 세우려고 많은 학자들이 시간과 노력을 낭비하고 있다고 말하면서, 연방국가와 국가연합의 경계가 흐릿하여(blurred) 연방국가를 국가연합과 명확하게 구분짓기는 국가연합을 완전히 비중앙화된 국가와 구분짓는 것처럼 어렵다고 주장한다.[22] 그는 "실용주의적 연방주의 이론"을 제시하면서, 연방국가와 국가연합의 차이점보다 유사점을 더 강조하고, 이 때문에 미국, 스위스, 독일 등 국가들이 국가연합을 연방국가로 대체하게 된 것은 놀라운 일이 아니라고 말한다. 모든 연방국가들은 이전의 "국가 화신"(state incarnations, 국가적 성격을 지닌 집단)들로부터 그들을 의식적으로 빌려왔거나 제국주의적 비중앙화의 과정을 유산으로 받았기 때문에 모종의 제도적 또는 조직적인 국가연합의 특징을 나타내고 있다고 말한다. 그

---

[21] Carl Friedrich, *Constitutional Government and Democracy: Theory and Practice in Europe and America* (New York: Ginn and Company, 1950), p. 190.
[22] 시쥐윅(Henry Sidgwick)도 연방성을 구성하는 통합성과 개별성의 균형적인 결합은 매우 다양한 유형과 정도에서 실현될 수 있기 때문에 연방국가와 국가연합을 단순하고도 명료하게 구분지을 수는 없다고 말한다. Henry Sidgwick, *The Elements of Politics* (London: Macmillan & Co., 1891), p. 507; 그러나 팬틀랜드(C. Pentland)는 Friedrich가 연방국가와 국가연합에 대한 유용한 고전적 구별을 평가절하했다고 비판한다. Charles Pentland, *International Theory and European Integration* (London: Faber and Faber Ltd., 1973), p. 153-154.

는 연방국가와 국가연합을 명확하게 구분하려는 것은 잘못된 이분법이며 지적 도그마에 불과하다고 지적한다. 연방국가나 국가연합의 결합형태에 대한 일반적으로 알려진 구조적 특징들은 가변적이며 불확정적(contingent) 이다. 왜냐하면 이러한 것들은 특정한 정치적, 역사적 환경의 산물이기 때문이다. 연방화의 과정은 고정된 불변의 계획이나 설계로서가 아니라, '수많은 과도적인 국면들'(a number of transitional phases)로서 이해되어야 하며, 연방국가는 특정한 역사적 시기의 연방화의 스펙트럼이나 하나의 연속선(a continuum) 상에 일시적으로 존재하는 한 국면(phase)에 불과하다.[23]

(5) 듀차섹과 "진정한 연방주의"

듀차섹(Ivo D. Duchacek)은 연방주의(federalism), 연방제도(federal system)를 연방국가(federation)와 같은 개념으로 사용한다. 그는 연방제에 관한 합의된 이론이나 정의는 없지만 연방제는 강조점이나 뉘앙스는 달라도 일반적으로 다음과 같은 두 가지 기본적인 특징을 갖고 있다고 말한다. 첫째, 연방제에서는 정치적 권위가 한편으로는 국가적, 그리고 다른 한편으로는 지역적으로 각각 분리된 자치적 법적권한을 직접 국민들에게 행사하는 두 개의 정부조합(sets) 사이에 영토적으로 나뉘어져 있다. 둘째는 단일한 분리될 수 없는 복합 연방국가의 존재가 동시에 보장된다. 연방국가는 완결되지 않은 국가(unfinished nation)이다. 국가차원과 지역차원의 두 개의 정부 조

---

[23] Friedrich, "Federal Constitutional Theory and Emergent Proposals," pp. 517, 519; 데이비스(S. R. Davis)는 Friedrich의 과정의 개념이 모호하고 연방화의 과정과 특정한 헌법적 설계나 구조 간의 연계 관계에 관해서는 아무런 이야기를 하지 않고 있다고 비판한다. S. R. Davis, *The Federal Principle: A Journey Through Time in Quest of Meaning* (London: University of California Press, 1978), pp. 179-180; 폰 크로식(F. Von Krosigk)은 프리드리히의 연방화 개념이 고도 수준의 일반성을 갖고 있어 사실상 어떤 형태의 결합체나 국제기구들도 연방화 과정의 시작으로 생각될 수 있는 결함이 있다고 비판한다. F. Von Krosigk, "A Reconsideration of Federalism in the Scope of the Present Discussion on European Integration," *Journal of Common Market Studies*, vol. 9, no. 3(September 1970), p. 206.

합 가운데 어느 것도 주권을 타방에게 포기하지 않으며, 일체성(uniformity)도 배제되지만, 탈퇴(secession)도 배제된다. 상호의존성을 명확하게 인식하면서도 갈등이 존재한다. 중앙과 지방간 갈등은 "완화된 경쟁을 하는 형제관계"나 "적대적 협력관계"와 같은 것으로 나타난다.24) 연방주의는 미국의 유명한 짧은 정의와 같이 "파괴할 수 없는 구성단위체들의 파괴할 수 없는 통합체"(an indestructible union of indestructible units)이다. 구성단위들의 중앙으로부터의 이탈을 배제함으로써 국가연합체와 구별되고, 지방자치의 완전한 제거를 배제함으로써 단방제와 구별된다. 그 결과는 서로 다른 방향으로 당기는 두 개의 영토적 힘 사이의 타협이다. 하나는 국가적 통합의 방향으로 향하고 있으며, 이것이 지나치게 되면 다양성을 억압하고 자치를 해칠 수 있다. 나머지 다른 하나는 다양성을 향하고 있는데, 이것이 지나치게 되면 연방국가를 몇몇 구성단위체들로 분리시킬 수 있다. 연방제(federal system)는 한 개의 일반정부(one general government)와 하위 지방정부들 간의 헌법적 권력배분을 의미한다.25)

듀차섹은 영토국가의 통합유형에 따른 존재양식을 11개로 구분하고, 한쪽 극단에 일시적 결합체(연맹)를, 다른 쪽 극단에 전체주의적 중앙집권주의를 설정하고 이들 양극단으로부터 중앙에 있는 "진정한 연방국가"(true federalism)를 향해 점진적으로 이행하는 형태의 국가유형도를 제시하였다. 느슨한 결합체(연맹)로부터는 항구적인 연맹, 국제적 정부간 기구(IGOs: UN과 특별기구들), 항구적인 지역기구 및 공동시장(EC), 국가연합을 거쳐 연방국가에 이르고, 다른 쪽 극단인 전체주의적 중앙집권국가로부터는 권위주의적 중앙집권국가, 다원적 단방제국가, 비중앙화된 단방제 국가, 고도의 비중앙화된 단방제 국가를 거쳐 연방국가로 이행하는 구도이다. 그는 이러한

---

24) Ivo D. Duchacek, *Comparative Federalism: The Territorial Dimension of Politics* (New York, NY: Holt, Rinehart and Winston, Inc., 1970), p. 192.
25) *Ibid.*, p. 194.

연속모델은 시간이 지남에 따라 자연적으로 연속적으로 이행하는 모델이 아니라, 단순한 개념적인 모델임을 상기시킨다. 그는 중앙에 위치한 "진정한 연방국가"의 양 경계에 위치한 국가연합과 고도의 비중앙화된 단방제 국가와의 구분선은 명확하지 않고 모호한(blurred rather than solid lines) 면이 있다고 지적한다. 그럼에도 불구하고 그는 연방국가의 성공모델로 여겨지고 있는 미국의 사례를 중심으로 연방국가를 동맹이나 국가연합과 구분짓는 평가기준으로 다음과 같이 10개 항목을 제시(ten yardsticks of federalism)하고 있다.26) ① 중앙정부의 외교·국방 분야에 대한 배타적 통제권 보유, ② 구성단위체의 이탈에 의한 연방정부의 분열 방지를 위한 헌법적 보장, ③ 중앙정부의 독립성: 중앙정부가 구성단위체들의 개별적인 승인이나 자원 지원에 관계없이 모든 시민에 대해 직접적으로 권한 행사, ④ 연방헌법의 개정에 대한 궁극적인 통제권 보유, ⑤ 구성국들의 정체성 및 자치 보장, ⑥ 불평등한 구성단위체들의 양원제 안에서의 평등한 대표권 보장 및 구성단위체들의 행정부와 사법부의 법 집행 참여, ⑦ 연방법과 주법을 해석하고 판결할 두 개의 독립된 법원조직 체계, ⑧ 중앙정부 내에 중앙정부와 구성단위체들 각각의 권리를 결정할 수 있는 이들 상위의 최고사법조직의 존재, ⑨ 구성단위체들이 헌법에서 중앙정부에 허용하지 않은 모든 중요한 잔여권한을 보유, ⑩ 명확한 권력배분.

듀차섹은 상기와 같은 헌법 규정상 내용에 따른 평가기준에도 불구하고 연방국가들 간에 많은 예외와 다양성이 존재하기 때문에 엄격하게 적용할 수는 없다는 점을 인정한다. 그는 연방국가인지 여부를 판단할 수 있는 두 번째의 중요한 시험은 헌법상 규정 내용과 실제적 운영(actual practice)을 비교하는 것이라고 말한다.27)

---

26) *Ibid.*, pp. 207-275; Ivo D. Duchacek, *The Territorial Dimension of Politics Within, Among, and Across Nations* (Boulder, Colorado: Westview Press, 1986), pp. 112-157.
27) Duchacek, *Comparative Federalism*, p. 208.

그는 국가연합의 정치문화적 특징으로 4가지를 제시한다.[28] ① 경계를 넘어 영토적 또는 기능적 기반 위에 협력할 수 있도록 해주는 외부적 위협이나 기회와 같은 모종의 공통이익에 대한 인식 ② 1차적 충성심이 영토적 공동체로 향해 있는 가운데 영토적 주권과 자치를 명확하게 보유 ③ 집단적 의사결정체에 일부 권한을 조심스럽게 구체적으로 위임 ④ 영토적 이익단체들의 자결성. 그는 3번째 초국가기구로의 권한위임을 필요케 하는 요인들로 다음과 같은 5가지 문제들을 제시한다.[29] ① 경제적·재정적 문제(국제무역, 관세, 화폐의 유통과 안정, 신용, 불평등 자원의 분배와 개발, 에너지 고갈, 원자력의 평화적 사용 등) ② 사회·보건 문제(인구폭발, 기아, 문맹률, 유아사망률, 전염병, 마약거래 등) ③ 생태적 이슈(오염, 지구적 자원의 고갈, 동물 보호, 오존층 보존, 세계기후문제 개입 등) ④ 자유로운 이동(사람, 뉴스, 견해, 예술, 통신위성 사용 협력, 방송주파수 배분, 범죄인 인도, 국경을 초월한 테러범 기소) ⑤ 표준화(통계자료, 절차, 척도, 항공수송에서의 안전규칙, 운송등록 규칙, 사람들과 국가들 간의 신속하고 다양한 접촉에서 발생하는 고도의 기술적인 문제들).

(6) 왓츠와 "포괄적 연방제도"

왓츠(Ronald L. Watts)는 위어의 연방제 개념이 너무 제한적이고 엄격하게 중앙과 지방정부 간의 상호 법적 독립성만을 강조한 배타적 본질주의론에 치우쳐 현실에서 나타나고 있는 다양한 형태의 연방제 유형과 운영사례들을 도외시하고 있다면서, 위어조차도 "엄격히 말하면 어떤 연방국가도 법이나 운영에 있어서 자신의 개념 정의의 기준을 충족시키는 국가는 없다고 인정했다"고 비판한다. 그는 또한 위어의 법적 정의는 연방제를 통한 실현

---

[28] Ivo D. Duchacek, "Consociations of Fatherlands: The Revival of Confederal Principles and Practices," *Publius*, vol. 12, no. 4(Fall 1982), p. 153.
[29] *Ibid.*, p. 157.

가능한 해결책을 모색하고 있는 정치인이나 행정가들에게도 현실적이지도 유용하지도 않다고 비판하면서, 법뿐만 아니라 실제적 운영과 연방제도 내의 정부들 간의 상호작용의 복잡성을 감안한 연방제도의 개념 정의를 추구했다. 그는 대부분의 연방제 구성국 정부들의 조정적, 비종속적 지위를 담보하는 것은 헌법적으로 규제된 독립성이 아니라, 상호의존성이라면서 "연방제(federal system)는 중앙정부와 주정부들, 즉 두 개의 하위시스템들이 상대에게 종속되지 않고 상호조정적이지만(co-ordinate), 상호협력적이면서도(co-operatively) 경쟁적으로(competitively) 상호작용하는 특징을 가진 정치제도"라고 정의하였다.[30] 그가 위어의 연방제 개념을 버린 결정적 이유는 소위 "연방주의 정신"(spirit of federalism), 즉 실용주의적인 타협과 협상의 관행을 중시했기 때문이다. 그는 최초의 근대 연방국가인 미국의 헌법은 이러한 행태의 산물로 생겨난 것이라고 말한다.

이후 그는 구성국의 이익이 중앙정부의 조직과 운영에서 대표되는 intrastate federalism의 개념을 포함시켜, 연방제의 개념을 "구성단위체 정부들을 위한 지방적 자치(regional self-rule)와 공동기구들(common institutions)을 통한 공치(shared-rule)의 요소들을 결합한 두 개(또는 그 이상) 수준의 정부"라고 확대하여 정의하였다.[31] 또한 그는 "연방주의는 정치적 사회가 일치성(conformity)으로 인도되어야 하는 추상적인 관념적 모델이 아니라, 관련당사자들의 공통적이면서도 다양한 선호들을 충족시킬 수 있도록 의도된 실질적인 제도들(practical arrangements)을 통해 이들을 통합시키는 방법이나 과정"이라고 말한다.[32]

---

30) Ronald L. Watts, *Administration in Federal Systems* (London: Hutchinson Educational Ltd., 1970), pp. 7-8.
31) D. V. Smiley and R. L. Watts, *Intrastate Federalism in Canada*, vol. 39(Toronto: University of Toronto Univ., 1985), p. 4; Ronald L. Watts, *Comparing Federal Systems in the 1990s* (Kingston: Institute of Intergovernmental Relations, Queen's University, 1996), p. 7.

왓츠는 연방주의(federalism)와 연방제도(federal political system), 연방국가(federation)의 개념을 구분하였다.[33] 연방주의는 민주주의, 자유, 공유, 다양성, 정체성 유지 등과 같은 선(goods)과 연관된 규범적 개념(normative concept)으로서, 동의에 기초한 정치체제 안에서 시민들로 하여금 정치적 통합과 정치적 자유를 결합시킬 수 있는 방법을 찾도록 해주는 것에 관한 것이다. 반면, 공치와 자치의 결합으로 정의되는 연방제도는 경험적 개념(empirical concept)으로서 한쪽 끝에 있는 비중앙화된 결합체(decentralized unions)로부터 다른 편 끝에 있는 동맹(league)의 범주에 이르는 공치와 자치의 수많은 유형의 결합체를 포괄하는 우산 개념(umbrella concept)이다.[34] 그는 이 연방제의 우산 아래 단방제와 연방제의 특징을 함께 갖고 있는 "혼합형"(hybrids)도 포함시키고 있으며, 아직까지 알려지지 않은 혁신적인 유형의 출현 가능성에 대해서도 언급한다. 그의 연방제 개념에 대한 접근방

---

32) Ronald L. Watts, *Federal Systems and Accommodation of Distict Groups: A Comparative Survey of Institutional Arrangements for Aboriginal Peoples*, Working Papers 1998(3)(Kingston: Institute of Intergovernmental Relations, Queen's University, 1998), p. 4.
33) 손병권, 이옥연도 왓츠와 유사한 방식으로 연방주의와 연방제도, 연방국가의 개념을 구분하여 다음과 같이 설명한다. 연방주의는 중앙정부와 지방정부 등 다양한 층위의 정부에 권력이 분산되는 것이 바람직하다는 규범적 주장이며, 연방제도는 구체적으로 헌법 등 명문화된 규정을 통해서 중앙정부와 지방정부 등으로 권력이 나뉘어져 운영되는 정치제도를 의미한다고 볼 수 있다. 연방제도는 일반적으로 지방정부의 자치와 중앙정부를 통한 공치를 동시에 구현하고자 하는 제도이며, 연방국가는 이들 양대 정부 간의 원심력과 구심력의 경향을 헌법 규정을 통해 다양한 형태로 결합하면서 등장한 국가들로서, 헌법상 권력이 이원화된 정부라는 최소한의 공통점을 제외하면 다양한 형태로 존재한다. 손병권, 이옥연, "미국과 캐나다의 연방제 비교연구," 『국제정치논총』, 제44집 제4호(한국국제정치학회, 2004년 12월), p. 320 주석 1).
34) Watts, *Comparing Federal Systems in the 1990s*, p. 13; 스타인(Michael Stein)은 왓츠가 사회의 종류의 정체성을 알려줄 지표를 제시하지 않았고, 연방 사회와 다른 종류의 사회를 구별해 줄 수 있는 기준표를 제시하지 못하고 있다고 비판한다. Michael Stein, "Federal Political Systems and Federal Societies," *World Politics*, vol. 20 (1968), pp. 721-747.

법은 매우 포괄적(catholic)이다. 광의의 연방제도(federal political systems)라는 속(genus)에는 다양한 종(species)들, 즉 국가연합, 연방국가 등이 있으며, 이들 종들도 또한 각각 다양한 형태와 과정이 있다.35) 현존하는 23개 연방국가들의 경우도 모두 다른 모습을 갖고 있다. 구성국 수나 크기, 인구, 부(富), 행정부와 입법부간 권력배분의 형태와 범위, 중앙과 지방 정부 간 재정분배, 중앙화와 비중앙화의 정도, 중앙과 지방정부 간 권력배분의 대칭성과 비대칭성의 정도, 중앙과 지방정부간 관계의 구조 및 과정, 중앙기구 안에서의 구성국의 대표성 조항, 상원의원의 선출, 구성, 권한 및 역할, 사법부의 기능과 심판과정, 헌법개정 절차 등 면에서 모두 다 다르다.36) 그가 연방제 개념을 포괄적으로 규정하려는 것은 단 한 가지, 즉 정치적으로 서로 다른 사람들이 어떻게 하면 자발성에 기초하여 함께 공평하고 평화롭게 더불어 살 수 있을까, 즉 통일성 안에서 다양성을 안정적으로 수용하려는 현실적인 문제해결 의식에서 비롯되고 있다. 후에 왓츠는 연방제도의 또 다른 요소, 즉 구성국과 중앙정부간의 구조적 관계에 구현된 사실상(de facto)의, 그리고 법률상(de jure)의 비대칭적 유형들의 다양성에 주목했다.

연방국가의 개념은 가장 잘 알려진 연방제도 중 하나인 미국모델에 기초하고 있다. 주요 특징은 연방정부와 구성국 정부의 권한이 양 정부들이 아닌 헌법으로부터 연유된다는 점이며, 이는 일방이 타방에 종속되지 않도록 하기 위함이다. 그는 다른 정치학자들의 경우와 마찬가지로 연방국가의 또 다른 특징으로 ① 국가의 영토 안에 있는 시민들에 대해 직접 영향을 미치는 두 개의 선출직 정부 ② 어느 일방에 의해 일방적으로 수정할 수 없는 성문헌법과 분쟁시 헌법을 최종적으로 해석할 수 있는 심판자(법원, 국민투

---

35) 레빈(Herbert Levine)도 국가연합이나 연방국가는 일정한 형태로 존재하는 것이 아니라 중앙정부의 구성국 정부 또는 지방정부 간의 권한이 어떻게 분배되어 있는가에 따라서 다양한 형태를 취할 수 있다고 주장한다. Herbert M. Levine, *Political Issue Debated*, 4thed.(New Jersey: Prentice-Hall, 1993), pp. 207-215.
36) Watts, "Comparing Forms of Federal Partnerships," p. 234.

표, 또는 특별권한을 가진 상원 등)에 관한 조항 ③ 중앙과 지방 정부 사이의 헌법적 권한배분과 재정의 분배 ④ 지방정부의 연방정부 의사결정조직 내 대표성에 관한 조항 ⑤ 중앙과 지방정부간 공치의 협력의 장들의 구비 등을 지적한다.37) 그러나 그는 모든 곳에 적용되는 순수하고 단일한 연방국가의 모델은 존재하지 않는다고 말한다.

또한 왓츠는 연방국가와 국가연합의 차이를 다음과 같은 두 가지 특징으로 설명한다. 첫째, 연방국가에 있어서는 연방정부와 구성국간의 구조와 권한이 어느 일방만으로 수정할 수 없는 최고의 헌법으로부터 연유하며, 중앙이나 지방의 어느 정부도 헌법적으로나 정치적으로 타방에 종속되지 않는다. 각자가 헌법에 근거한 주권적 권한을 갖고 있다. 국가들의 연합인 국가연합의 경우는 연합기구의 권한이 궁극적인 주권을 보유한 구성국들 간의 합의에 의한 조약으로부터 연유한다. 따라서 연합기구는 구성국의 동의에 의존하며, 조약에 의해 주권을 공동으로 사용키로 합의한 부분에서만 구성국을 대신하여 행동한다. 둘째, 결과적으로 연방국가와 국가연합의 공동기구가 다르다. 연방국가에서는 연방기구는 시민에 의해 직접 선출된 대표기구이며, 입법권, 행정권, 과세권 등을 행사함에 있어 시민들을 직접적으로 상대한다. 반면, 국가연합의 경우는 멤버인 구성국들을 구속하는 결정을 내리는 연합기구가 구성국의 대표로 구성되어 있어 지방정부에 의존적이고 정부간적(intergovernmental)인 특징이 있다. 입법, 행정 및 과세는 공동연합기구가 구성국을 통해 간접적으로 시민들에게 행사한다.

(7) 엘라자르와 "언약적 연방주의"

엘라자르(Daniel J. Elazar)는 연방주의를 주권과 그것의 소재문제를 주로

---

37) Ronald L. Watts, *Comparing Federal Systems*, 3rd ed.(Montreal and Kingston: McGill-Queen's University Press, 2008), p. 9; Watts, *Comparing Federal Systems in the 1990s*, p. 13.

다룬 전통적 연구방식에서 벗어나 유대교 전통에 입각한 "언약적 연방주의"(covenantal federalism)의 규범적 가정에 기초하여 연방주의를 세상에서의 선을 위한 힘으로 생각하였다. 그는 연방주의 개념에 대한 거시적, 전체론적 접근방법(holistic approach to federalism)을 사용하였다. 그에게 중요한 것은 주권이 아니라 관계(relationships)였다. 그는 연방주의의 개념을 구조뿐만 아니라 과정의 측면을 고려하면서, 정치-문화적 차원도 포함하는 광의로 정의된 과정을 중시했다. 그는 "연방주의는 단순히 일련의 제도(arrangements)가 아니라, 전체 시민사회에 영향을 주고 인간관계의 기본적 성격을 만드는 생활양식"이라고 말한다.[38] 그는 "언약(covenant)에 의해 설립된 정치체는 구조적인 면에서 연방주의적이든 아니든, 근본적으로 어원의 의미상 그 성격 면에서 연방주의적이다"라고 말한다. 그는 연방주의를 광의의 의미로 "모든 각각의 당사자들의 통합을 유지함과 동시에 공동의 목적을 열정적으로 추구할 수 있도록 해주는 방식으로 개인들과 단체들, 정치체들을 지속적이면서도 제한적인 통합(union) 속에서 연계시켜 주는 것"이라고 정의하였다.[39] 그는 성공한 연방제도는 협의의 헌법적 제도(constitutional arrangements)뿐만 아니라, 협상, 상호 인내, 자제를 통한 공유(sharing), 그리고 행동의 실질적인 결과와 더불어 체계를 고려하는 가운데 나타나는 연방주의 정신의 침투라는 특징을 갖고 있다고 말한다. "연방주의의 본질은 특정한 유형의 제도 속에서 파악되는 것이 아니라, 정치적 삶을 살고 있는 당사자들 간의 특정한 관계들의 제도화 속에서 파악될 수 있다. … 연방주의적 원리들과 일치하는 광범위하게 다양한 정치구조들이 발전될 수 있다."[40]

그가 가장 단순한 가능한 정의라고 부른, 연방주의에 관한 가장 유명한

---

[38] Daniel J. Elazar, *Exploring Federalism* (Tuscaloosa, Alabama: The University of Alabama Press, 1987), pp. 91-92.
[39] *Ibid.*, p. 5.
[40] *Ibid.*, p. 12.

짧은 정의는 "자치+공치"(self rule plus shared rule)이다.[41] 즉 국민과 정치체들은 최대한의 독립성을 유지하려고 노력하면서, 다른 한편으로는 헌법화된 그러나 비중앙화된 기반 위에서 함께 참여하여 공동으로 수행할 필요가 있다고 생각되는 일들을 성취하려고 노력한다. 엘라자르는 "자치+공치"의 형태가 다양하게 존재하는데, 이들 모두 연방주의 원리나 연방제 국가유형들(federal arrangements)을 나타내는 것으로 볼 수 있다고 말한다. 이후 그는 17세기 근대 초반에 발전했던 국가주의(statism)가 포스트 모던시대에 세계화의 부상에 따른 국가주권의 감소로 인해 헌법화된 연방성격의 국가 간 연계의 증가, 즉 국가연합 등 다양한 연방제 국가 유형들의 부활이라는 패러다임의 변화가 나타나고 있다고 지적한다. 그는 "연방주의는 관련된 정치체들과 국민에게 공치가 반드시 필요하거나 분명히 더욱 유용한 그러한 기능에만 한정될 수 있도록 하는 방식으로 자치와 공치를 결합함으로써 연방주의적 방식으로 현존하는 국가들과 초국가(trans-state)의 연계를 수용하려는 헌법적 선택과 설계, 제도건설의 조합(combination)"이라고 정의하였다.[42]

엘라자르는 "매트릭스 모형의 연방주의"를 제시하였다. 그는 모든 연방주의적 정치체의 특징은 비중앙화(non-centralized)로서 헌법에 의해 보장된 계약적 비중앙화와 크고 작은 수많은 중앙들 간의 구조화된 권력분산이야말로 연방주의적 민주주의 국가에 특징적인 원리로 남아있는 광범위하고 확고한 권력분산의 열쇠라고 말한다. 그는 이 매트릭스 모형의 연방주의는 고정된 위계적 서열 없이 분산된 크고 작은 권력들이 계약에 기초하여 성립된 다양한 영역(multiple arenas), 다양한 커뮤니케이션 채널을 가진 사이버네틱 모형(cybernetic model)이라고 설명한다.[43] 외부적 정복이나 쿠데타

---

41) *Ibid.*
42) Daniel J. Elazar, *Constitutionalizing Globalization: The Post-modern Revival of Confederal Arrangements* (New York: Rowman & Littlefield Publishers, Inc., 1998), p. 3.
43) *Ibid.*, pp. 54-66.

등에 의해 성립된 피라미드형 위계적 모델(hierarchical model)이나 우연히 생겨난 중앙-주변부 관계에 기초한 유기체 모델(organic model)과는 다르다. 매트릭스 모델에서의 다양한 권력들은 각자 고유한 다른 목적, 다른 영역, 다른 책임들을 갖고 있다. 엘라자르는 연방국가의 헌법구조가 공식적인 당국 라인들과 십자형으로 관통하는 공식, 비공식 커뮤니케이션 라인들을 연계하는 의사결정 중심들의 매트릭스를 형성시킨다면서, 성문헌법은 구조의 뼈대를 공급해 주고, 공식, 비공식 기관들이 살을 채우는 식이라고 설명한다. 생물학적 표현을 사용하면, "전반적인 체계의 신경망" 역할을 하는 커뮤니케이션 라인들이라고 할 수 있다. 이러한 연방국가의 구조 개념은 다양한 이론적, 실질적 의미를 갖도록 해줌으로써 연방주의 원리가 유연성을 갖고 다양한 환경에서 다양한 방식으로 성공적으로 적용될 수 있음을 시사해 주고 있다.

그는 연방주의를 하나의 특정한 유형으로서의 연방국가와 구별하여 연방국가, 국가연합 등 9가지 유형을 포괄하는 광의의 총칭(a broad generic term)으로 제시하였다.[44] 또한 그는 연방주의(federalism)는 미국이 1787년 연방헌법을 채택한 이후부터 근대 연방국가와 동일시되었을 뿐, 역사적으로 그 이전에는 포시스(Murray Forsyth)가 말한 바와 같은 '국가들의 연합'(unions of states), 즉 오늘날 일반적으로 우리가 알고 있는 국가연합이었다면서, 기록된 역사의 대부분에서 연방주의는 국가연합을 의미했다고 주장한다. 그는 연방국가가 근대 연방주의와 동일시 된 것은 근대라는 시대가 단일민족 또는 민족에게 봉사하는 분리될 수 없는 주권을 가진 단일중앙집권국가의 설립을 이상으로 여기는 국민(민족)국가의 시기였기 때문이라고 한다. 1788년까지 국가연합은 규범적인 연방주의로 여겨졌으며, 연방국가는 연방주의 진영에서 신참에 불과했다. 그는 미국 헌법을 비준할 당시 연

---

44) 본장 제2절 엘라자르의 연방제 유형 참조.

방주의자들이 이룩한 공적의 하나는 연방주의를 연방국가라고 주장하며 국가연합을 냉대하고 국가연합 옹호자들을 "反연방주의자"로 매도한 "속임수"(the sleight of hand)였다고 말한다. 그는 실제로 근대에는 스위스 등 몇몇 국가들을 제외하고는 레짐의 한 형태로서의 국가연합이 사라졌지만, 근대 주권국가의 개념이 상대적으로 약화된 20세기 중반 이후 포스트 모던 시대에 이르러 국가연합과 국가연합 성격의 정치유형들이 이론으로서가 아니라 현장에서 세계무역 및 경제문제, 민족 및 인종문제 등의 해결을 위해 포스트 모던 연방주의의 한 형태로서 다시 각광을 받으며 소생(revive)하고 있다고 주장한다.45)

그는 이 같은 연방제 국가유형들은 현실을 반영하기보다는 이론적 측면에서 분석적으로 제시된 것일 뿐 절대적으로 획일적으로 명확하게 구분될 수는 없다고 말한다. 현실에 존재하는 특정한 정치체는 하나의 유형의 형태를 띠기보다는 혼합된 형태의 모습(arrangements)을 띠기 때문에 매우 다양하고 광범위한 연방정치 파트너쉽의 스펙트럼(spectrum of federal political partnership)이 존재한다. 그는 몇몇 연방국가들의 경우에는 국가연합으로부터 시작해서 계속 국가연합적인 특성을 지니기도 하며, 국가연합의 경우에도 연방국가에서 시작해서 연방국가적 특성이 계속 남아있어 연방국가와 국가연합의 경계가 흐릿한(blurring) 경우가 많다고 지적한다. 어떤 연방정치체는 연방국가를 더 많이 닮은 반면, 다른 것들은 국가연합을 더 많이 닮기도 하지만 종종 양쪽의 혼합인 경우가 많다고 말한다. 그는 생물학적 비유를 들어 "속연방주의(the genus federalism)에는 여러 개의 종(species)이 있지만, 이들 가운데 2개의 주요 종이 연방국가와 국가연합으로, 여타 종들은 이들 어느 한 쪽과 연관될 수 있다"고 주장한다.46) 연방국가(federation)는 보다 광의의 속연방주의 가운데 하나의 특정한 종에 불과하다.47)

---

45) Elazar, *Constitutionalizing Globalization*, pp. 22, 39-40.
46) *Ibid.*, pp. 40, 55-56.

엘라자르는 연방국가와 국가연합이 그 경계구분에 유연성을 갖고 있고, 스스로 연방국가라고 부르는 다양한 정치체제들 안에서도 폭넓은 기능적 차이들이 있을지라도 모든 진정한 연방국가(all truly federal systems)에게 공통된 기본적인 특징과 운영원리들은 있을 수 있다고 말한다. 그는 연방국가의 3가지 필수요건으로 성문헌법과 비중앙화 그리고 지역적 권력분배를 제시한다. 다른 많은 것들도 중요하긴 해도 부차적인 것이라고 말한다. 또한 그는 국가연합의 특징으로 리스터(Frederik K. Lister)가 제시한 15개 항목을 제시하였다.[48] ① 국가의 지위를 박탈함이 없이 국가들을 결합 ② 연방국가로 결합하기에는 인구가 너무 이질적인 국가들을 결합 ③ 다양한 구성국들을 법적으로 구속하는 조약헌법 형식의 성문 기본법을 요구 ④ 강력한 공동의 경제적 이익이나 강대국의 위협에 대한 방어와 같은 중요한 존재이유 ⑤ 구성국이 대부분의 통치력을 독립적으로 사용할 수 있도록 최소한의 권한을 위임 ⑥ 집단안보 및 경제 통합 등 두 가지 형태의 권한을 위임. 안보적 위임권한은 항상 외교, 전쟁과 평화, 군사통합(조정)을, 경제적 위임권한은 항상 대외무역과 대내통상의 규제, 도량형 및 계량 등의 표준화, 공동 또는 단일 시장 설립 등을 포함 ⑦ 연합을 통해 안보와 경제적 성장 및 번영을 증진시킬 수 있을 것이라는 믿음에 기초한 구성국 국민들의 광범위한 지지를 요구 ⑧ 그 결과 구성국간의 관계가 연합에 대한 점진적인 대중적 지지를 견인 ⑨ 그러나 이러한 대중적 지지는 국민들의 자기 본국에 대한

---

47) 모레노(Luis Moreno)와 콜리노(Cesar Colino)도 연방주의(federalism)와 연방국가(federation)는 구분되어야 한다고 주장한다. 연방제는 자치와 공치의 모종의 혼합을 의미하지만, 이러한 원리를 제도화한 것은 연방국가 뿐만 아니라 다른 연방제 형태의 국가(federal-like systems of government)에서도 볼 수 있다. Luis Moreno and Cesar Colino, ed., *Diversity and Unity in Federal Countries* (McGill-Queen's Univ. Press, 2010), pp. 6-7.
48) Elazar, *Constitutionalizing Globalization*, pp. 41-2; Frederick K. Lister, *The European Union, the United Nations and the Revival of Confederal Governance* (Westport, CT: Greenwood Press, 1966), pp. 33-34.

1차적 충성심에 종속 ⑩ 모든 구성국들은 분쟁을 무력이 아닌 조정과 중재를 통해 해결 ⑪ 구성국들은 정기 회합하는 공동협의체(joint council)를 통해 상호 합의된 규칙과 절차에 따라 권한을 행사 ⑫ 동 협의체는 i) 구성국의 대표들이 자신의 정부를 위해 투표하는 투표제도 ii) 구성국들의 단순 다수결주의가 아닌 합의제 또는 광범한 지지에 기초한 결정이 구성국을 법적으로 구속하는 의사결정제도 iii) 의결사항을 집행하는 주요 책임을 구성국에 위임하는 의사집행제도 등을 구비 ⑬ 국가연합이 임무를 수행할 수 있도록 재정을 부담하려는 구성국들의 의지 ⑭ 행정부와 사법부가 구성국의 주권을 위협하지 않는 방식으로 기능 ⑮ 큰 구성국과 작은 구성국간의 힘과 자원의 불평등에서 생길 수 있는 문제들에 대한 상호 수용할 수 있는 유효한 해결책을 구현.

  또한 엘라자르는 연방국가와 국가연합의 차이점으로 연방국가는 직접 시민들에게 법적 영향이 미치지만, 국가연합은 지방정부인 주를 통해서만 시민들에게 접근할 수 있는 점이 다르다고 한다. 연방국가는 결합도가 상대적으로 더 강하여(tightier) 부분적으로 단일국가적이기도 하고 부분적으로 연방적이기도 하지만(partly national and partly federal), 국가연합은 느슨하여 부분적으로 연방적이기도 하고 부분적으로 동맹적이기도 하다(partly federal and partly leagues). 또한 성공한 연방국가는 공통적으로 자유민주주의적 시민사회에 기반을 두지만, 성공한 국가연합은 가끔 독특한(서로 다른) 민주주의적 커먼웰스들의 결합체(union of often distinctive democratic commonwealths)에 기반을 둔다. 국가연합은 연방국가보다 구성국들의 체제형태가 더 다양하다. 즉 연방국가의 모든 체제들은 형식에 있어서 유사한 반면, 국가연합은 체제 형태들의 범위가 더 넓고 그럼에도 불구하고 여전히 생존하여 성장할 수 있다.[49] 연방국가는 통합체를 위한 국가형성에 관심이 있는 반면,

---

49) Elazar, *Constitutionalizing Globalization*, p. 10.

국가연합은 이러한 성격이 상당히 모호하다. 연방국가의 시민권은 구성단위체들의 시민권으로부터 적어도 준독립적인(semi-independently) 지위를 차지하고 있는 반면, 국가연합의 경우는 국가적 시민권이 결여되어 있거나 주정부의 시민권으로부터 파생한다. 결국 연방국가는 직접적으로 국가의 시민들에게 영향력을 행사할 수 있는 능력을 지닌 반면, 국가연합은 이러한 능력이 더욱 제한적이다. 중앙과 구성체 간 의사결정 방식에 있어서 국가연합은 외교적 교섭이나 주권국가들 간의 의사결정과 더욱 유사한 반면, 연방국가의 경우는 단위체들 간 유대감이 훨씬 강하다. 국가연합의 보다 정확한 차이는 국제무대에서의 주 정부가 갖는 독립적 접근의 정도로서, 이러한 차이에도 불구하고 "국가연합과 연방국가는 분석적 목적을 위해서는 분리될 수 있을지라도 실상은 하나의 연속선 상(along a continuum)에 존재한다."[50]

(8) 기타 개념 정의

개이뇽(Alain-G. Gagnon)은 "연방제는 정치·경제·사회적 행위자들의 갈등이나 권력투쟁 또는 영토문제로 인한 정치적 산물로서, inter-state 관계(중앙·지방정부 간 권력배분), intrastate 연계(중앙 수준에서의 주들의 대표성)와 inter-community(지방정부간 관계) 협력을 용이하게 할 수 있는 제도와 유연한 관계를 만드는 정치적 수단이며, 다양성(diversity)과 통일성(unity)의 성격을 함께 나타낸다"고 정의하였다.[51] 리스터는 국가연합은 ① 집단안보라든가 경제공동체와 같은 특정한 분야를 중심으로 구성국가의 주권 가운데 "최소한"(minimalist)의 일부분을 위임받아, ② "보조적인"(subsidiarity) 역

---

50) *Ibid.*, pp. 10-11.
51) Michael Burgess and Alain-G Gagnon, *Comparative Federalism and Federation: Competing Traditions and Future Directions* (Toronto: Univ. of Toronto Press, 1993), p. 15.

할을 하도록 하면서, ③ 구성국가들 간의 "연합적 흥정"(confederal bargain)을 통해 국가 간 결합을 이루어낸 결과라고 주장한다.52) 와첸도퍼-슈미트(Wachendorfer-Schmidt)에 따르면, 연방제는 다음과 같은 특징을 지니고 있다. 1차적으로는 보장된 권력분립(guaranteed division of power)과 비중앙화(decentralization)로서, 해당 정치체의 일부를 연방주의적으로 만들려는 바램과 의지가 있고, 동 의지를 표현하는 결정적인 수단으로서 헌법을 채택하고 유지하며, 구성국들이 일정한 자치를 유지하고 의사조정의 형식들을 갖추고 있다. 2차적인 일반적 특징으로는 양원제 입법기관과 수정하기 어려운 성문헌법, 헌법을 수호하기 위한 사법적 수단인 최고법원 또는 특별법원을 갖고 있다.53) 카르미스(Dimitrios Karmis)는 일반적으로 국가연합은 연방국가에 비해 "느슨한" 결합체라면서, "느슨하다"는 것의 특징으로 구성단위체가 헌법이나 조약에 대한 거부권을 보유하거나, 일방적으로 탈퇴가 가능한 경우, 시민의 정체성과 정치적 충성심이 구성단위체에 있는 경우 등을 지적한다.54)

버제스는 연방국가(federation)와 연방주의(federalism)와의 관계에 관해 다음과 같이 설명한다. 연방국가는 하나의 특정한 종류의 국가로서 차이(difference)와 다양성(diversity)을 유지시키기 위한 기본적 열망이나 필요의 산물이라고 말한다. 차이에 있어서도 여러 가지 차이가 있기 때문에 어떠한 연방국가도 다른 것과 꼭 같지는 않다. 반면 연방주의는 연방국가를 포함한 연방 정치체들을 형성시키고 계속 작동할 수 있도록 만드는 특정한 패턴의 규범적 가치, 이익, 정체성을 의미한다. 그런데 연방주의와 연방국가 간의 상호작용의 관계는 복잡하고 맥락적(contextual)이다. 간략히 말하

---

52) Lister, op. cit., p. 38.
53) Ute Wachendorfer-Schmidt, ed., *Federalism and Political Performance* (London, New York: Routledge, 2000), p. 6.
54) Dimitrios Karmis and Wayne Norman, eds., *Theories of Federalism: A reader* (Palgrave, 2005), p. 5.

면 연방주의가 연방국가를 형성시키고 또한 역으로 연방국가가 연방주의를 형성시킨다.55) 그는 연방국가를 연방주의적으로 만들어 주는 "복합 연방성"(complex federality)의 속성(properties)으로 다음 4가지를 설명한다. ① 중앙정부와 구성국 간 상호자제 의무 ② 상대에 대해 손해를 가하지 않으려는 손해제한 의무 ③ 불문헌법 규범을 준수할 도덕적, 정치적 의무 ④ 우정, 이해, 상호 신뢰, 존중, 믿음 등의 파트너쉽 정신으로 수직적, 수평적 관계를 갖는 정치적 공감대 형성. 그는 이러한 4가지 속성들은 소위 "연방적 원리"(자치, 파트너쉽, 자결, 우의, 충성, 다양성 안의 통일성, 계약적 정착, 상호성)들을 뒷받침하는 일련의 핵심적인 "연방적 가치"(인간의 존엄성, 평등, 자유, 정의, 공감, 관용, 인정, 존경)들을 반영하게 된다고 말한다.

휴글린(Thomas Hueglin)은 많은 학자들의 연구에도 불구하고 현재까지 연방제 개념이 제대로 이론화되지 못하고 있는 것은 왓츠의 '무한한 다양성 접근방법'(infinite variety approach)에 따른 유형적 회피주의와 이와 정반대에 위치한 위어로부터 시작된 고전적인 "미국 모델 접근방법'의 편협성, 최근 혜성과 같이 나타난 '다층적 거버넌스 접근방법' 등이 문제라고 지적한다. 그리고 그는 연방제를 개념화하기 위해서는 서로 다른 결합들을 막지 않으면서 '연방주의적'(federal) 정치체제라는 자격을 부여하는데 핵심적인 최소한의 제도적, 절차적 요소들을 찾아내는 것이 필요하다고 주장한다. 그는 이러한 요소들로서 ① 일반적인 그리고 특정한 목적에 따른 권한배분(단방제와 구별) ② 모든 구성멤버들의 권리를 보호해 주는 실체적인 보장(지방자치제와 구별) ③ 구성멤버들의 평등성에 기초하여 타협점을 협상하는 메카니즘(다층 거버넌스와 구별) 등을 제시한다. 그는 이러한 3가지 요소를 결합하면 다양한 결합형태가 있을 수 있지만, 이들을 권력배분이 고정되어 있는 "미국 모형의 헌법적 연방주의 모델"과 주기적으로 재협상해야

---

55) Burgess, *op. cit.*, p. 260.

하는 계약형의 "유럽 모형의 조약 연방주의 모델" 등 2가지의 모델로 나눌 수 있다고 설명한다.56)

2. 북한의 연방제 개념

북한의 "련방제" 개념을 정확하게 이해하기 위해서는 서구의 외부적 관점뿐만 아니라, 내재적 접근법, 즉 북한의 관점에서 파악하는 것이 필요하다. 일견 북한이 "련방제"를 서구와 같은 연방국가의 개념으로 정의하고 있는 것으로 보이지만, 서구의 개념과 상당한 차이가 있다. 또한 북한의 연방제 개념은 사전적 개념, 일반 문헌 및 언술상 개념, 통일방안으로서의 개념 등 3가지 차원으로 나누어 설명되어야 한다. 왜냐하면 이들 각 차원에서도 연방제 개념이 약간씩 다르게 정의되고 있기 때문이다.57)

(1) 사전적 개념

북한은 정치사전에서 "련방제국가"를 "국가련합"과 구분하여 정의를 내리고 있다. "국가련합"은 "일정한 목적 달성을 위해 조약에 의해 이루어진 일종의 동맹"으로서 최고주권기관이 없이 구성국들이 각기 자기주권을 행사하는 반면, "련방제국가"는 "련방헌법과 최고주권기관, 최고집행기관을 가지고 련방 전지역에서 최고의 법적 효력을 갖고 절대적인 집행권을 행사하며 구성국은 최고주권기관이 '허용한 범위 내'에서 일정한 자주권을 행사하

---

56) Thomas Hueglin, "Comparing Fedralism: Variations or Distinct Models," Arthur Benzand and Jorg Broschek, ed., *Federal Dynamics: Continuity, Change and the Varieties of Federalism* (Oxford University Press, 2013), pp. 29-44.
57) 박호성은 북한이 주장하는 연방제는 개념적인 차원이나 이론적 차원에서 본래 의미의 연방과 차이점이 있으며, 또한 북한의 공식적인 문헌에서 규정하고 있는 연방의 정의와도 차이가 있기 때문에, 북한의 연방제에서 구상하는 연방은 사실상 연방으로 볼 수 없다고 해석할 수 있다고 말한다. 박호성, 앞의 책, p. 27.

는 서로 다른 민족들로 이루어진 국가구조형식의 하나"이다.58)

　북한의 "련방제"에 대한 사전적 정의는 우선 서구의 국제법적 개념과 다르다. 북한은 "련방제국가"와 "국가련합"의 구별의 기준을 전(全)연방영역에 걸쳐 시행되는 실질적인 '절대적 집행권'을 가진 '대내적 최고절대주권'의 소재 여부에 맞추고 있다. 이에 반해, 국제법은 '대외적 주권'의 소재에 주목한다. 중앙의 초국가기구가 실질적인 대내통치주권이 미약하더라도 형식적인 대외주권, 즉 국제법인격이 있으면 연방국가가 된다. 그리고 북한의 "련방제국가"의 사전적 개념은 서구의 국제정치학적 개념과도 다르다. 북한은 "련방제국가"를 정의할 때 협의의 분권형 연방국가보다도 훨씬 결합도가 높은 중앙집권화된 연방국가나 분권화된 단일제 국가수준으로 한정하여 정의하고 있다. 또한 구성국들은 최고절대주권을 가진 최고주권기관이 '허용한 범위 내에서' 자주권을 행사하며 일정한 정치적 독자성을 가진다고 규정하고 있다. 이에 반해, 서구적 연방국가에 있어서는 중앙의 연방정부나 지방의 구성국들의 주권은 어떤 다른 수준의 정부로부터 허용받는 것이 아니라, '헌법으로부터 연유'한다.59) 이같은 북한식 "련방제국가"의 정의는 스테판(Alfred Stepan)이 분류한 비민주적, 비자발적으로 형성된 소련연방식의 '강제적 연방제'의 유형과 유사한 것으로서60), 이는 북한이 사회주의 국가의 연방제(특히 소련)를 연방제 국가의 전형적인 모델로 규정하고 있는데서 비롯된다.61)

---

58) 사회과학출판사, 『정치사전』(평양: 사회과학출판사, 1973), pp. 313-314.
59) Watts, "Comparing Forms of Federal Partnerships," p. 234; Brendan O'Leary, "Power-Sharing, Pluralist Federation and Federacy," in Brendan O'Leary, John McGarry, and Khaled Salih, eds., *The Future of Kurdistan in Iraq* (Philadelphia: University of Pennsylvania Press, 2005), p. 51; Mueller Dennis, *Constitutional Democracy* (Oxford: Oxford University, 2000), pp. 78-79.
60) 본장 제3절 연방제 국가의 형성과정 참조. Alfred Stepan, "Federalism and Democracy: Beyond the U. S. Model," *Journal of Democracy*, vol. 10, no. 4(1999), pp. 19-34.
61) 사회과학출판사, 앞의 책, pp. 313-314.

북한의 "국가련합"에 대한 사전적 정의도 서구의 것과 다르다. 북한은 "국가련합"을 일정한 목적을 공유하는 국가들이 조약형식을 통하여 형성된 최고주권기관이 없는 일종의 동맹(league)으로 보고 있다. 그런데 국제법은 대외주권이 없는 초국가적인 상설공동기구의 존재유무를 중심으로 국제연합과 동맹을 구분하고 있다.[62] 국제정치학적 개념에서는 구성국에 의존적인 공동정부를 초국가기구로 둔 경우에는 국제연합으로, 공동사무국을 갖고 있는 경우에는 동맹으로 구분한다. 최고주권기관이 없더라도 비상설공동기구로서 정기적인 '정부간 협의체적 공동기구' 성격을 가진 유형은 국가연합으로 분류된다. 또한 연합체내에 상설최고주권기관이 존재하더라도 그 구성대표들이 구성국 시민이 아닌 정부들의 대표들로 구성되어 있어 최고주권기관의 주권행사가 구성국에만 미칠 뿐 구성국 시민들에게 직접 미치지 못하는 유형들의 경우는 모두 국가연합으로 규정된다.

(2) 일반 문헌·언술상 개념

이러한 북한의 "련방제국가"와 "국가련합"에 대한 사전적 개념구분에도 불구하고, 북한은 이들 용어의 개념들을 연방제와 관련한 각종 문헌들이나 김일성을 비롯한 주요핵심인물들과 북한의 연방제 이론가들의 언술 등에서 현실적으로 사용할 때에는 사전적 의미와 다르게 사용한다. 북한의 "련방제" 또는 "련방제국가" 용어는 협의의 국가연합과 연방국가 등을 모두 포괄하는 서구의 광의의 연방제, 즉 복합국가의 개념과 유사하다.[63] 따라서

---

[62] 장명봉, 『국가연합사례연구』(국토통일원, 1986. 10), p. 5; 신정현, "서장," 신정현 외, 『국가연합 사례와 남북한 통일과정』(서울: 한울, 2004), p. 20.
[63] 북한은 과거 20년 간 고려민주연방공화국을 지칭할 때 "confederal"이라는 용어를 줄곧 사용해 왔으나, 6·15공동성명 발표 직후부터는 "confederal"이라는 용어를 더 이상 사용하지 않고 "federal"이라는 용어를 사용한다. 국가연합 성격의 "낮은 단계의 연방제"에 대해서도 "the low-level federation"으로 표기한다. The Pyongyang Times, (7), October 11, 1980.

북한이 사용하는 "련방제" 용어를 서구의 협의의 종(species)으로서의 연방국가와 동일한 개념으로만 이해하는 것은 잘못된 것이다. "국가련합"의 경우는 연방국가와 대조된 개념으로 1국가성을 갖추지 않은 복합국가 유형의 하나로 주로 사용된다. 북한은 『김정일장군 조국통일론 연구』라는 책자에서 국가의 유형을 "령토와 주민을 통치하는 주권의 조직형태에 따라" 주권이 단일한 성격을 갖는 단일국가와 주권이 복수적 성격을 갖는 "련방제국가"(또는 광의의 "련방국가")의 두 유형으로 대별하고, "련방제"의 유형을 다시 협의의 "련방국가"와 "국가련합"의 두 유형으로 구분하였다.64) 북한은 같은 책에서 연방제통일론을 설명하면서 "미국은…1781년에 련합규약에 따라 13개 주를 련합하여 '국가련합류형의 련방제'를 구성하였다"고 기술하였다.65) 북한은 국가연합을 "지나치게 상징적인 명분상의 '련방제'"로 표현하고 있다.66)

"련방국가" 또는 "련방"의 경우는 서구와 마찬가지로 국가연합와 대조적인 협의의 연방국가 개념으로 사용하기도 하지만, 때로는 광의의 "련방제국가"와 동일한 개념으로도 사용한다. 북한은 최고인민회의와 같은 정부대표들로 구성된 '조절기구적' 국가연합 성격의 고려연방공화국을 "련방국가"로 호칭하였다.67) 전금철 조국평화통일위원회 부위원장은 1989년 2월 12일 안동일 뉴욕세계일보 기자와 평양에서 만난 자리에서 김대중의 통일방안의 제1단계인 낮은 단계의 국가연합적 성격의 남북연합을 "분열을 위한 련방안", "느슨한 련방"이라고 지칭하였다.68)

---

64) 장 석, 『김정일장군 조국통일론 연구』(평양: 평양출판사, 2002), pp. 344-345.
65) 위의 책, p. 387.
66) 위의 책, p. 383.
67) 허종호, 『주체사상에 기초한 남조선혁명과 조국통일 리론』(평양: 사회과학출판사, 1975), p. 252.
68) 안동일, 『갈라진 45년 가서 본 반쪽: 안동일 기자의 1989년 북한르뽀』(서울: 돌베개, 1990), pp. 31-32; 이완범은 "북한은 연방과 연합을 거의 같은 것으로 인식할 수도 있음을 알 수 있다"고 말한다. 이완범, "북한 '낮은 단계의 연방제' 통일방안

(3) 통일방안에서의 개념

북한이 통일방안으로 제시하고 있는 "련방제"의 개념은 북한의 사전적 개념이나 일반문헌·언술상의 개념과 달리 초국가기구가 있는 것이 "련방제국가"다. 북한은 연방제의 초국가기구로서 남북연방제(1960년대) 및 고려연방공화국안(1970년대)에서는 "최고민족회의"를, 고려민주연방공화국창립방안(1980년대)에서는 "최고민족연방회의"와 "연방상설위원회"를, 낮은 단계의 연방제(1990년대)에서는 "민족통일기구"를 제시하였다. 북한은 이러한 초국가기구가 남과 북의 정부대표들로 구성되어 있다는 점에서 명목상이라도 1국가의 형태를 띤 연방제 개념을 상정하고 있다고 할 수 있다. 통일방안으로서의 연방제 개념은 중앙에 연방정부가 있는 연방국가 뿐만 아니라, 초국가기구가 있는 서구의 높은 단계의 국가연합을 포괄하는 개념이라고 할 수 있다. 이러한 연유로 북한은 서구의 높은 단계의 국가연합적 성격을 갖고 있는 남북연방제, 고려연방공화국안 그리고 낮은 단계의 연방제를 모두 연방제로 규정하고 있는 것이다.[69] 따라서 통일방안으로서의 북한의 연방제 개념에는 남한의 남북연합과 같이 초국가기구가 없는 단순 협의체적 성격의 연합은 포함되지 않는다.

의 형성 과정에 대한 연구,"『현대북한연구』, 4권, 1호(2001), p. 265.
[69] 정성장은 북한의 낮은 단계의 연방제안이 남한의 남북연합안 보다 훨씬 더 국가연합의 일반적 정의에 가깝다면서, "북한이 '연방제'라는 표현을 쓰고 있다고 해서 순수한 연방제(연방국가) 안에 가까운 것이라고 생각하거나, 남측의 통일방안이 '연합'이라는 표현을 쓰고 있다고 해서 순수한 연합제(국가연합) 안에 가까울 것이라는 순진한 편견을 극복하는 것이 필요하다"고 주장한다. 정성장, "남북한 통일과정에 대한 새로운 접근," p. 254.

제2절 연방제의 유형

연방제 국가는 통합 구성국들의 역사적, 정치적, 지리적, 경제적, 사회·문화적 배경 등의 여러 이유에 따라 그 배경이 다양한 만큼 그 결합형태도 각양각색으로 나타난다. 연방제 국가들은 '자치와 공치' 간의 힘의 역학관계에 따라 특히 초국가기구의 능력과 기능, 초국가기구와 구성국들 간의 관계 등이 다르게 형성된다. 대표적인 연방제 이론가인 엘라자르, 왓츠, 버제스 등이 제시하는 연방제 국가 유형은 다음과 같다. 이러한 유형들은 분석의 편의를 위한 이론적 모형(typology)들에 불과하며, 실제적인 현실에서는 매우 다양한 형태로 나타난다.

1. 엘라자르의 "연방정치체제 모형"

연방주의를 "자치와 공치"로 정의한 엘라자르는 국가들의 결합의 정도와 형태, 중앙과 구성체간의 권한의 배분정도 등을 기준으로 9가지의 "연방정치체제들의 모형"(typology of federal political systems)을 제시하였다.[70] 그는 이러한 유형들은 분석의 편의를 위한 이론적 모형(typology)들에 불과하다면서 실제적인 현실에서는 더욱 다양한 형태로 나타난다고 말한다.
1) 국가연합(Confederation): 기존의 정치체들이 연합하여 매우 제한적인 목적을 위한 정부를 형성한다(EC, 북미연합 등).
2) 연방국가(Federation): 강한 구성단위체와 강한 일반정부(중앙정부)로 구성된 복합 정치체이다(미국, 캐나다 등). 연방국가들의 경우, 완전히 중앙화된 군사정권인 나이제리아로부터 중앙화된 인도, 점점 중앙화

---

70) Daniel J. Elazar, ed., *Federal Systems of the World: A Handbook of Federal, Confederal and Autonomy Arrangements* (London: Longman, 1994), pp. 16-18; Watts, *Comparing Federal Systems in the 1990s*, pp. 8-9.

되고 있는 미국, 적당히 권력이 분산된 독일, 매우 비중앙화된 캐나다에 이르기까지 다양한 형태를 띠고 있다.[71]

3) 유니온(Union): 구성단위체들이 주로 이중정부(dual government)가 아닌 일반정부(중앙정부)의 공동기구를 통해 각자의 특성(integrities)을 유지하는 복합 정치체이다(이태리, 스페인, 버마).

4) 동맹(League): 정치적으로 독립된 정치체들이 특정 목적을 위해 연합한 것으로서 공동정부가 아닌 공동사무국(a common secretariat)을 통해 기능을 수행한다. 구성국들은 일방적으로 탈퇴할 수 있다(영국 연방, 아랍 연맹).

5) 비영토적 협의체 연방국가(Consociation): 정치체가 영토적으로 분리되어 있지 않고 종교적, 문화적, 인종적, 또는 이데올로기적으로 분리되어 있으며, 각각의 지도자들의 연정을 통해 공동통치된다.

6) 비대칭적 연방국가(Federacy): 큰 단위체와 작은 단위체가 비대칭적으로 결합된 정치체로서, 작은 단위체가 상당한 자치권을 보유하고 있지만 보다 큰 단위체의 정부 내에서 보다 작은 역할을 갖고 있으며, 상호 합의에 의해서만 해체될 수 있다(미국-푸에르토리코, 포르투갈-아조레스, 인도-카쉬미르).

7) 비대칭적 연합국가(Associated state): 비대칭적 연방국가와 유사한 비대칭적 결합체이지만, 일방적으로 탈퇴가 가능하다(네델란드-네델란드 안틸레스).

8) 기능적 공동기구(Joint Functional Authority): 특정한 과업을 수행하기 위해 둘 이상의 정치체들에 의해 세워진 결합체이다.

9) 콘도미니움(Condominium): 두 개의 권력에 의해 공동으로 통치되는 정치체로서 그 주민들은 상당한 자치권을 보유하고 있다(안도라).

---

71) Elazar, *Constitutionalizing Globalization*, p. 9.

2. 왓츠의 "연방정치 파트너쉽 스펙트럼"

왓츠도 대체로 엘라자르의 연방제국가들의 유형들과 거의 유사하게 통합과 다양성의 압력들이 균형을 이루는 스펙트럼으로서, 70여개 국가를 10가지의 "연방 정치파트너쉽 스펙트럼"(spectrum of federal political partnerships)으로 분류하였다.[72] 그는 엘라자르의 9가지 유형 가운데 '비영토적 협의체 연방국가'를 제외한 대신에 아래와 같이 "헌법적으로 비중앙화된 유니온"과 "혼합형" 등 두 가지 유형을 추가하였다. 그는 이외에도 아직까지 알려지지 않은 혁신적인 유형의 출현 가능성에 대해서도 그 여지를 배제하지 않았다.

1) 유니온(Unions): 구성단위체들이 주로 또는 배타적으로 이중정부(dual government)가 아닌 일반정부(중앙정부)의 공동기구를 통해 각자의 특성(integrities)을 유지하는 정치체이다(뉴질랜드, 레바논, 1993년 연방국가 이전의 벨기에).

2) 헌법적으로 비중앙화된 유니온(Constitutionally Decentralized Unions): 형식적 면에서는 기본적으로 단방제국가로서, 궁극적인 권한이 중앙정부에 있지만 헌법적으로 보호되는 기능적 자치를 보유한 하위 국가단위들을 포함하고 있다(영국, 이태리, 일본, 중국 등 12개국).

3) 연방국가(Federations): 강한 구성단위체들과 강한 일반정부(중앙정부)를 결합시킨 복합정치체로서, 각자 헌법을 통해 국민들에 의해 위임된 권한을 보유하고 있고 직접적으로 시민들에게 입법·행정·과세 권한들을 행사하며 시민들에 의해 직접 선출된다(미국, 캐나다, 독일, 오스트리아, 벨기에, 스위스, 호주, 인도, 러시아 등 23개국).

4) 국가연합(Confederations): 몇몇 기존의 정치체들이 연합하여 모종의

---

[72] Watts, "Comparing Forms of Federal Partnerships," pp. 235-251.

제한된 목적들(외교, 국방, 경제)을 위해 공동정부를 형성하지만, 공동정부가 구성국정부에 의존하여 구성국대표들로 구성되며 간접적인 선출·과세 기반만을 갖고 있다(과거 1291-1845년간의 스위스, 1776-1789년간의 미국 및 CIS, EU 등 현존 4개국).

5) 비대칭적 연방국가(Federacies): 큰 단위체와 작은 단위체가 결합된 정치체로서, 작은 단위체가 비교적 많은 자치권을 보유하고 있지만, 보다 큰 단위체의 정부 내에서 보다 작은 역할을 갖고 있으며, 상호합의에 의해서만 해체될 수 있다. 극히 비대칭적 형태의 연방관계를 나타내고 있으며, 원거리 영토나 섬들과 관련되어 있다(미국과 푸에르토리코, 덴마크와 파로섬 등 10개국).

6) 비대칭적 연합국가(Associated States): 비대칭적 국가연합과 유사하지만, 사전에 약정된 조건에 따라 구성단위체 일방의 조치로 해체할 수 있다. 연합된 국가들은 연합된 정부 내에서 소규모 역할만을 보유하고 있다(뉴질랜드와 쿡 아일랜드, 이태리와 산마리노 등 7개국).

7) 콘도미니움(Condominiums): 둘 이상의 외부국가들의 공동통치 하에 기능하는 정치체로서, 주민들에게는 상당한 내부자치가 허용된다(1993까지 700년 동안 프랑스와 스페인의 통치 하에 있던 안도라).

8) 동맹(Leagues): 정치적으로 독립된 정치체들이 특정목적을 위해 연합한 것으로서 공동정부가 아닌 공동사무국(a common secretariat)을 통해 기능을 수행한다(아랍연맹, NATO 등 7개 기구).

9) 공동기능적 정부간기구(Joint Functional Intergovernmental Organizations): 특정과업을 공동수행하기 위해 두개 이상의 정치체들로 구성된 기구다(WTO, ILO 등).

10) 혼합형(Hybrids): 서로 다른 형태의 정치파트너쉽 유형들의 특성들이 혼합된 정치체이다(캐나다, 남아프리카, EU). 1867년에 생겨난 캐나다는 기본적으로는 연방국가이지만 일부 준단방제적(quasi-unitary) 요소들을 포함

하고 있다. 1996년의 남아프리카도 일부 준단방제적 특성을 가진 연방국가이다. 마스트리히트 조약 이후의 EU는 기본적으로는 국가연합이지만 일부 연방국가의 특성을 지니고 있다. 하이브리드 유형이 생겨나는 것은 정치가들이 이론적 순수성보다는 실용적인 정치적 해결에 더 많은 관심을 갖고 있기 때문이다.

그런데 왓츠는 다양한 연방 형태들의 스펙트럼은 유용한 이미지이기는 하지만, 분권화된 단일국가로부터 연방국가, 국가연합, 비대칭적 연방국가, 비대칭적 연합국가, 동맹, 공동기능적 정부간기구로 이어지는 단일한 연속선(a single continuum)이 있다는 개념에는 피해야 할 오해가 있을 수 있다고 말한다. "이러한 형태들은 막연하게 말하면 결합도가 높은 것에서부터 낮은 것까지의 정치적 파트너쉽 유형의 스펙트럼을 대표하는 것들이지, 다시 말해 스펙트럼처럼 색깔이 점점 흐릿해지면서 다른 색으로 변하는 식의 형태(form)를 말하는 것이지, 이 유형들이 공동기구에서의 의사결정 기능의 범위의 크기(scope)를 말하는 것은 아니라는 점에 유념할 필요가 있다."[73] 상대적으로 중앙화된 국가연합에서의 공동기구의 권한과 기능은 비중앙화된 연방국가의 것에 비해 더 클 수가 있다. 예를 들면 지금은 사라지고 없지만 고도로 비중앙화된 서인도 연방과 보다 중앙화된 국가연합성격의 동아프리카공동기구(East African Common Services Organization)가 이러한 예에 속할 수 있고, EU의 내부 경제연합에 관한 관료적 규제는 어떤 면에서는 캐나다 연방보다도 더 중앙집권화되어 있다.[74]

---

73) *Ibid.*, p. 245; Ronald L. Watts, "Daniel J. Elazar: Comparative Federalism and Post-Statism," *Publius*, vol. 30, no. 4(Center for the Study of Federalism, 2000), p. 162.
74) *Ibid.*

3. 버제스의 "연방민주주의 국가 모델"

버제스는 연방제 국가들의 형성과 진화에 관한 경험적 비교연구를 통해, 기존의 고전적인 연방국가 형성 이론으로는 설명할 수 없는 새로운 유형의 연방제 국가들이 1990년 이후의 후기 냉전시대에 생겨나고 있다고 주장한다. 그는 형식적인 연방헌법의 존재 여부와 실제적인 운영을 기준으로 연방민주주의 국가(federal democracies)들의 유형을 다음과 같은 6가지로 분류하였다.[75]

1) 모델 1: 성숙한 연방민주주의 국가
헌법상 공식적인 연방국가로서 연방정치제도와 연방정부가 운영되고 있다(미국, 스위스, 독일, 오스트리아, 캐나다, 벨기에).

2) 모델 2: 흠 있는 연방민주주의 국가
형식상 연방헌법을 갖고 있는 연방국가지만, 실제로는 연방정치제도나 연방정부가 운영되지 않고 있다(러시아, 이디오피아, 나이지리아, 말레이시아, 파키스탄, 멕시코).

3) 모델 3: 불완전한 연방민주주의 국가
헌법상 공식적인 연방국가가 아니나 연방정치제도를 운영하고 있지만, 연방정부는 운영되지 않고 있다(스페인, 이탈리아, 인도, 남아프리카, EU).

4) 모델 4: 새로 생겨나고 있는 연방민주주의 국가
자유민주적, 헌법적 문화나 전통, 경쟁적인 정당의 전통이 부재한 상황 하에서 후기갈등국가 형성과 관련하여 미래의 연방국가 형성에 대한 암시를 부여하고 있다(이라크). 연방헌법이 존재하고 연방주의 정치제도가 운영되고 있지만, 연방주의 정치문화가 부재하기 때문에 외부의 강압적인 힘

---

[75] Burgess, *op. cit.*, pp. 273-276.

으로서의 국제적 공동체(international community)에 의한 장기적인 연방주의 정치사회화의 과정을 통해 연방주의 정치문화가 형성되어야 한다.

5) 모델 5: 변이되고 있는 연방민주주의 국가

모델 4의 경우처럼 국제적 공동체의 감독에 의한 강요된 연방국가를 운영하고 있으며, 이를 유지하기 위해 국제적 공동체에 의존하고 있으나, 아직 공식적인 연방 성문헌법이 없기 때문에 공식적으로는 연방국가가 아니다(보스니아-헤르체고비나). 네팔, 사이프러스는 보스니아-헤르체고비나와 이라크만큼 강하지는 않지만 UN와 EU 등 국제적 공동체로부터 외부적 압력을 받고 있다. 이들 국가들은 프리드리히의 소위 연방화 과정을 겪고 있다.

6) 모델 6: 염원하는 연방민주주의 국가

헌법상 공식적인 연방국가가 아니며, 연방제로 운영되고 있지도 않지만, 국제적 공동체에 의해 관리되는 연방주의적 요소들이 일부 있다(콩고민주공화국, 수단, 소말리아, 아프가니스탄). 콩고민주공화국과 수단이 자유민주주의적 연방의 미래를 위한 공식적인 헌법적 선언을 채택한 후기갈등국가의 사례를 보여주는 데 반해, 소말리아와 아프가니스탄은 내전 등에 휘말려 연방민주주의의 조건들과 연방주의 정신이 결핍되어 있다.

제3절 연방제 국가의 형성과정

1. 연방제의 기원

연방주의는 일찍이 구대륙에서 절대국가주권에 의한 절대적 통치에 대한 대항담론으로 공유 국가주권을 주장하는 이론으로 부상했다. 즉 강력한 중앙정부를 구심점으로 통치가 이루어지는 단일국가보다 복수의 정부가 치밀하게 얽혀 공치를 가능케 하는 연방제국가가 국방과 안보 목표 측면에서 혹은 경제와 통상 목표 측면에서 우수하다는 논리로부터 연방주의 기원론이 시작되었다. 스위스(1291-1798, 1815-48), 네델란드 연합(1579-1795), 미국(1781-1789), 독일(1815-1866) 등 고전적 국가연합의 결성 동기는 주로 국방·안보와 경제적, 상업적 이익 때문이었다.[76]

라이커는 1787년 미국의 연방국가 창설 이래 생겨난 모든 연방국가들을 조사한 것을 토대로, 연방헌법을 창출하는 연방적 흥정(협상)을 타결 짓게 만든 순전한 정치적 접근방법의 필요조건으로 영토확장적 조건(the expansion condition)과 군사적 조건(the military condition) 등 두 가지 요건을 제시하였다. 영토확장적 조건은 외부의 군사적, 외교적 위협에 대응하거나 군사적, 외교적 공격이나 역량확대를 준비하기 위하여 평화적인 수단으로 영토적 통제를 확장하려는 흥정(협상)을 제의하는 정치인들의 욕망(desire)이다. 군사적 조건은 외부의 군사-외교적 위협이나 기회 때문에 외부의 위협으로부터 보호를 받거나 잠재적 침공에 동참하기를 바라며 통합을 위해 어느 정도 독립을 포기하고 협상을 수용하려는 정치인들의 의지이다.[77] 연방국가 형성에 실패한 국가들은 이러한 조건들이 존재하지 않았거나 잠시 동안만 존재했다는 것이다. 그는 연방국가의 기원과 관련한 두 가지의 널리 알려진 오류는 이념적 오류(연방주의가 자유를 유지시켜 준다)와 환원주의적 오류(연방국가는 어떤 공통이익을 창출하는 사회-경제적 조건에 대한 정치적 반응이다)라고 지적한다. 그는 이 두 개의 필요조건들은 충분한 정보의 부족으로 인해 연방국가 형성의 충분조건이라고는 말 할 수 없다는 것을 인정한다. 그런데 포시스(M. Forsyth)는 안보 목표와 복지 목표간 긴밀한 상호관계가 있음을 강조하였다.[78] 이에 더해 벌취(A. H. Birch)는 나이제리아

---

76) Michael Burgess, *Comparative Federalism: Theory and Practice* (London and NY: Routledge, 2006), pp. 76-100.
77) Riker, *Federalism: Origin, Operation, Significance*, pp. 12-13.
78) M. Forsyth, *Unions of States: The Theory and Practice of Confederation* (Leicester: Leicester University Press, 1981), p. 160.

와 말레이시아의 사례를 들어 외부로부터의 위협뿐만 아니라 내부로 부터의 위협을 저지하려는 욕망과 이를 저지하려는 의지가 연방국가 형성의 동기라고 주장한다.[79]

이에 대해 라이커는 벌취가 연구한 추가요소를 인정하고, 이후 도이취, 위어, 왓츠 등이 주장한 연방의 성립조건을 철저하게 검증한 후에 연방주의는 경제적, 사회적 현상이 아니라, 정치적인 것(political affaires)이라면서, 연방국가 형성의 수정된 필요조건, 즉 라이커-벌취 조건(Riker-Birch conditions)으로 아래 두 가지를 제시하였다. ① 더욱 큰 정부로서만 위협을 저지하고 침략을 수행할 수 있는, 외부나 내부로부터의 중대한 위협이나 침략을 위한 중대한 기회가 존재, ② 그리고 이러한 상호 기대이익을 위해 지방 지도자들을 달래야 하는 흥정이 필요할 정도로 지방적 충성심(provincial loyalty)이 존재.[80] 그는 실패한 연방국가들에 대한 부정적 조건들에 관해 언급하면서, 연방국가가 분열되는 것은 외적, 내적 위협이 중대하지 않았기 때문이며, 연방국가가 단방제 국가로 변형되는 것은 지방적 충성심이 상대적으로 약했기 때문이라고 주장한다. 이러한 라이커의 연방주의론은 근본적으로 정치·군사적 목적, 즉 국내외 안보에 대한 위협을 견제하기 위해 중앙과 비중앙간 연방주의에 대한 합의를 도출함으로써 상호 이득을 얻을 수 있다고 전제하고 있다. 무엇보다도 역사적 경험이나 상황적 제약 등을 전혀 고려대상에 포함시키지 않고 오로지 안보에 대한 위협이나 침략의 기회가 존재한다는 사실 그 자체가 정치-군사적 통합을 가능하게 한다고 주장한다.

연방국가 창설에 대한 라이커의 이 같은 단정적인 군사·안보적 기원설은 수많은 정치학자들에 의해 비판의 대상이 되었다. 데이비스(S. Rufus Davis)는 두 요소들의 존재가 왜 연방국가라는 아이를 탄생시키는지, 또는

---
79) Birch, op. cit., pp. 15-33.
80) Riker, "Federalism," p. 116.

두 조건이 어느 정도가 되어야 국가연합이나 준연방국가 등과 같은 다른 형태가 아닌 연방국가라는 아이를 탄생시키는지, 위협 정도의 다양성을 설명하지 않아 거의 주목할 만한 가치가 없는 진부한 말이라고 라이커를 폄하하면서, 군사적 안보나 방위의 조건은 과거 모든 동맹의 역사에서도 줄곧 나타났다고 비판하였다.[81] 킹(Preston King)은 모든 연방국가가 형성 당시에 내적, 외적 위협이 있었다고 하더라도 위협이 있어야 연방국가가 형성된다고 주장하는 것은 환원주의적 오류로서, 위협의 중대성이 어느 정도를 말하는지가 자의적이고 부정확하여 공허한 것이라고 비판하였다.[82] 스테판(A. Stepan)은 세계의 몇몇 연방국가들의 경우 완전히 다른 역사적, 정치적 논리에서 생겨났음에도 불구하고 라이커의 수많은 잘못된 가정들은 미국의 '자발적 통합(coming-together) 연방제' 모델을 일반화시켰기 때문이라고 지적한다. 라이커의 '자발적 흥정'의 연방적 흥정 개념은 1787년의 필라델피아 집회로부터 생겨난 것으로서, 미국의 독립전쟁(1861-5)이나 스위스 손던분트 전쟁(1847-8)도 연방적 통합을 위한 자발적 흥정을 이뤄내지 못하였으며, 보스니아와 헤르체고비나(1995), 이라크(2005)의 경우도 라이커의 주장을 변호해 주지 못하고 있다고 비판한다.[83] 버제스도 라이커의 단선적 논리의 근본적인 결함에 대해 지적하면서 연방제의 기원 자체 보다 연방제의 정립과정에 초점을 맞추어야 한다고 주장한다. 즉, 그는 라이커가 ①이 중앙 정치인의 욕망을 ②가 비중앙 정치인의 의지를 나타낸다는 차이점을 포착하지 못했다면서, 이 때문에 중앙과 비중앙간 조세징수와 군대징집을 가능하게 하는 협상내용을 명문화하는 헌법이 중앙과 비중앙간, 혹은 비중앙 구성단위체 간 일말의 갈등도 없이 연방제의 제도화에 투영된다는

---

81) Davis, op. cit., pp. 126, 132-133.
82) P. King, *Federalism and Federation* (London: Croom Helm Ltd., 1982), pp. 34-36.
83) Alfred Stepan, *Arguing Comparative Politic* (Oxford: Oxford University Press, 2001), pp. 18-19, 315-361.

라이커의 연방주의론에는 허점이 많다고 반박한다.[84] 그는 전반적인 국내외 요인들을 모두 고려한 이론이라며 "정황적 인과관계 이론"(a theory of circumstantial causation)을 제시한다. 연방국가들의 기원과 형성은 사회·경제적, 역사적, 정치적 변수들의 복합 아말감(complex amalgam)이다.[85] 이 이론의 이론적 틀의 구성은 아래 4가지 가정들에 기초하고 있다. 첫째, 인식적, 분석적 범주로서의 연방제는 자유민주적 헌정국가(a liberal democratic constitutional state)의 개념에 토대를 두고 있다.[86] 둘째, 연방제의 기원과 형성은 구별되어야 한다. 셋째, 연방제의 기원과 형성은 통합과 분화라는 상이한 출발점을 가진 두 개의 다른 역사적 과정에 근거하고 있다. 넷째, 건국 시점에 따라 20세기 초 이전과 2차 세계대전 이후(1949 서독, 1950 인도, 1963 말레이시아, 1995 벨기에, 스페인, EU)에 연방주의의 제도화 과정을 겪은 사례국가들의 생성의 기원을 차별해서 분석해야 한다고 강조한다.

2. 형성 조건

연방주의(federalism)는 야누스의 두 얼굴의 모습을 갖고 있다. 연방제는 연방국가를 이루는 구성체가 단일국가로 통합하는 데 적합한 동질적인 '통합의 요인'과, 구성체가 수 개의 국가로 분화되는 데 적합한 이질적인 '분화의 요인'이 조화·균형을 이룰 때 형성되게 된다. 전자는 연방국가의 구심적 요인으로 작용하며, 후자는 연방국가의 원심적 요인으로 작용하여 양자의 긴장과 균형의 상호 조화 속에서 연방국가가 형성, 운영되어 간다. 이러

---

[84] Burgess, *In Search of the Federal Spirit*, p. 80.
[85] *Ibid.*, pp. 99-100.
[86] 버제스는 소련, 아르헨티나, 브라질, 나이제리아 등 강압적 연방국가는 진정한 연방국가가 아니라고 주장한다.

한 통합요인과 분화요인의 인자들로 이루어지는 조합관계는 수없이 많으므로 현실의 연방제는 그 결합의 강도의 정도 등에 따라 유형이 매우 다양하게 나타난다.[87]

위어는 연방제의 통합요건으로 ① 군사적 불안의 감지 및 공동방위의 필요성, ② 외세로부터 독립하려는 욕구, 이를 위해 통합이 필수적일 것, ③ 경제적 이득의 희망, ④ 이전의 일정한 정치적 결합의 경험, ⑤ 지리적 근접성, ⑥ 정치제도의 유사성 등 여섯 가지를 들었다. 분화요인으로는 ① 역사의 차이, ② 경제적 이익의 격차, ③ 지리적 거리, ④ 국민성의 차이, ⑤ 사회구조의 비유사성 등을 제시하였다.[88]

도이취(Karl Deutsch)는 연방국가의 상위 개념인 '융합 안전공동체'의 필수조건(essential condition)으로 ① 중요 가치의 상호 조화, ② 생활방식의 차이, ③ 강력한 경제적 결과나 이익의 기대, ④ 최소한 몇몇 참가단위의 정치적, 행정적 능력의 현저한 증가, ⑤ 최소한 몇몇 참가단위의 고도경제성장, ⑥ 영토간의 지리적 및 상이한 사회계층간의 사회적인 부단한 사회소통의 연계, ⑦ 정치적 엘리트의 확대, ⑧ 정치적 상이계층간의 인원 이동, ⑨ 의사소통범위의 다양성 등을 제시하였다.[89] 그는 위의 9개 요인이 모두 필수적이라고 하였음에도 불구하고, 위의 ③, ④, ⑤와 ⑨의 요인만이 나이제리아, 서아프리카와 말레이시아 연방의 경우에 타당한 것이라고 하였다.

왓츠는 연방제의 성립요인 가운데 통합요인(motives for union)으로 ① 정치적 독립의 욕구, ② 경제적 이익의 추구, ③ 행정적 효과의 필요, ④ 외교적·군사적 외교관계의 제고, ⑤ 인종·종교·언어 혹은 문화에 기초한 전망의 공동체, ⑥ 지리적 요소, ⑦ 역사의 영향, ⑧ 식민지적이고 토착적인

---

87) 김명기, 앞의 책, pp. 21-22.
88) Wheare, *Federal Government*, 4th ed., pp. 37-38.
89) K. Deutsch, *Political Community and the North Atlantic Area: International Organization in the Light of Historical Experience* (Princeton: Princeton University Press, 1957), p. 58.

정치적·사회적 기구의 유사성과 상이성, ⑨ 정치적 지도력의 특성, ⑩ 국가연합의 성공적 구모델의 존재, ⑪ 헌법제정에 있어서 영국정부의 영향 등을 제시하고 있다.[90] 또한 그는 분화요인, 즉 지역자치의 동인으로 ① 격차의 수준 ② 독립의 전망 ③ 지역적인 경제적 이익 ④ 행정적 편의 ⑤ 대외관계의 충돌 ⑥ 윤리적 및 문화적 격차 ⑦ 지역적 분산 ⑧ 역사적 일치성 ⑨ 정치적 및 사회적 기구의 비유사성 ⑩ 지역적인 정치 지도력 ⑪ 지역적 자치의 모델 ⑫ 영국의 정치 등을 제시하였다.[91]

버제스는 이러한 가정 하에 상기 학자들의 주장들을 종합한 후 "정황적 인과관계 이론"(a theory of circumstantial causation)을 통해 연방국가들의 기원과 형성의 두 가지 주요요소로서 공동이익과 외적·내적 위협을 제시하였다. 공동이익은 ① 공유하는 정치적 가치, ② 보다 강력한 경제적 유대와 연합이익에 대한 기대, ③ 다양한 범위의 교류와 거래 ④ 정치적 독립 열망 ⑤ 정치적 연합의 경험 ⑥ 전략적(영토적) 고려 ⑦ 지역적 근접성 ⑧ 공통된 문화-이념적 요소(민족주의, 종교, 전통, 관습) ⑨ 정치적 리더십과 정치 엘리트의 확대 ⑩ 사회·정치 제도의 유사성 ⑪ 연방모델들의 매력 ⑫ 이전의 정치적 약속에 기초한 역사적 과정이 정점에 달한 것 등 12가지이다. 외적·내적 위협은 군사적, 경제적, 문화적, 정치적 질서 등 4가지이다.[92] 실제 연방국가들의 사례에서 상기 요소들의 중요성은 각기 다르게 나타난다.

시미온(Richard Simeon)은 연방주의를 채택하기 위한 필요적 또는 바람직한 전제조건의 변수들로 14가지를 제시한다.[93] 첫째, 외생 요소(① 경제: 구

---

90) Ronald L. Watts, *New Federations: Experiments in the Commonwealth* (Clarendon Press, Oxford, 1966), p. 41.
91) *Ibid.*, p. 67.
92) Burgess, *In Search of the Federal Spirit*, pp. 99-100.
93) Richard Simeon, "Preconditions and Prerequisites: Can Anyone make Federalism Work?", in Thomas J. Courchene, John R. Allan, Christian Leuprecht and Nadia Verrelli, eds., *The Federal Ideas: Essays in Honour of Ronald L. Watts* (Mcgill-Queen's Univ.,

성국 간 경제발전 수준의 격차, 경제적 불평등과 불균형, 불평등한 천연자원 배분 ② 구성그룹의 성격과 수 ③ 역사적 유산 ④ 국제적 맥락), 둘째, 문화와 태도적 요소(⑤ 민주적 가치 ⑥ 신뢰 ⑦ 정체성 ⑧ 헌법주의와 법의 지배), 셋째, 보다 큰 정치제도, 즉 중앙정부와 연관된 요소(⑨ 정당제도 ⑩ 권력공유 ⑪ 독립된 사법부), 마지막으로 연방제도 자체와 연관된 요소(⑫ 국경선 ⑬ 권력배분 ⑭ 정부 간 관계를 조정하기 위한 제도들). 그는 이러한 변수들을 논할 때, 어느 것이 필수적 요소인지 또는 바람직한 요소인지, 그리고 어느 것이 더 우선순위가 있는 것인지, 형성에 필요한 것인지, 유지에 필요한 것인지, 연방주의에만 특수한 것인지, 아니면 안정적인 민주주의 체제의 보다 일반적인 조건들인지 등에 관한 질문이 제기될 수 있음을 지적하면서, 이것이냐 저것이냐 식의 이분법이 아니라, 이것이 많고 저것이 적을 수 있는 상대적인 변수(variables)로 이해해야 한다고 말한다.

엘라자르는 17세기 중엽에서 20세기 중엽에 이르는 근대에는 세계적으로 국가주권이 강조되는 시기였기 때문에 연방국가에 비해 느슨한 취약한 국가결합 유형으로서의 국가연합이 쇠퇴하였으나, 세계화(globalization)와 상호의존으로 특징 지워지는 후기 근대에 이르러서는 국가연합의 국가결합 형태가 새롭게 주목을 받으며 재부상(revival)하고 있다면서, 안보와 경제통합, 인권보호 문제가 새로운 국가연합 형성의 기초가 되는 3개의 기둥이라고 주장한다. 구(舊) 국가연합체제의 특징은 작은 국가들이 세계에서 더 잘 생존하고 경쟁하기 위해 국가를 확장(enlargement)시킨 반면, 신(新) 국가연합체제에서는 국가들이 의사결정 등 일정부분을 집합적인 기구에 양도하는 대신 더욱 자치를 보장받기 위해 국가를 변형(transformation)시키는 특징을 보이고 있다고 설명한다.[94]

2011), pp. 213-223.
94) Elazar, *Constitutionalizing Globalization*, p. 4.

렉터(C. Rector)는 국가들이 연방국가를 형성하지 않고 대신 다른 대안, 즉 정치적 비용이 덜한 관세연합이나 동맹 등을 선택하는 이유를 주목하고, 19세기 후엽의 호주, 뉴질랜드, 19세기 중엽의 아르헨티나, 독일, 1960년대의 동아프리카 카리브연방 등 5개국에 대한 비교연구를 통해 연방국가 형성을 이해하는데 있어서 '국제관계 접근방법'(international relations approach)을 제시하였다. "연방국가는 구성국가들이 국제적 협력으로부터 이익을 얻을 때 형성되지만, 협력은 불평등한 수준의 특수관계 투자를 요구한다"는 것이다. 즉 국가들은 비대칭적 관계 특수성이라는 불평등 조건을 회피하여 보다 구속적이고 안전한, 그리하여 평등한 관계로 입장을 바꿀 수 있는 연방국가에 합의할 가능성이 있다는 것이다.[95]

3. 형성 과정

여기에서 연방국가의 형성과정은 형식적인 형성양태를 말하며, 실질적인 운영과정으로서의 연방제의 동적 변화양태와는 성격을 구별해야 한다.

가. 연방제 국가 형성과정 이론

라이커는 제2차 대전 이전에 형성된 모든 연방국가들은 헌법제정 참여자들이 자신들의 문제를 해결하기 위해 연방주의를 채택했다는 점에서 '자발적'(spontaneous)이었던 반면, 2차 대전 이후에 형성된 수많은 연방국가들은 연방주의의 계획이 참여자들로 부터가 아니라 식민지 권력에서 나왔다는 점에서 '고안된'(contrived) 것이었다고 말한다. 성공적인 연방주의의 필수조

---

[95] C. Rector, *Federations: The Political Dynamics of Cooperation* (London: Cornell University Press, 2009), p. 61.

건이 갖추어지지 않은 상황에서 추진된 서인도제도나 말레이시아 같은 나라들의 연방제 시도는 단지 '환상'(a will-o'-the-wisp)에 지나지 않게 되었다고 한다.96)

프리드리히는 연방의 형성은 자동적으로 이루어지는 것이 아니라, 그 과정을 촉발시키는 어떤 것, 소위 '연방화시키는 것'(federalizer)이 필요하다고 주장한다.97) 중요한 국가나 지배적인 그룹, 구성국 내의 정치적 지도자나 자유민주주의 사회에서 "민족적" 또는 "문화적" 특정 자아의식을 가진 집단이 추진력으로 작용할 수 있다고 한다.

랏나팔라(Suri Ratnapala)는 연방제 국가는 자연적으로 상호작용을 통하여 이러한 관계를 지배할 상호의존체제나 메타 규칙들(interdependency arrangements and meta-rules)이 생겨나기도 하고, 정치적 행동을 통해 인위적 또는 고의적으로 설계된 "정치적 연방"(political federation)으로 형성되기도 한다고 말한다.

21세기에 접어든 시기의 연방주의와 연방국가의 세계는 1960년대, 1970년대에 라이커가 실제로 경험한 것들과 다르기 때문에, 기존의 이론들의 부적합성을 드러내는 연구들이 쏟아져 나오고 있다. 스테판은 라이커의 연방주의적 흥정의 개념 구조와 그의 경험적 분석들이 기본적으로 흠을 지니고 있다면서, 연방제의 도입과 형성과정을 주도세력(중앙, 지방)과 상호관계의 수단(타협, 강제력)에 따라 자발적 통합(coming-together) 연방제, 체제유지적(holding-together) 연방제, 강제적(putting-together) 연방제 등 3가지로 구분하고, 자신의 3가지 형태의 연방형성이 훨씬 더 분석적으로 유용하다고 주장한다.98) 자발적 연방제는 독립된 여러 주권국들의 아래로부터의 협

---

96) Riker, "Federalism," pp. 129-30.
97) C. J. Friedrich, "New Tendencies in Federal Theory and Practices," *Jahrbuch Des Offentlichen Rechts*, vol. 14 (1965), p. 3.
98) Stepan, "Federalism and Democracy," pp. 19-34.

상과 합의에 의해 자발적으로 합쳐서 이루어진 것으로서 미국, 스위스, 호주, 유럽연합(EU)이 이에 속한다. 미국, 스위스와 호주는 국가연합 단계를 거쳐 연방제로 진입한 반면, 유럽연합(EU)의 경우는 국가연합으로 출발해서 연방국가로 나아가고 있는 과정에 있다. 체제유지적 연방제는 주로 다민족·다문화 사회에서 민주주의 체제를 유지하고 국가의 기능을 효과적으로 보전하기 위해 기존의 단방제적 국가체제 하의 중앙정부가 분권적 제도 개혁을 단행함으로써 형성된 것으로 인도(1950), 벨기에(1993), 스페인(1978)이 이에 해당한다. 강제적 연방제는 비자발적, 비민주적 중앙화 권력이 기존의 영토 하에 존재하는 지역단위들이나 기존의 독립된 정치조직을 군사적인 정복이나 강제력을 통해 다민족국가로 통합하여 자의적으로 창출한 것으로 소비에트 사회주의 공화국 연방(1922)이 이러한 사례에 속한다.

버미오(N. Bermeo)는 스테판의 3가지 형성 형태에 더하여, 국내적 합의에 의해서가 아니라 외부 행위자, 즉 UN 등 국제 공동체로부터의 직·간접적 군사적 개입에 의해 형성된 제4의 "강요된 연방제"(forced-together federalism) 개념을 주장하면서, 그 예로 보스니아-헤르체고비나(1995)와 이라크(2005)가 이에 해당한다고 한다.99) 보스니아-헤르체고비나와 이라크는 모두 후기 갈등국가로 생겨났지만, 그 배경이 동일하지 않다. 보스니아-헤르체고비나는 이웃국가인 세르비아와 크로아티아의 지원과 사주에 힘입은 보스니아 세르비아계와 보스니아 크로아티아계, 모슬렘 보스니아인계 사이의 내전을 거쳐 인도주의적인 이유로 국제적 공동체에 의해 화해와 국가통합이 강요되어 생겨난 반면, 이라크는 분파간의 폭력, 민병대, 국제테러, 이란과 터키의 지역적 개입 등에 의한 내전(2003~5년)의 결과로서 UN의 국제적 개입이 아닌 미국과 영국에 의해 비밀리에 계획적으로 연방국가로 설계되었다. 이들은 모두 현재 연방화의 진화과정에 있다.100) 버미오는 이들 국가들은

---

99) N. Bermeo, "A New Look at Federalism: the Importance of Institutions", *Journal of Democracy*, vol. 13, no. 2(2002), pp. 96-110.

외부행위자로부터의 제약이 감소될 경우에 연방제가 오래 지속되지 못하고 붕괴되는 경향이 있다고 지적하였다.

왓츠는 연방제 국가는 통합(aggregation), 위양(devolution, 단방제 국가의 분화), 통합과 위양의 혼합(combination), 기존 연방체의 분열(break-up)을 통한 새로운 연방체 형성 등 4가지 방식으로 형성된다고 주장한다.[101] 첫째, 개별국가들이 통합하여 연방제 국가를 형성하는 경우이다. 미국와 스위스는 초기에는 국가연합으로 통합하려 하였으나, 그 비능률성 등 한계로 인해 연방국가로 전환하였다. 호주는 영국 식민지 아래서 느슨한 국가연합 성격의 협의체를 운영하다가 그 한계로 인해 연방국가로 통합하였다. EU, NAFTA 등 대부분의 국가연합이나 연맹 등은 통합의 산물이다.

둘째, 일부 연방국가들은 단방제 국가가 위양(분화)되는 과정에서 형성되었다. 기존의 지역단위체에 더 많은 권한과 자치가 주어지거나 새로운 지역단위체들이 생겨나는 경우이다. 오스트리아, 벨기에, 나이지리아, 스페인 등이 이러한 사례에 속한다. 오스트리아는 군주제 폐기 이후 분화를 통해 연방제가 정착되었으며, 벨기에는 수차례의 개헌을 거쳐 분화를 통한 연방제 전환을 이루었다. 연방국가가 위양되어 국가연합으로 되는 경우는 매우 드문 현상이다. 소련의 분열로 인해 CIS(Commonwealth of Independent States)가 형성된 것이 이 경우에 해당하지만, 러시아가 CIS 내에서 군사적, 경제적 헤게모니를 점하고 있어 국가연합으로서의 성격이 다소 반감되고 있다.

셋째, 일부 연방국가들은 통합과 위양의 혼합 형식으로 형성되었다. 캐나다, 스위스, 독일, 인도, 말레이시아 등이 이에 속한다. 1867년 캐나다 대영북미주법(The British North American Act)에 의해 탄생된 캐나다연방은 통

---

100) 이라크는 2004년 3월 임시헌법, 2005년 10월 영구헌법, 2007년 수정헌법을 채택하였다.
101) Watts, *Comparing Federal Systems*, p. 65.

합법(Act of Union, 1840)에 의해 단일국가로 통합되었던 통합캐나다주(The United Province of Canada)를 퀘백과 온타리오로 나누고, 뉴브런스윅과 노바스코샤 등 다른 2개 식민지주들과 함께 4개 주를 통합하여 형성되었다. 이후 점차 가입주 수를 늘려 오늘날 10개 주와 3개 준주(territories)로 구성되어 있다. 스위스는 1215년 합스부르크 왕가의 위협으로부터 벗어나기 위해 최초로 국가연합적 성격의 연맹을 구성한 이후 1815년에서야 현재의 복합구성체로 결합된 연방이 형성되었다. 이후 1847년 손더분트 내전을 겪은 후 언어, 종교, 지역 및 경제적 다양성을 최대로 반영하기 위해 분화하는 연방제가 형성되었다. 독일에서는 신성로마제국에서 연방제 형태의 기원을 찾으며, 독일연합(1815-1866), 북독일연방(1867-1871), 독일제국(1871-1918), 바이마르 공화국(1919-1933)을 거쳐 서독(1949-1998)과 독일통일(1999-현재)로 연방주의의 명맥이 이어진다. 인도와 말레이시아도 통합과 위양의 혼합형으로 형성되었다. 국가연합의 경우는 이런 혼합형이 거의 없는데, 스위스 연합의 형성은 통합이 지배적인 과정이었지만 이 경우에 속한다고 할 수 있다.

마지막으로 기존의 연방체가 분열하여 느슨한 연방체로 다시 결합하는 경우이다. 이 경우에는 분열과정에서의 갈등과 알력의 앙금이 있기 때문에 상당기간이 지난 후에 보다 느슨한 형태의 연방체로 형성되는 경우가 있다. 서인도연방이 분열한 후 10년이 지나 1973년 CARICOM (Caribbean Community and Common Market)이 생겨난 경우나, 말레이시아, 싱가폴 연방이 해체된 후 기능적인 경제결합체가 생겨난 경우가 이러한 사례에 속한다.

나. 사회주의 연방제 국가의 형성

사회주의국가들의 연방관은 서구식 민주주의 연방관과 그 성격이 판이하게 다르며, 레닌주의적 프롤레타리아혁명 개념에서 출발하고 있는 것으로 병합논리이다.102) 레닌은 1920년 7월 19일에서 8월 7일간 열린 코민테른 제2차대회의 개회연설을 통해 발표한 「민족 및 식민지 문제에 관한 테제」 제7항의 규정에서 "하나의 민족사회에서 프롤레타리아트가 지배적 지위에 이르기까지의 과정에 있어서 과도적 정권형식이 연방제이다"라고 규정하였다. 즉, 레닌의 연방론은 공산주의의 완전한 통일에 이르는 과도적 형태가 연방제라는 것으로, 연방제는 공산화 병합을 위한 하나의 과정인 것이다.

사회주의국가이론은 국가사멸을 궁극적 전제로 하고 과도적 형태로서의 중앙집권국가를 상정하면서 연방제를 반대하며 또한 사회주의민족이론은 민족자결주의를 프롤레타리아 계급 단결에 위배된다는 이유로 반대함에도 불구하고 민족자결에 대한 하나의 양보로서 연방제도가 나타난 것이다. 결국 사회주의국가의 연방제도는 막스 이데올로기에서 출발한 제도가 아니라 역사적 필요에 의해 생겨난 제도이기 때문에 연방제도에 내제되어 있는 모순은 사회주의 이데올로기와의 변증법적 지양을 감수할 수밖에 없다. 그 지양의 결과로 나타난 것은 프롤레타리아 독재 내지 인민독재이다. 그리고 프롤레타리아 독재의 유지, 강화를 위한 강력한 중앙집권적 국가가 연방제도의 본질적 내용을 잠식하게 되는 것이다. 그러므로 사회주의국가의 연방주의는 중앙집권주의에 반대되는 개념이 아니라, 중앙집권주의로 통합되는 개념이며, 사회주의 연방제도의 이념적 기초였던 민족자결주의도 프롤레타리아독재 이념의 하위개념인 것이다. 따라서 사회주의국가의 연방제도는 그 규범적 기능을 이데올로기에 압도당하고 있으며, 그 결과 연방제도의 운영 면에서 자유진영의 연방제도와 다른 양상을 보여줄 수밖에 없다.

---

102) 강성윤, "연방주의통합이론에 관한 연구-한반도에의 적용가능성여부를 중심으로-", 『행정논집』, 제13집(1983), pp. 179-181; 강성윤, "분단국 공산세력의 연합론과 북한의 연방론", 『안보연구』(1982), p. 69.

소련의 탄생은 이러한 레닌의 연방론에 입각하여 1922년 12월 30일 당시의 러시아 소비에트사회주의공화국과 우크라이나, 백러시아, 자카프카즈 등 4개의 소비에트공화국들이 소비에트사회주의공화국 연방의 결성에 관한 선언을 하고 조약을 체결함으로써 이루어졌다. 소련은 이후 가입국이 들어나 15개 국으로 구성된 연방으로 형성되게 되었다. 소련은 연방제의 일반적인 특성과 비교해 볼 때 연방제 국가로서의 형식적인 면모를 갖추고 있었다. 즉, 성문헌법을 갖고 있었고, 헌법에 연방정부의 권한이 명시되어 있었다. 헌법에 열거되지 않은 권한은 각 구성국 권한에 귀속된다고 선언함으로써 연방정부와 지방정부의 권한배분을 명확하게 규정하였다. 또한 양원제를 도입하고 각 구성공화국에 대하여 동수의 대표권을 보장하였다.

그러나 이와 같은 것들은 지극히 표면적인 것에 불과했다. 소련은 실제로 강력한 중앙집권체제 국가였으며, 각 공화국이나 소속기관들은 중앙정부의 지방분국에 불과했다.[103] 또한 중앙정부의 권한은 매우 광범위하고 무제한적이었으며 연방정부의 법률은 각 공화국의 법률에 우선하도록 규정되어 있었다. 또한 소련에는 헌법상의 분쟁을 심판할 사법기관도 존재하지 않았고, 헌법에 관한 사법심사 조항도 없었으며 연방 최고법원은 헌법상의 분쟁을 심사할 권한도 없었다. 소련의 중앙집권적인 면모는 개헌절차에서도 나타났다. 일반적인 연방국가에서는 국민투표에서 과반수 찬성을 얻거나 다수의 연방 구성주체가 동의하는 경우에 개헌이 가능하다. 그러나 소련 헌법은 양원합동회의에서 2/3 이상의 지지만 있으면 개헌이 가능한 것으로 규정하였는데, 소련의 양원회의는 소련정부가 제출한 법안을 항상 만장일치로 통과시켰기 때문에 사실상 이 조항은 거의 유명무실한 것이었다.

---

103) 한배조 외, 『현대각국정치론』(서울: 법문사, 1975), p. 184.

4. 연방국가의 성공과 실패 조건

다른 환경들은 다른 역사적 시기에 다른 연방제 국가들을 형성했음에 유의하면서 연방국가의 성공과 실패의 요인들을 분석해 보기로 한다. 여기에서 성공과 실패라 함은 연방제국가들의 형성과 효과적인 운영을 통한 존속, 유지 또는 연방국가의 붕괴, 구성국의 탈퇴 등을 말한다. 성공과 실패라는 용어는 고정적, 영구적, 절대적 의미보다는 상대적, 가변적인 것으로 이해되어야 한다. 성공과 실패는 또한 궁극적으로 관계적이다. 어떤 면에 성공한 연방국가들도 다른 면에서는 실패한다. 성공과 실패라는 용어가 경험적으로 진정한 의미를 갖기 위해서는 맥락적으로 이해되어야 한다. 한 연방적 맥락에서 성공적으로 여겨졌던 것이 다른 연방적 맥락에서는 실패로 여겨질 수 있다. 따라서 연방국가들의 성공과 실패를 일반화하여 평가하는 것은 매우 신중해야 하며, 개개의 연방국가들의 형성 목적과 목표 등을 고려하여 성공 또는 실패의 기준을 정해야 한다.

연방국가의 형성기반(generating basis)과 유지기반(enduring basis)을 구분한 매독스(W. P. Maddox)는 연방이 유지되기 위해서는 4가지 주요 기반이 있어야 한다고 말한다. 첫째, 구성국들이 크기, 문화, 정치적·경제적 발전의 수준 등 면에서 너무 큰 다양성을 나타내지 않아야 한다. 둘째, 영토적 인접성이 있어야 한다. 셋째, 생존을 위한 투쟁에 있어서 연방국가에 자양분과 생기를 주는 정신적, 감정적, 이념적 성격의 힘이 있어야 한다. 넷째, 구조적으로 중앙의 연방정부가 지방정부의 의지와 독립적인 의사결정과 집행능력을 보유해야 한다.[104] 이를 위해 그는 연방정부는 정치적, 재정적, 군사적 역량의 자원을 보유해야 한다고 말한다. 그는 정치적 역량은 자유민주주의에 달렸다면서 정책결정자들이 직·간접 선거로 선출되어야 하고,

---

104) W. P. Maddox, "The Political Basis of Federation," *American Political Science Review (APSR)*, vol. 35(6)(1941), pp. 1123-1124.

전국 정당이 연방에 새로운 통합의 기초를 마련할 수 있도록 지방정부의 특수성을 무시할 수 있을 정도로 강한 정치력을 발휘해야 한다고 말한다. 또한 연방정부는 재정적으로 국민들에 대한 직접 과세권을 보유해야 하고, 군사적 독점권을 가져야 한다고 주장한다.

위어는 연방을 형성하려는 열망(desire)과 그것을 운영할 수 있는 능력(capacity)을 구분하였다. 그는 연방국가의 전제조건으로서 인종, 종교, 언어, 민족 등에 있어서 강한 문화적-이념적 차이들을 수용(accomodate)할 수 있는 능력에 주목하였다. 그는 또 이러한 능력을 두 개의 범주의 능력, 즉 통합능력(capacity to unite)과 이와 동시에 구성단위체들의 연방국가 내에서의 분화능력(capacity to remain distinct and separate)으로 구분하였다. 그는 연방국가가 드문 것은 전제조건이 많기 때문이라면서, 연방국가의 성공조건으로 아래 11가지를 제시하였다. ① 구성단위체들 간에 연방국가 형성을 위한 열망 ② 사회적·정치적 제도들의 유사성 ③ 자유민주주의의 존재 ④ 공동의 적에 대한 적개심 또는 두려움과 공동방위를 위한 필요성 ⑤ 인종, 언어, 종교, 민족의 공동체가 함께 일할 능력을 창출 ⑥ 개별정부로서의 구성단위체들이 기(既)존재 ⑦ 중앙정부와 지방정부에 대한 두 개의 충성심이 공존하지만, 연방정부에 대한 공동의 애착심이 존재 ⑧ 구성단위체들 간 영토, 부(富), 인구 등 면에서 크기가 상당한 정도로 균형 ⑨ 통치능력을 가진 정치엘리트층의 존재 ⑩ 경제적 자원의 충분한 공급 ⑪ 연방정신의 유지, 즉 그 자체 목적으로서의 연방적 사고에 대한 실질적 결의를 보유. 실패조건은 ① 사회적·정치적 제도의 차이점 ② 자유민주주의의 부재 ③ 차이가 연방을 창출하지만, 다양성이 한계를 지님 ④ 이전의 정부경험의 부재가 연방 결성을 어렵게 함. 그러나 불가능하게 하는 것은 아님 ⑤ 충돌하는 중앙과 지방에 대한 라이벌 충성심의 위험 ⑥ 한 두 구성단위체가 다른 구성단위체들을 무시하거나 연방정부의 의지를 꺾을 수 있을 정도의 우위성 보유 ⑦ 지배엘리트층 인력의 충분한 공급이 부족 ⑧ 경제적 자원 그리고 이들의 연방 내 분배 등 양면에서 커다란 불균형 ⑨ 구성단위체들이 자체 재정의 부족으로 인해 헌법적 의무수행이 불능 ⑩ 연방정신의 붕괴, 즉 그 자체 목적으로서의 연방적 사고에 대한 이념적 열의가 부족 등이다.105)

라이커도 연방의 형성과 존속(survival)을 구별하였으며, 흥정(정치적 합의)을 타결하기 위한 조건과 흥정을 유지하기 위한 조건을 명확히 구분하였다. 그는 미국에 대한 경험적 연구를 통해 지역주의(localism)에 뿌리를 둔 비중앙화된 정당 구조가 연방적 흥정을 유지하는 강력한 요인이라고 주장했다. 또한 그는 중앙정부가 구성주들을 위압(overawe)하지 아니하고 또한 구성주들이 중앙정부의 결정을 무효화(overrule)하지 않는 특수한 미국식 연방 모델을 유지하도록 해준 '애국심의 주로부터 연방으로의 이전'으로서의 일반적 요소들을 아래와 같이 제시하였다. ① 대통령, 최고재판소 같은 국가제도의 역할 ② 주에 대한 애국심을 약화시키는 이민 패턴과 함께 확장하는 단일시장 안에서의 노동력의 높은 이동성 ③ 사회사업 부문의 전문화, 경제기획, 행정관리 기능 들이 주에 대한 애국심을 약화시킬 수 있도록 국가정치경제의 구조에서의 변화를 반영하는 지도자들의 높은 이동성 ④ 전국가적 군사적 애국심 ⑤ 공통문화의 느린 진화. 이런 요소들이 지방의 주에 대한 애국심과 더불어 "다른 수준들의 정부에 대한 대중적 충성심"을 만들어낸 구심력들이었으며, 진화하는 연방국가로서의 미국의 독특한 개념인 이중성을 만들었다. 그는 연방은 자신의 존속, 즉 유지를 위해 다양한 형태를 취할 수 있는 복합선택(complex choice)이며, 수많은 다른 조건들을 필요로 할 수 있다고 설명한다.106)

라이커는 연방의 성공조건과 실패조건으로 각각 5가지를 제시하였다. 성공조건은 ① 연방정부로 하여금 큰 기반의 세금과 군대를 이용하도록 할 중앙화의 필요성 ② 구성단위체들에게 단일제 국가로 변이하지 않도록 통

---

105) Burgess, *In Search of the Federal Spirit*, pp. 232-233.
106) *Ibid*, pp. 224-225.

합체로부터의 보호에 대한 보장을 유지 ③ 핵심적 요구사항은 다른 수준들의 정부에 대한 동시적인 대중적 충성심 ④ 연방 내의 스트레스, 긴장 등을 효과적으로 처리하여 정통성을 얻을 수 있도록 형식적인 헌법에서 생겨나 헌법 밖에서 성숙된 정치제도의 운영 ⑤ 연방의 성격과 존속을 결정짓는 가장 중요한 기관은 정당제도의 구조 등이다. 실패조건은 ① 충분한 정도의 중앙화가 없다면, 통합체는 분열될 것임 ② 결의에 찬 중앙화의 주체로부터 충분한 정도의 자치나 보호가 없다면, 통합체는 단일제 국가가 될 것임 ③ 다양한 비연방적 충성심들의 존재, 적어도 그 중 하나가 강력하고 지속적임 ④ 제대로 기능하지 못하여 갈등을 효과적으로 처리하지 못하고 정통성이 부족한 정치적, 법적 제도들 ⑤ 정당제도의 구조가 국가통합을 저해하는 원심적 요소들을 강화, 유지시켜 주는 데 이바지함 등이다.[107]

프랑크(T. M. Franck)는 1960년대의 제3세계 연방국가들이 연방국가의 형성과 유지에 실패한 이유에 관해 비교연구하였다. 그는 동아프리카연방(탄자니아, 잔지바르, 케냐, 우간다 등 4개국으로 구성), 로데시아-엔야살랜드 연방(남로데시아, 북로데시아, 엔야살랜드 등 3개 지역으로 구성), 서인도연방(자마이카, 트리니다드와 토바고, 발바도스, 윈워드와 리워드 섬 등 10개 섬과 섬들의 그룹들로 구성), 말레이시아연방(1965년 싱가폴의 탈퇴 이후 13개 구성 단위체들로 구성) 등 4개 연방국가들을 분석하였다. 이들이 실패한 공통적 요소는 공통된 문화, 언어, 종교, 민족적 특성의 부재가 아니라, 단지 연방 자체를 제일로 여기는 개념이나 그 가치에 대한 국민들과 정치 지도자들의 충분한 정치적-이념적 결의가 부족했기 때문이라고 결론지었다. '고전적 연방주의'가 왜 신생 후기 식민국가들에게서 실패하고 있는지에 주로 관심을 갖고 있었던 그는 서구식의 연방모델들이 단순히 아시아나 아프리카의 개발도상국가들에 이식될 수는 없다고 지적한다. 그 이유는 결

---

107) *Ibid*, p. 233.

국 이러한 모델들은 중앙화 기구로 과잉 구조화되거나 과잉 기능화되기 때문이라고 말한다.[108] 그는 성공조건으로 ① 정치엘리트와 그의 추종자들이 연방주의적 의식(feel federal)을 가져야 한다. 이들이 스스로 하나의 공통의 자기이익을 가진 한 국민으로 생각하여 연방주의를 목적, 즉 그 자체를 선으로 여기는 이념적 결의가 있어야 함 ② 카리스마를 지닌 엘리트 지도자의 역할과 국민들의 광범위하게 공유된 연방적 가치의 정치적 지도자로의 전이. 중요한 것은 연방 자체를 제일로 여기는 개념이나 그 가치에 대한 정치적-이념적 결의가 존재 ③ 성공을 위해 필요하지만 그들 자체로는 충분하지는 않은 2차적(secondary) 요소들과 가치들이 이따금씩 생겨나고 점차적으로 성장하여 융합 등 3가지를 제시하였다. 그는 실패조건으로 ① 최상의 이념적 결의가 부족하기 때문에 단순한 단기적인 목표들에 대한 결의는 연방을 유지시키기에 충분하지 못하며, 연방에서 생겨나는 갈등들을 해결하지 못함. 연방을 목적으로 여기는 연방의 주요 목표에 대한 결의가 없는 곳에는 불가능하지는 않더라도 성공할 가능성이 없음 ② 연방이 단지 즉흥적으로 실현될 수 있는 실질적인 이익에 대해서만 구성국에게 정당화된다면 실패할 것임. 각 구성국이나 지도자를 위한 단기적 이익은 서로 다르고 모순되기 때문에 파괴적인 갈등을 낳게 됨 등 2가지를 제시하였다.[109] 그는 고전적인 미국식 연방주의에 실패한 새로운 국가들은 어떤 기능적 방법, 즉 '준연방주의적'(quasi-federal) 결합이나, 지역적 무역 결합유형, 때로는 공동제도 등의 형태로 통합될 수 있을 것이라고 설명한다.[110]

프랑크가 주로 연방국가들의 실패원인에 관심을 기울였다면, 힉스(U. K. Hicks)는 연방국가들에게 있어서 실패와 성공은 함께 혼합되어 있다면서,

---

108) T. M. Franck, *Why Federations Fail: An Inquiry into the Requisites for Successful Federalism* (London: University of London Press, 1968), p. 197.
109) Burgess, *In Search of the Federal Spirit*, p. 234.
110) Franck, *op. cit.*, pp. 192-193.

1978년 발간한 Federalism: Failure and Success을 통해 연방국가들의 실패와 성공 요인을 보다 광범위하게 비교연구한 결과를 발표하였다. 그녀는 연방국가를 시도하였으나 실현시키지 못한 남아프리카와 동아프리카, 독립국가에 까지 도달하지 못한 단명의 연방국가들인 카리브연방과 말레이시아-싱가폴 연방, 완전한 실패에 이른 브리티쉬 중앙아프리카연방, 그리고 인도-파키스탄 연방, 나이제리아의 탈식민 연방, 호주 및 스위스의 성공한 연방 등을 비교연구하였다. 그녀는 역사적 비교연구 접근방법을 이용하여 "국민들의 과거의 역사와 이들의 정치적, 문화적 배경 등 사회-역사적 요소들은 특정한 연방형성에 중요한 영향을 미쳤다"고 주장했다. 그녀의 비교연구는 ① 초기의 물리적(구성국 간 지리적 거리 및 자원 등), 인적(종교적, 문화적 불일치, 다양한 교육 정도, 인종적 갈등 등) 자산 ② 헌법적, 제도적 기구들 ③ 치열한 국가경쟁의 세계에서 다른 국가들의 태도 ④ 중앙정부와 지방 정부간(수직적), 구성국가들 간(수평적), 그리고 개별 구성국 안에서의 불일치와 불균형 등 4가지 분야를 중심으로 실시되었다. 재미있는 것은 그녀는 연방국가가 단지 몇 개의 구성단위체들과 함께 '조그마한 형식으로 출발'하여 구성멤버들이 많아질 때 헌법을 점진적으로 적용토록 한다면 성공조건들은 훨씬 좋아진다고 주장했다는 점이다.[111] 나이제리아의 경우와 같이 완전히 새로운 연방국가를 위한 기성(ready-made) 헌법을 궁리해 낸다는 것은 극히 어렵기 때문이다. 그녀는 자신의 경험적 비교연구를 통해 각각 5가지의 성공조건과 실패조건을 도출해 내었다. 성공조건은 ① "어려운 구석들"을 잘 처리할 수 있는 능력 ② 사회-역사적 측면들을 이해하는 것은 특정한 케이스에서의 연방의 성공과 실패를 설명하는 데 핵심적임 ③ 모든 시민들은 구성주 간 인적, 물적 자유 이동과 더불어 스스로 자신의 주와 국가에 대한 이중적 충성심이 있어야 함 ④ 연방 헌법과 제도적 설계는 국가

---

111) U. K. Hicks, *Federalism: Failure and Success, A Comparative Study* (London and Basingstroke: The Macmillan Press Ltd, 1978), p. 176.

를 형성하고 구성 단위체들의 정체성을 유지할 수 있도록 적절히 고안되어야 함 ⑤ 재정 연방주의, 즉 효과적 형태의 수입-지출 재분배가 있어야 함 등이다. 실패조건은 ① 사회적, 문화적 동질성의 부족은 연방을 반드시 파괴하지는 않을지라도 성공에 대한 또 하나의 장애임에는 틀림없음 ② 국가의식의 결여 ③ 차이가 연방을 만들어 내지만, 최적의 기능을 방해할 정도로 중대한 불일치가 되도록 허용되어서는 안 됨 ④ 성문헌법을 작성하는 데 있어 용의주도하게 만들어진 균형들이 경제적, 기술적, 혹은 사회적 변화로 인해 파괴됨 ⑤ 재정적 불균형, 즉 연방과 구성단위체 수준에서의 불충분한 재원은 정치적 불만을 야기시키고 경제적으로 효과적인 운영을 할 수 없게 만듦 등이다.[112]

필리포브 외(M. Filippov et al)는 연방이 스스로 유지될 수 있는 제도적 설계에 관해 필요한 것들을 분석한 이론을 제시했다. 이들은 연방 중심의 핵심적인 제도적 구조와 그것의 구성단위체들과의 관계(제2수준의 제약)를 형성시키고 결정시켜 주는 헌법적 규칙들의 우위성(제1수준의 제약)을 확립하였다. 또한 이러한 구조와 관계들은 제3수준의 제도적 구조, 즉 정치엘리트들이 추구하는 자기이익적 정책결과를 만족시키는 데 필요한 동기들(incentives)을 낳게 할 수 있는, 적절히 발달된 정당제도에 의해 강화되어야 한다. 이들의 모델에 있어서 정당과 정당제도는 단순히 시민과 국가 사이의 중간자(intermediaries)나 연방국가의 구조를 나타내주는 것(indicative)이 아니다. 정당과 정당제도는 "연방제도의 필수적인 부분"(an integral part)이다.[113] 연방의 안정성의 전제조건들의 이러한 복합적 모델은 연방주의적 사고 자체에 내재해 있는 복잡성을 반영한 것이다. 다양한 상충되는 목표들을 동시에 만족시켜야 되고 여러 이익들을 제도화하고 계속적인 흥정을

---

112) Burgess, *In Search of the Federal Spirit*, pp. 234-235.
113) M. Filippove et al, *Designing Federalism: A Theory of Self-Sustainable Federal Institutions*(Cambridge: Cambridge University Press, 2004), pp. 33-39.

해야 한다. "연방국가에 대한 설계는 단방제 국가들에게 요구되는 것보다도 더욱 정확해야 한다".114)

19세기 후엽의 독일과 이탈리아의 통일을 비교연구한 지블라트(D. Ziblatt)는 연방주의가 독일에서는 민족통일의 수단으로 성공한 반면 이태리에서는 실패한 이유로서 "공급측면의 연방주의이론"(supply-side theory of federalism)을 제시하였다. 제도를 만들어내는 중요한 순간에 있어서 가장 결정적인 요소는 어떤 전략이 가능하고 바람직한가를 정해줄 수 있는 기존의 지역적 정치제도의 공급이다. "단방제가 아닌 연방제 구조를 성취하기 위해서는 연방주의에 대한 수요뿐만 아니라, 정치체 형성의 조건을 협상하고 정치체 형성 이후 통치하는 데 사용될 수 있는 높은 수준의 제도적 역량을 구비한, 잘 발달된 지역적 정치제도의 공급이 있어야 한다."115) 그는 연방주의를 선호하는 정치행위자들의 이념적 입장과 지역적 통치 역량이라는 제도적 입장 등 두 가지 변수를 사용하여 19세기 17개 서유럽국가들의 국가통일 사례를 비교연구하였다. 그는 연구결과를 통해 연방국가에서의 제도적 지속성과 관련하여 먼 과거와 현재 사이에 강한 상관관계가 있음을 확증하였다.

버제스는 연방의 성공과 실패의 비교연구에 있어서의 문제점을 두 가지로 지적한다. 하나는 성공과 실패가 무엇을 의미하는지, 두 번째는 역사적, 문화적으로 상이한 케이스 연구들을 일반화하여 다른 국가들에게 적용할 때 생기는 한계점이다. 그는 성공과 실패의 기준을 ① 주요 목표(형성목적) 달성도, ② 주관적 관점에 의한 평가 문제, ③ 연방성(연방적 가치·이익·정체성)의 달성도, ④ 환경 변화와 압력에 대응한 연방의 진화를 위한 유연성(적응력·조정력·혁신성) 등 4가지 영역들과 관련하여 책정하였다. 그는

---

114) *Ibid.*, p. 41.
115) D. Ziblatt, *Structuring the State: The Formation of Italy and Germany and the Puzzle of Federalism* (Princeton: Princeton University Press, 2006), p. 144.

상기 성공-실패 조건들을 종합하고 1990년 이후 후기 냉전시대에 새로 생겨난 "외부의 국제적 공동체에 의한 강요된 연방주의" 모델들(이디오피아, 보스니아-헤르체고비나, 이라크)에 관한 비교연구를 실시하였다. 그 결과 그는 이들 국가들에게 있어서 국제적 공동체의 개입을 통한 정치사회화, 시민사회 고양, 연방민주주의 증진, 연방정치문화 구축 등에 기초한 '연방주의 정신'(federal spirit)의 함양의 중요성을 재확인 하고, 성공-실패 조건을 다음과 같이 정리하였다. 그는 성공조건으로 ① 공식적인 성문헌법을 만든 후 그들 자신의 주와 국가에 대한 이중적 충성과 전체로서의 연방에 대한 공동 애착을 동시에 지탱함으로서 유지되는, 자발적 합의나 국제적 공동체의 외압에 기초한 연방통합체에 대한 열망 ② 구성단위체들의 정체성을 지지, 보호, 유지시킬 수 있는 적절한 보장과 더불어 민족적 또는 다민족적 연방을 창설 또는 유지하기에 적합한 제도적 설계, 의사결정 과정, 그리고 협의적 절차 등을 포함하는 공식적 성문헌법 ③ 연방정부와(또는) 국제적 공동체에 의해 보호, 유지되는 자유민주주의의 자발적 또는 강압적 도입. 궁극적 목표는 스스로 유지되는 자유민주주의 국가임 ④ 자발적으로 또는 국제적 공동체의 강압적 권위 하에서 통치하고 함께 일할 열망이나 의지, 그리고 능력을 가진 정치 엘리트들의 존재 ⑤ 협상, 중재, 화해를 통해 연방주의적 관계 안에서 공동체내 그리고 공동체간 특정한 정치공동체들을 대표하고 함께 통합하기 위해 일할 강력한 정치지도자들을 옹호 ⑥ 연방을 통합하고 동시에 하위구성체들과 같은 사회적 다양성을 대표하고 수용할 수 있는 구조적 역량을 가진 연방수준의 경쟁적 정당체제의 창설과 발전을 대표하고 정당화시키도록 고안된 적절한 선거제도의 도입 ⑦ 변화와 발전에 대한 조정과 적응의 기초를 제공토록 경제적 발전을 증진시키고 자원의 할당과 재분배의 가장 중요한 경제문제들을 다룰 수 있는 재정연방주의의 공정한 실행체계의 존재 ⑧ 연방적 가치, 신념, 이익을 증진시키고 시민사회, 사회적 자본, 정치적 신뢰 등을 형성, 유지시키며 연방민주주의를 옹호할 수 있도록 의도적으로 고안된 정치사회화 과정의 도입 ⑨ 하나 또는 수 개의 정치공동체들이나 전체로서의 연방을 둘러싸고 있으면서 외부적 위협을 줄 수 있는 이웃의 개입이 부재 ⑩ 같은 국가에서 같은 자유, 상호 인정, 존중을 가지고 평화롭게 더불어 살고 궁극적으로 그 자체 가치로서의 연방주의의 사고에 대한 결의를 형성, 유지하려는 의지와 열망 속에 있는 '연방주의 정신'을 형성, 유지 등이다. 반면 실패조건은 7가지로 ① 차이와 다양성을 헌법적, 제도적으로 수용할 연방주의적 처방을 도입하기 위한 기존의(또는 생겨나고 있는) 정치체에서의 충분한 열망이나 결의가 부재 ② 정치체 내의 정치적으로 건전한 다양성을 효과적으로 수용하지 못하고 창설 초기에 정통성을 확보하지 못한 연방헌법의 도입 ③ 자유민주주의의 부재 또는 약화 ④ 기본적인 신뢰 부족, 극심한 정치적 경쟁, 또는 양립할 수 없는 야망 등으로 인해 정치엘리트들이 함께 일할 능력이 부족 ⑤ 연방의 유지와 통합에 반대되는 하위구성국의 이익, 가치, 신념 등에 봉사하는 구성국 내 원심력을 증진시키는 식으로 된 정당체계의 구조와 운영 ⑥ 재정할당과 재분배의 중요 공공정책 이슈들을 효과적으로 처리하지 못하는 재정연방체계의 부재 또는 약화 ⑦ 연방주의적 사고가 그 자체로서 유지할만한 중요 가치가 아니라는 의미에서 '연방주의 정신'의 부재 등이다.[116] 버제스는 오늘날 연방국가의 형성과 유지를 구분짓기가 이전보다도 훨씬 더 불분명해졌다면서, 그 이유는 최근의 새로운 연방주의 모델들은 국제적 공동체에 의해 조정되거나 좌우되고 결국 정치적 안정을 형성하기 위해 설계된 통합 패키지 조치들의 일부로서 여겨지기 때문이라고 주장한다.

또한 엘라자르는 연방주의의 기준에 비추어 볼 때, 사람들이 연방적으로 사고하지 아니하고 연방주의적인 정치문화가 없으며 연방주의 원리들과 제도적 유형들을 이용하려는 강한 의지가 없이 성공한 연방제도는 없다고

---

116) Burgess, *In Search of the Federal Spirit*, pp. 235-236, 321-322.

말한다.[117] 왓츠는 연방국가 내에 스트레스를 주는 4가지 요소들을 지적한다. ① 첨예한 내부적, 사회적 분열(사회적 분열들의 중첩과 상호 강화, 서로 다른 그룹들 간의 경제적 차이) ② 특정한 제도적, 구조적 결합유형(2개 집단 연방의 불안정한 성격, 한 개 구성단위체가 지배적 위치에 있을 때 발생하는 문제) ③ 특정한 분열대처 전략(통합과 자치 간 올바른 균형 발견의 어려움) ④ 내부분열을 양극화시켜온 정치적 과정(중앙에서의 지역적 대표성 결여, 소수언어의 불인정).[118] 이에 더하여 그는 결합체로의 이행 유발 동기의 잠식, 비우호적인 외부적 영향, 탈식민 시기에 나타난 연방을 손상시키는 문제들을 지적한다.[119] 그는 또한 이러한 스트레스기에 연방을 개선시키기 위해 지나친 중앙화나 지역화를 강화하는 조치를 취하게 되면 오히려 연방의 불안정성을 더욱 가중시키게 될 것이라고 말한다.

또한 그는 연방제 국가들의 다양성을 설명하면서, 문서상으로 좋아 보이고 한 체제 안에서 잘 운영되는 성공한 연방제 유형들이 다른 국가에도 반드시 잘 들어맞는 것은 아니라고 말한다. 그 이유는 어떤 특정한 정치체제 안에서의 형식적인 연방제 유형 및 기술과 그 국가를 관리하는 사람들에 의해 효과를 발휘하는 배경(backdrop)으로서의 맥락(context), 즉 정황을 구별해야 하기 때문이다. 이러한 배경요소들은 나라마다 다 다르다. 인구나 영토의 크기, 규모들도 다르고, 정치제도, 정부형태, 정부와 시민 간의 정치적 소통체계, 즉 정당, 미디어, 이익단체, 사회적 엘리트들의 비공식적인 네트워크 등이 매우 다양하다.[120]

---

117) Daniel J. Elazar, *Covenant and Civil Society: The Constitutional Matrix of Modern Democracy. The Covenant Tradition in Politics*, vol. IV (New Brunswick: Transaction Publishers, 1998) p. 266. 엘라자르는 '연방적으로 사고'한다는 것은 공화주의, 헌법주의, 그리고 권력 공유의 이상과 규범을 지향하는 것이라고 말한다.
118) Watts, *Comparing Federal Systems*, p. 110.
119) R. L. Watts, "Survival or Disintegration," in R. Simeon, ed., *Must Canada Fail?* (Montreal-Kingston: McGill-Queen's University Press, 1977), p. 43.
120) Jennifer Smith, "Definitions, Typologies and Catalogues: Ronald Watts on Federalism,"

제4절 연방제의 장·단점

카르미스와 노먼은 왜 단방제 국가 국민들이 연방제 국가를 원하는지에 관해 아래 몇 가지 이유를 제시한다.[121] 첫째, 연방제는 상대적으로 작고 단일한 정치체의 이점과 더욱 크고 더욱 안전한 국가 또는 연합의 이점, 즉 두 세계의 최선을 제공해 주는 반면, 너무 작거나 너무 큰 것의 단점을 피할 수 있게 해주기 때문이다. 이러한 "큰 것의 최선, 작은 것의 최선"(best of big, best of small) 주장은 18세기의 몽테스키외와 미국 연방주의자들, 19세기의 토크빌과 밀, 그리고 20세기의 EU의 설립자들의 중요한 이슈였다. 최근에는 연방제를 선택하는 주요 이유 가운데 하나는 다양한 문화적 정체성을 용이하게 해주기 때문이라고 한다. 같은 문화적, 종교적 공동체들이 연방의 하위단위에서 자신들의 독특한 정체성을 유지, 발전시키면서, 동시에 더 큰 경제적 강국의 일부로서의 이익을 누릴 수 있다는 것이다. 그런데 이것은 어쨌든 이론적인 주장으로서, 성공한 사례로는 스위스를 들 수 있지만, 해체된 유고연방의 사례에서 보듯이 실패된 사례도 많아서 문화적 다원주의의 문제에 대한 처방으로서의 연방제에 대해서는 지지자들에 못지않게 반론도 만만치 않다.

이옥연은 연방주의 원칙의 매력을 다음과 같이 설명한다. 우선 정부조직 형태로서 연방주의는 "다수로 이루어진 하나"(e pluribus unum)를 가능케 하고, 거대하고 강력한 정부와 아담하고 기능적인 정부의 장점을 모두 취해 활용하고자 한다. 또한 통치 거버넌스로서 연방주의는 중앙과 지역간 공치와 자치를 균형있게 제도화 하고자 한다. 나아가 연방주의는 사회적 갈등

---

in Thomas Courchene, John R. Allan, Christian Leuprecht and Nadia Verrelli, eds., *The Federal Idea: Essays in Honour of Ronald L. Watts* (McGill-Queen's Univ. Press, 2011), pp. 69-70.

[121] Karmis and Norman, *op. cit.*, pp. 8-9.

해소의 창구, 소수계층의 보호막, 지역적 이익을 대변하는 포럼, 또는 정책 변환의 실험대를 제공하는 등 다양한 기능을 제공한다.[122]

왓츠는 연방주의적 가치로서 상호존중, 인정, 관용, 존엄, 동의, 신뢰, 그리고 상호주의를 지적한다. 샤(Anwar Shah)는 연방정부는 비중앙화된 의사결정을 증진시켜주기 때문에 더 많은 선택의 자유, 공공서비스에서의 다양한 선택, 정치참여, 혁신, 책임 등에 이바지 하게 되고, 지역적 갈등에 더 잘 적응할 수 있다고 말한다.[123] 비어(S. H. Beer)는 연방제는 정치참여와 인권보호를 증진시키며 필요를 자원에 더 잘 연계시켜 준다고 주장한다.[124]

오츠(Wallace E. Oates)는 연방주의에 대한 경제적 정의로서 "연방정부는 두 개의 수준, 즉 중앙화된 수준과 비중앙화된 수준의 의사결정을 지닌 공공부문(public sector)이며, 각 수준들에서 이루어지는 공공서비스의 공급에 관한 선택은 이들 각 관할지역의 거주자들의 이러한 서비스에 대한 요구에 의해 주로 결정된다"고 말한다.[125] 그는 "연방주의는 어떤 의미에서 중앙집권화된 단일제 국가와 거의 무정부 상태로 완전히 비중앙화된 국가 사이의 타협(compromise)의 산물로 볼 수 있다"면서, "연방정부는 이들 양 극단의 국가들의 장점들을 결합하고 단점들을 피하는 가장 바람직한 최적의 정부형태(the optimal form of government)"라고 주장한다.[126] 연방국가에서의 각 수준의 정부는 공공부문의 모든 기능을 수행하기 보다는 각자 자신이 최고로 잘 할 수 있는 것을 하기 때문이다.

---

122) 이옥연, "연방제 정립과정 비교: 안정된 연방국가 7개국의 다층구조 거버넌스 구축을 중심으로," 『한국과 국제정치』, 제23권 제4호(경남대학교 극동문제연구소, 2007), p. 101.
123) Anwar Shah, "Introduction: Principles of Fiscal Federalism," Anwar Shah, John Kincaid, eds., *The Practice of Fiscal Federalism: Comparative Perspectives* (Montreal & Kingston · London · Ithaca: McGill-Queen's University Press, 2007), p. 5.
124) S. H. Beer, *To Make a Nation: The Rediscovery of American Federalism* (Cambridge MA: The Belknap Press of Harvard University Press, 1993), p. 282.
125) Wallace E. Oates, *Fiscal Federalism* (Hampshire: Gregg Revivals, 1993), p. 17.
126) *Ibid.*, pp. 16-17.

와첸도퍼-슈미트(Ute Wachendorfer-Schmidt)는 연방제의 공공정책 수행에 있어서의 장점으로 연방제는 사람들의 일반적 자유에 대한 바램과 국내외적 안보를 제공해 줄 수 있는 크기의 정부를 만들거나 이를 위한 해결방안에 대한 필요를 조화시켜 준다고 말한다. 또한 그는 정치인들로 하여금 시민들에게 투표와는 별도로 시민들의 선호에 반응할 수 있도록 하는 추가적인 수단을 제공해주는 장점도 있다고 말한다. 즉, 연방제 안에서 정부 간 제도적 경쟁으로 인해 시민들은 자신들의 주를 버리고 세금을 다른 곳에 내겠다고 위협할 수 있기 때문에 목소리를 더 크게 낼 수 있다고 한다. 또한 단방제 국가 보다 연방제 국가는 더 많은 실험과 혁신의 여지를 제공하고, 시장에 더 많은 법적 안전장치와 더 많은 운신의 폭을 제공함으로써 경제발전을 고양시킬 수 있다고 주장한다. 정부에 대한 시장의 기능과 시민들의 연대의식을 강화시켜주기도 한다. 또한 연방제는 국가의 분열과 인종적, 민족적 싸움을 방지할 수 있는 가능한 최선의 방책이라고도 말한다. 연방제는 복잡한 사회에 대한 거버넌스 필요에 부응하여 분화된 의사결정 구조를 제공해 주기 때문에 진화적 진보(evolutionary progress)의 형태를 띤다고 한다.[127]

단점으로 와첸도퍼-슈미트는 비효율성과 의회와 정치인을 양산하는 정치적 낭비, 정치 프로젝트를 수행하는 데 있어 중앙정부에 가해지는 제약(지방정부의 자체 선택권, 상원에서의 의사결정 참여를 통한 중앙정부 계획 방해), 변화에 대한 방해 등을 지적한다. 공공부문과 복지부문이 더 적게 되고, 지방정부의 시민들에게 재정을 적게 주며, 교착상태에 귀결되는 경향이 강하다고 한다.[128] 샤(Shah)도 연방제도는 공치 부문에서 많은 중복과 혼란이 생길 수 있으며, 국가적 통합과 지역적 형평의 확보, 내부 공동시장의 유지를 위한 특별한 제도적 장치가 필요하다고 주장한다.[129] 이옥연은

---

127) Wachendorfer-Schmidt, *op. cit.*, p. 2.
128) *Ibid.*

연방주의는 권력이 자칫 지나치게 중앙으로 쏠려 있거나 아니면 역으로 권력이 극심하게 중앙으로부터 이탈하는 경향으로 치우칠 위험이 크기 때문에 민주주의가 추구하는 이상과 상충하는 결과를 가져올 수 있다고 한다. 연방주의를 채택하는 국가는 이러한 경향을 통제하는 제도를 정립하고 만약 이러한 위험사태가 발생하거나 혹은 그러한 기미가 보이는 경우, 그로 인한 폐해를 극소화할 수 있는 기제를 마련해야 하는 부담이 있다. 즉, 연방주의가 제대로 구현되기 위해서는 다른 방식의 민주주의 거버넌스보다 훨씬 더 치밀하고 정교하게 운영되는 복합적 통치기재, 즉 다층구조 거버넌스 구축이 필요하다.[130)]

왓츠는 연방제 국가들의 유형들 가운데서도 국가연합과 연방국가의 장·단점에 관해 다음과 같이 기술하고 있다. 국가연합은 구성국에게 거부권이 있어 구성국의 이익을 보호한다는 측면에서는 장점이 있지만, 공동기구에서 합의된 것이 실행되기 위해서는 구성국의 합의를 필요로 하기 때문에 정책집행의 효율성이 떨어지는 단점이 있다. 따라서 국가연합은 장기적으로는 정치적인 불안정성을 띠기 때문에 미국, 스위스, 독일의 국가연합은 연방국가로 대체되었으며, 네덜란드의 국가연합의 경우는 협의체적 단일제 국가로 대체되었다. 국가연합은 대체로 오래 지속되지 못하는 것으로 나타나고 있다(일례: East African Common Services Organization, Central American Common Market).[131)] 경제적인 국가연합으로 출발한 EU는 성공적인 사례라고 할 수 있지만, 단순한 국가연합을 넘어 연방적인 특징들을 더해가고 있

---

129) Shah, *op. cit.*, p. 5.
130) 이옥연, 앞의 책, p. 101.
131) 김준석은 일반적으로 국가연합이 단명한 것으로 인식되어 있지만, 수세기에 걸쳐 생존했던 신성로마제국(962-1806), 네덜란드(1581-1795)의 경우에서 보듯이 국가연합이 성격상 단명한 것은 아니라고 주장한다. 김준석, "국가연합(confederation)의 역사적 재조명: 미국, 독일, 네덜란드 그리고 유럽연합", 『국제정치논총』, 제48집 1호(2008), pp. 143-169.

다. 반면 연방국가는 헌법에 의해 부여된 특정한 공치의 권한 영역 내에서 구성국 정부의 동의에 의존하지 않기 때문에 보다 단호하게 조치를 내릴 수 있다. 특히 구성국 영역 내의 자원들을 재분배하는 것과 연관된 보다 광범위한 정책들을 시행할 수 있다. 한편 구성국 정부는 헌법이 배타적 책임을 허용하는 분야에서만 특정이익을 보장받을 수 있다. 또한 연방국가는 입법과 행정적 책임이 나뉘어 있는 정부, 복잡한 재정제도, 중앙정부와 지방 정부의 활동조정을 위한 복잡한 협력기구 등을 가진 복잡한 체제이다. 비판자들은 때때로 연방국가들이 점차 중앙화되어 가는 본질적 경향이 있다고 지적한다. 그러나 미국이나 호주 같은 많은 사례들이 이에 해당되기는 해도 보편적으로 나타나는 현상이라고 말할 수는 없다. 최근에는 EU의 경험을 통해 드러난 국가연합과 연방국가의 차이점 하나는 소위 "민주적 결핍현상"(democratic deficit)이다. 국가연합에서의 의사결정은 시민들의 직접 참여가 아닌 구성국 정부와 공동기구 간 협의, 즉 구성국의 관료들에 의해 이루어지기 때문에 민주적 결핍현상이 나타난다. 연방국가의 경우에도 정부간협의체적 연방을 실현하고 있는 호주나 캐나다의 '집행적(행정부적) 연방주의'(executive federalism)가 민주적 결핍의 국가연합적 성격을 나타내고 있다.[132]

제5절 소결론

본 장에서는 현실에 존재하는 연방제국가들의 헌법적 설계와 운영의 다양성 그리고 연방제의 남북통합방안으로서의 가능성과 한계 등을 살펴보기에 앞서 연방제 개념을 먼저 명확히 하고자 노력하였다. 연방제 개념에

---

132) Watts, "Comparing Forms of Federal Partnerships," pp. 240-242.

는 정치세력들의 협상의 결과인 법적·제도적 권력배분의 측면뿐만 아니라, 사회 내의 정치·경제·사회·문화적인 다양한 제세력(외부세력도 포함)들의 힘들이 현실에서 실제적으로 기능적으로 상호 작용하는 과정으로서의 측면, 그리고 행위자들의 철학적·심리적·정신적 측면 등 다양한 요소들이 포함되어 있음을 알 수 있다.[133] 또한 연방제와 관련하여 국제법적 개념, 국제정치적 개념, 북한식 개념 등에 공통점도 있지만, 상당한 차이도 존재함을 알 수 있다.

우선 연방제 국가유형의 구분을 살펴보면, 그 구분의 기준이 다르다. 국제법적 개념에서는 동맹과 국가연합을 구분하는 기준이 '공동기구'의 유무에, 국가연합과 연방국가를 구별하는 기준은 초국가기구의 '대외주권'의 유무에 두어졌다. 반면, 국제정치학적 개념에서는 동맹과 국가연합의 구별 기준이 '공동정부'의 유무에, 국가연합과 연방국가의 구별 기준은 '독립적인 공동정부' 유무에 두어졌다. 북한의 경우는 국가연합을 동일시하면서 국가연합과 연방제 국가와의 구별 기준을 '최고주권기관'의 유무에 두었다. 구별의 기준점으로 제시된 공동기구, 공동정부, 최고주권기관이 각각 함축하고 있는 의미의 내연과 외포가 다르기 때문에 엄밀한 의미에서 개념의 차이가 생기게 된다.

또한 이러한 정적인 개념 규정은 주로 분석적 목적을 위해서 일정 정도 의미가 있을 뿐, 동적인 현실에서는 이들 개념의 경계가 명확하지 않다. 엘라자르가 말한 것처럼 연방제 국가들의 유형은 단지 동맹, 국가연합, 연방

---

[133] 이옥연은 법제도적 관점은 특히 중앙-지역관계 중 중앙정부와 지역정부 간의 수직적(inter-community) 관계와 중앙단계에서 제도화된 중앙-지역(intra-community) 관계에만 치우쳐있기 때문에 지역간(inter-community) 관계가 차지하는 비중을 과소평가하는 경향이 있다고 지적하면서, 단순화된 법제도적 시각에서 벗어나 연방주의를 정도의 차이로 표시하는 연장선 위에 상정하고, 헌법상 연방주의를 표명하는 국가 또는 정권들의 다양성을 다방면에서 비교한다. 이옥연, "오스트리아, 호주, 캐나다, 독일의 연방주의 비교,"『한국과 정치』, 제18권 제4호 통권 제39호(2002 겨울), pp. 71-72.

국가와 같은 몇 가지 유형만이 존재하는 것이 아니라, 하나의 연속된 스펙트럼의 선을 따라 무수하게 존재하는 존재양식으로 파악하는 것이 필요하다. 연방주의 또는 연방제를 이러한 모든 유형들을 포괄하는 포괄적인 복합국가 개념, 즉 공치와 자치 또는 통일성과 다양성이 정치적 과정을 통해 법적, 제도적으로 구현되는 파트너쉽 개념으로 이해할 필요가 있다. 국가연합은 자치, 다양성 쪽에 상대적으로 기울어져 있고, 연방국가는 공치, 통일성 쪽으로 기울어져 있다. 지구상에 존재하였거나 존재하고 있는 연방제 국가들은 이러한 연속선상의 서로 다른 특정한 지점에 위치해 있으며 그 성격과 내용이 모두 다양하게 나타난다. 또한 단순한 법적, 제도적 형식보다도 현실을 중시하고 있는 국제정치학에서는 정치 행위자들 간의 동적인 관계와 과정을 중시한다. 연방제를 과정으로 이해하는 것은 같은 유형의 연방제라도 단순한 법적, 제도적 틀을 넘어 현실 속에서 끊임없이 변화한다는 것이며, 이 점에서 법적 규정과 실제적 운영 사이에 괴리가 있고 운영면에서 다양성이 존재한다는 것이다. 또한 연방제와 관련하여 연방제 국가들의 결합 유형뿐만 아니라, 진정한 연방제의 제도화에 영향을 미치는 정신적, 정치문화적 요소, 즉 연방주의적 정신과 연방민주주의의 개념에 대한 이해도 매우 중요하다.

   북한의 경우 정치사전에서 규정하고 있는 국가연합과 연방제 개념은 서구의 개념 정의와 다르다. 연방제의 경우에는 정치사전에서는 단방제와 가까운 매우 높은 단계의 연방제 개념으로 정의하고 있는 반면, 현실적으로 언술이나 문건에 사용할 때는 서구와 마찬가지로 국가연합과 연방국가를 포괄하는 복합국가의 개념으로 사용하고 있다. 연방국가의 개념은 서구와 같은 협의의 개념으로 사용하기도 하지만, 포괄적 의미의 연방제와 같은 개념으로 사용하기도 한다. 북한이 제시한 통일방안으로서의 고려연방제의 성격을 규명하려고 할 때에는 용어 자체가 아니라 내용을 보고 그 성격을 논하여야 한다.

남한에서는 국가연합과 연방국가의 성격을 논할 때 주로 국제법적 개념을 널리 원용해 왔다. 국제법적 개념상의 국가연합은 국제정치학적 개념상의 낮은 단계의 국가연합, 국제법적 개념상의 연방국가는 국제정치학적 개념상의 높은 단계의 국가연합(혹은 낮은 단계의 연방국가)을 포함한 연방국가의 개념에 해당한다. 무엇보다도 이러한 국제법적 개념의 문제점은 현실에 다양한 형태로 존재하는 국가연합 또는 연방국가들을 제대로 설명할 수가 없다는 것이다.[134]

진정한 연방제는 그 본질상 민주주의의 바탕이 없이는 이루어질 수 없고 유지될 수도 없다. 또한 연방제는 장·단점을 모두 갖고 있지만, 단방제와 비교할 때 통일성과 다양성을 동시에 아울러 상생할 수 있는 제도라는 점에서 통일한국의 정치제도로서의 가능성을 충분히 검토해 볼 만한 가치가 있다.

이상의 개념적 논의를 바탕으로 연방제 개념과 연속적인 스펙트럼 선상에 있는 연방제 국가결합의 유형들, 북한 및 남한의 연방제 통일방안들에서 제시된 국가결합유형들을 비교 분석한 내용을 〈그림 1〉로 정리하였다.

---

[134] 양길현도 국제법 개념으로 정치 현실을 규정하는 것의 문제점을 지적하고, 연합과 연방을 다르게 규정하고 있는 국제법적 차이에 너무 구속될 필요가 없이 엘라자르가 지적하고 있는 바와 같이 '하나의 연속선상에 있는'(along a continuum) 두 개의 상호교호적인 국가 간 관계의 존재양식으로 파악하는 것이 필요하다고 주장한다. 양길현, "다시 보는 연합제: 낮은 단계의 연방제," 『북한연구학회보』, 제11권 제2호(북한연구학회, 2007), p. 184; 김기정도 국제법이란 국가 간 계약이고 그것은 개별국가의 이익에 따라 변용되기도 한다면서, 국제법과 같은 국제적 제도가 개별국가의 이익이나 힘의 관계를 초월하는 기반이 될 수 있는지에 관해 의문을 제기한다. 김기정, "세계자본주의체제와 동아시아 지역질서의 변동," 백영서 외, 『동아시아의 지역질서』(서울: 창비, 2005), p. 162의 주 6.

제3장_ 연방제의 이론 111

〈그림 1〉 연방제 개념 및 연방제 통합국가 유형 비교도

	국제법	동맹 (league)	국가연합 (confederation) * 공동기구	연방국가 (federation) * 대외주권기관		단방제
	국제 정치학	동맹 *공동사무국	국가연합 *공동정부 (구성국에 의존적)	연방국가 *공동정부 (구성국에 독립적)		단방제
		연 방 제 (federalism, federal political system)				단방제
	일반 관행	련 방 제 (련방국가, 련방) (federation)				단방제
		국가련합	련방국가 *1국가 형태			
	정치 사전	국가련합 (동맹)		련방제 국가 *최고주권기구 *최고집행기구		
	독립 국가	남북련방제 *최고민족회의(정부 대표), 2체제 1국가 고려련방공화국 *최고민족회의(정부 대표), 2체제 1국가 ❷ 고려민주련방공화국 (federation) *민족통일정부: 2체제 1국가 최고민족연방회의(시민 대표) 연방상설위원회 ❶ 낮은 단계의 련방제 (federation) *민족통일기구, 2체제 1국가				
	독립 국가 ❶화해 협력	❷ 남북연합 (Commonwealth, 민족공동체) *협의체 기구, 공동사무국, 2체제 1/2국가				❸통일 국가 (단방제)
	독립 국가	❶ 남북연합 *협의체 기구, 공동사무국 2체제 2국가		❷ 연방제 *1체제 1국가 ❸ 세방화된 연방제		또는 ❸단방제

제4장_ 연방제 국가의 법제·운영의 다양성

통합조건의 구성요소들로 이루어지는 조합관계는 수없이 많으므로 현실의 연방제는 통합요인의 구심력과 분화요인의 원심력 간의 상대적 힘의 역학관계, 그리고 그 총체적 결합력의 강도의 수준에 따라 헌법적 제도설계로서의 법제의 내용이 매우 다양하게 나타난다. 그리고 통합조건에 따른 구심력과 원심력의 상대적 힘의 관계가 수시로 변화하기 때문에 형식상 같은 법제 속에 있더라도 운영 면에 있어서도 많은 다양성을 나타내며, 또한 진화(evolution)의 과정을 겪게 된다.

제1절 헌법적 제도설계의 다양성

동일한 연방주의 원칙을 채택한 국가라도 각국에 내재되어 있는 상이한 여건에 따라, 혹은 심지어 동일국가라도 시대별로 각기 대처해야 할 문제점이 다르기 때문에 특정한 측면을 강조한 형태로 독특한 연방주의를 구현한다.[1] 구성국 수나 크기, 인구, 부(富), 행정부와 입법부간 권력배분의 형태와 범위, 중앙과 지방 정부간 재정분배, 중앙화와 비중앙화의 정도, 중앙과 지방정부 간 권력배분의 대칭성과 비대칭성의 정도, 중앙과 지방 정부 간 관계의 구조 및 과정, 중앙기구 안에서의 구성국의 대표성 조항, 상원의원의 선출, 구성, 권한 및 역할, 사법부의 기능과 심판과정, 헌법개정 절차 등 면에서 모두 다 다르다.[2] 할벌스템(Daniel Halberstam)과 라이만(Mathias

---

1) 이옥연, "연방제도 정립과정 비교", p. 102.
2) Watts, "Comparing Forms of Federal Partnerships," p. 234.

Reimann)은 연방국가의 정의 속에는 수없이 많은 특정한 유형들(a welter of particular forms)이 숨겨져 있다고 말한다.3)

연방제 국가들의 다양한 유형에서도 볼 수 있듯이, 연방제 국가들은 이태리와 같은 강한 중앙집권적인 국가에서부터 네덜란드와 같이 매우 약하게 통합된 국가에 이르기 까지 광범위하게 존재한다. 협의의 연방국가들의 경우에도 완전히 중앙화된 군사정권인 나이지리아로부터 중앙화된 인도, 점점 중앙화되고 있는 미국, 적당히 권력이 분산된 독일, 매우 비중앙화된 캐나다에 이르기까지 다양한 형태를 띠고 있다.4) 아르헨티나와 같이 고전적인 연방국가도 있고, EU와 같은 국가연합성격이 강한 독특한(sui generis) 연방제 국가도 있다. 스위스의 경우처럼 어떤 국가들은 기존의 독립된 주체들이 '함께 모여'(coming together) 연방제 국가로 통합된 반면, 벨기에 같은 다른 국가들은 기존의 단일제 국가가 '분화되어'(devolutionary) 형성된 연방국가도 있다. 독일처럼 행정부, 입법부, 사법부가 수직적으로 통합된 '수직적' 유형도 있고, 반면에 미국과 같이 3부가 수평적으로 독립된 '수평적' 유형도 있다. 미국, 호주, 멕시코와 같이 모든 구성국(주)들이 헌법적으로 평등하게 거의 대칭적으로 되어 있는 연방국가도 있고, 벨기에, 인도, 말레이시아처럼 일부 구성국(주)들이 비대칭적으로 더욱 큰 권력을 갖고 있는 경우도 있다. 브라질의 경우처럼 자신을 공식적으로 연방국가로 인정하고 있는 국가가 있는 반면, 스페인과 남아공의 경우는 여러모로 보아 연방국가지만 자신들을 연방국가라고 말하지 않는다.

또한 통치구조면에서도 스페인 같은 나라들은 내각제를 채택한 반면, 러시아 같은 나라들은 대통령제를 채택하고 있으며, 스위스는 협의체민주주의로 운영되고 있다. 대부분의 연방제 국가들은 양원제를 채택하고 있지만,

---

3) Daniel Halberstam and Mathias Reimann, eds., *Federalism and Leagal Unification: A Comparative Empirical Investigation of Twenty Systems* (Springer, 2014), p. 4.
4) Elazar, *Constitutionalizing Globalization*, p. 9.

단원제를 채택했던 파키스탄 같은 나라도 있다. 캐나다 같은 나라들은 민주주의적인 반면, 베네수엘라와 같은 나라들은 권위주의적이다. 또한 인도와 같은 나라는 인종적, 언어적, 경제적인 이질적 분열이 깊게 존재하며, 오스트리아 같은 나라들은 매우 동질적이다. 스페인과 같은 대부분의 연방제 국가들은 성문헌법을 채택하고 있지만, 호주와 같은 다른 나라들은 불문헌법을 갖고 있고, 남아프리아공화국은 혼합된 법제를 갖고 있다.

연방제 국가 유형들의 명칭에서 볼 수 있듯이 연방국가를 지칭하는 공식적인 용어는 획일화되어 있지 않고 다양하다. 스위스와 캐나다는 국가연합에서 연방국가로 바뀌었지만, 'the Helvetic Confederation', 'the Confederation of Canada'라는 원래의 명칭을 각각 사용하고 있다.5) 미국이 연방국가(federation)를 수립했음에도 불구하고 남북의 분열을 극복하지 못하고 남북전쟁(1861-1865)을 일으킨데 놀란 캐나다는 1867년 영국의회의 법에 따라 상대적으로 중앙집권화된 연방국가로서 창설되었으며, 미국 연방과 차별화하기 위해 'confederation'이라는 용어를 사용했다.

연방국가들의 이같은 여러 측면에서의 다양성에도 불구하고 아래에서는 연방제의 쟁점 가운데 핵심적인 요소인 초국가기구와 구성단위체, 재정연방주의 등을 중심으로 이들의 다양성을 중점적으로 살펴보도록 하겠다.

---

5) 듀차섹은 역사적인 이유로 캐나다와 스위스에서는 "confederation"이라는 용어를 연방국가(federal union)의 의미로, 또는 역으로 연방국가를 "confederation"의 의미로 자주 사용한다고 말한다. Ivo D. Duchacek, "Dyadic Federations and Confederation," Publius, vol. 18, no. 2(1988), p. 31. footnote 46).

1. 초국가기구

복합국가체제를 통해 통합을 추진한 역사적 사례들을 보면, 그것이 국가연합 이건 또는 연방국가이건 상관없이 체제적 통합과정에서 제기되는 가장 민감한 부분은 초국가기구인 중앙정부의 역할과 기능이다. 중앙정부의 역할과 기능을 어떻게 설정하느냐에 따라 통합 실현 전·후 단계에서의 구성국들 간 헤게모니 문제가 불가피하게 제기되기 때문이다. 예컨대, 통일아랍공화국(United Arab Republic, 1958-1961)의 경우, 이집트와 시리아 지도층의 가치관이 상호 유사하였음에도 불구하고 대립되는 이해관계를 조정할 만한 대의제도를 갖추지 못하여 결국 다시 분열되었다. 예멘의 경우도 통일에 이르기까지의 과도기 의회가 남북 예멘 지도층의 권위를 초월할만한 권한을 갖지 못하여 화해·조정에 실패함으로써 결국 무력대결을 겪게 되었다.[6] 이러한 사실을 감안할 때, 남북통일을 위한 과도체제에서나 통일 직후의 임시적 복합체제 하에서 초국가적 기능을 수행하는 관리기구를 구성하는 문제는 실로 통일문제의 전반적인 성패를 판가름하는 매우 중요한 과제임을 분명히 확인할 수 있다.

초국가기구에 대한 쟁점 및 법제의 다양성은 연방대통령, 연합·연방의회, 초국가기구의 기능, 대외관계면, 새 연방수도의 지정, 재정연방주의 등의 측면에서 살펴보도록 하겠다.

가. 연방대통령

연방대통령은 통상 국민들의 직접선거로 선출된다. 그러나 구성단위체 대통령들이 윤번제로 맡는 경우도 있다. 스위스의 경우에는 연방정부인 연

---

[6] 김국신 외, 『분단극복의 경험과 한반도 통일: 독일, 베트남, 예멘의 통일사례 연구. 1-2』(한울아카데미, 1994) 참조.

방평의회(Federal Council)가 연방의회에 의해 선출된 7인(4년 임기)의 집단적 국가수반(Head of State)으로 구성된다. 연방대통령은 이들 7인 가운데서 연방의회에 의해 선출되며, 윤번식으로 1년 간 연방대통령직을 수행한다. 말레이시아 헌법은 지방정부 통치자의 중앙정부 통치자에 대한 겸직을 금지하고 있다. 중앙정부의 통치자는 지방정부에서 종교적 기능 이외의 정치적 기능을 수행할 수 없다. 5개 왕국으로 구성된 우간다 연방의 실패 원인 가운데 하나는 5개 왕국 가운데 하나인 부간다 왕국의 왕이 우간다 연방대통령이 되어 연방과 왕국의 통치권을 동시에 갖고 있었던 데서 비롯되었다.[7] 1861년 미국의 경우 북부의 지배에 대한 남부의 두려움도 같은 맥락에서 비롯된 것이다. 한편, 1853년 아르헨티나 헌법은 연방대통령으로 하여금 연방수도의 시장을 겸하도록 규정하였다.

나. 양원제 의회: 상원의 지역대표성

의회는 국가연합의 경우는 구성국 대표들로 구성된 단원제로 구성되며, 연방국가의 경우는 통상 상하원으로 구성된 양원제를 운영한다.[8] 일반적으로 하원은 국민들의 직접 선출로 연방을 대표하는 반면, 상원은 통상 구성국(구성단위체)을 대표한다. 상원은 연방주의에서 구성국들의 평등성을 중앙정부에서 구현하는 제도적 장치로서 지역대표의 성격을 띤다. 본 장에서는 연방국가의 구성국을 대표하는 상원의 선출방식 및 대표성, 기능 등

---

7) Duchacek, *The Territorial Dimension of Politics*, p. 229.
8) 아랍에미리트 연방과 베네수엘라를 비롯해 작은 도서국가인 코모로스와 미크로네시아 및 세인트 키츠 & 네비스는 연방국가이지만 상원을 두지 않고 있다. 그러나 인구가 많은 나라들은 단원제 국가나 연방제 국가나 거의 모두 양원제 의회를 설치하고 있다. 안성호, 『양원제 개헌론: 지역대표형 상원 연구』(파주: 신광문화사, 2013), p. 120; A. Lijphart, *Democracies: Patterns of Majoritarian and Consensus Government in Twenty-One Countries* (New Haven: Yale University Press, 1984), pp. 103-105.

에 대한 쟁점과 다양성을 검토하려고 한다.

  미국의 상원은 인구가 같지 않은 불평등한 주들을 인구 비례적으로 대표하는 하원과 달리 각 주를 평등하게 대표하는 2명씩으로 구성되며, 주 시민들의 직접선거에 의해 선출된다. 상원과 하원은 입법 문제에 있어서 역할이 평등하다. 미국 상원의원은 독일 상원의원과 달리 법안제출권한이 없다. 스위스의 상원(46명)은 각 칸톤을 대표하는 2명씩으로 구성된다. 각 칸톤이 자신의 대표인 상원의원의 임기와 월급, 선출방법(대부분의 경우 직접선거)을 정하기 때문에 상원의 칸톤에 대한 독립성이 상대적으로 약하다. 호주는 상원의원을 직접선거에 의해 6개 주에 각 주별 동일 의석을 배정한다. 연방상원의원은 대표성을 갖추고 있으면서도 주의 이익을 효과적으로 대변할 도구가 없다. 미국의 상원의원과 달리 주의회에 의정결과를 보고할 의무도 없으며, 그 결과 주정부에 대한 귀속감이 없다. 상원의원들의 재정에 대한 권한은 법안의 내용에 대한 수정요구를 제시하는 데 그쳐 '억제된 연방주의'(bottled federalism)로 나타난다.

  오스트리아에서 연방상원의원들은 지역단위의 인구에 비례하여 지역의회에 의해 간접적으로 선출된다. 연방상원은 연방하원의 정당구성도와 유사하고 정당 지도부의 강력한 제재를 받기 때문에 상원의 독자영역인 지역정부의 대변기능이 실효를 발휘하지 못한다. 게다가 연방상원의 유보적 거부권(suspensive veto)은 재정법안에는 적용되지 않기 때문에 지역정부의 이익을 효과적으로 옹호하기도 어렵다. 인도의 경우도 각 주가 상원에 보낼 수 있는 대표자 수는 인구비례에 따르며, 헌법에 의해 정해져있다. 최다인구수를 갖고 있는 우타르 프라데쉬는 최다의석인 34석, 나갈랜드는 1석, 연방수도인 뉴델리는 3석, 다른 연방 지역은 1-2석이 배정된다. 벨기에는 1995년 헌법을 연방국가체제로 전환하면서 상원의원 선출방식을 혼합형, 즉 직접선거(40명) + 지역의회의 추천(21명) + 상원의원이 천거(10명) + 왕족 출신이 계승(3명)으로 변경했다.

캐나다는 당면한 집단(프랑스어 vs. 영어)간 알력 다툼을 해소하려는 절박함에서 연방제를 도입했다. 그 결과, 캐나다의 연방주의는 실질적으로 지역정부의 요구를 연방정부의 기대치보다 우선시하지만, 공식적으로는 지역정부의 우선순위가 공권력의 근거가 되는 명문으로 정착되지 않거나 지역정부의 독자적 이익이 실질적으로 대변될 수 없게 하는 제도와 절차의 이중성이 병행하는 기묘한 형태를 취하고 있다. 이러한 양면성을 지닌 중앙편중현상은 제도적으로 연방상원의 실질적 무력화와 '협조적 행정부 연방주의'(cooperative executive federalism)로 나타난다. 첫째, 명시된 권한 면에서 보면, 연방상원은 강력한 지역정부의 대변기관의 역할을 수행할 수 있다. 그러나, 상원의원의 선출방법을 보면 지역정부의 대변기관 기능이 효력이 발휘하지 못한다는 점을 알 수 있다. 연방상원의원(104명)의 선출은 1867년 당시 9개 주를 4개 그룹으로 나누어 각 그룹별로 24석이 배정되었다. 3그룹과 4그룹에 속하는 일부 주들은 인구비례로 상원의원 의석이 배정되었다. 이후 1949년 뉴펀들랜드 주가 연방에 가입하게 됨에 따라 6석이 추가 배정되었으며, 1975년 노스웨스트 지역과 유콘 지역에 각 1명의 상원의원이 배정되었다. 상원의원은 연방하원의 다수당 당수이며 집권내각의 총수인 수상이 지역정부의 자문을 받아 지명한 인사들을 총독이 임명하며, 주 별 인구비례에 따라 의석이 배분된다. 따라서 상원의원직은 출신주의 정부를 연결하는 정치적 연계보다도 집권당에 대한 충성의 대가로 주어지기 때문에 지역정부의 대변인 역할을 기대하기 어렵다. 캐나다인들은 별다른 권한이 없이 자문역할 수준에만 머물렀던 상원을 "밀랍 뮤지엄"(wax museum) 또는 "얼간이들의 망명처"(asylum for dodos)라고 비하했다.9) 둘째, 협조행정부적 연방주의의 특성으로 인해 중앙과 지역 간 주요 정책결정이 각 정부단계의 의회를 통한 심의보다 각 정부단계의 행정부를 통한 조정에

---

9) Duchacek, *The Territorial Dimension of Politics*, p. 144.

의해 이루어진다.

　독일연방상원의원의 구성원은 지역의회가 지명하므로 비록 직접선출되지 않았어도 지역구민이 선출한 지역의회의원이 선택했기 때문에 지역적 대표성의 요건을 갖추고 있다. 그리고 지역정부의 이권이 관여된 재정법안에 대한 모든 헌법적 권리, 즉 법안제출, 법안내용에 대한 이의제기, 법안개정, 법안 통과 등 권리를 갖고 있다. 상원의석은 주별 인구비례에 의해 배정된다(최다 인구 6표, 중간 규모 4표, 최소 인구 3표). 과거 서독연방의 경우에는 주별로 3-4명의 대표가 상원의석에 배정되었으며, 상원은 입법안에 대한 거부권만을 보유하였다. 반면 하원은 내각을 구성할 수 있는 정치적 권한을 수행하였다.

　사회주의 연방국가들의 경우, 상원의원은 공산당에 의해 지명된 후보자를 대상으로 시민들의 직접선거에 의해 선출된다. 소련연방의 경우 15개의 각 공화국은 평등하게 25명의 민족소비에트(Soviet of Nationalities) 대표를 낸다. 러시아연방의 경우는 각 자치공화국은 11명의 대표를, 자치지역은 5명의 대표를, 각 국가지구는 1명의 대표를 평등하게 낸다.

　연방국가와 일반적으로 연관되어 있는 양원제가 두 개의 영토적 커뮤니티로 구성된 연방국가에서도 진정으로 필요한 것인가에 대해서는 논란이 있다. 다수에 의한 폭정을 막기 위한 불평등 구성국들의 평등한 대표성의 문제는 단원제에서도 실행될 수는 있다. 역사적으로는 파키스탄에서 그 유일한 사례를 찾아볼 수 있다.10) 영연방 자치령으로 인도로부터 분리독립(1947)된 파키스탄은 1956년 연방헌법을 채택하고 동파키스탄과 서파키스탄 간 동등성의 원리에 의해 동서 각각 75명의 대표로 단원제 의회를 채택한 적이 있다. 그러나 잇따른 군사쿠데타에 이은 군사 독재로 제대로 운영되지 못하고 파행을 겪다가, 1971년 동파키스탄이 인도의 무력지원으로 분

---

10) *Ibid.*, p. 145; Duchacek, "Dyadic Federations and Confederations," p. 19.

리를 선언하여 방글라데시로 독립하였다. 파키스탄 연방공화국은 현재는 양원제를 채택하고 있다.

다. 초국가기구의 기능과 권한

초국가기구의 기능과 권한은 대체로 국가연합과 연방국가의 경우로 나누어 설명할 수 있다.

(1) 국가연합

국가연합은 제한된 특정 목적의 달성을 위해 결합한 연합정치체로서, 구성국들은 초국가기구로서 공동기구(common institution)를 구성하여 구성국의 공동의 이익을 실현시켜 나간다. 기본적으로 주권은 구성국들이 보유하고 있다. 국가연합의 공동기구의 구성은 구성국 시민들의 선출에 기초한 연방국가의 경우와 달리, 구성국 정부에 의해 임명되고 지시받는 대표들로 이루어지기 때문에 전적으로 구성국에 의존하게 된다. 따라서 국가연합의 초국가기구의 의사결정은 구성국정부에만 미치게 되며, 구성국 시민에게는 구성국을 통해서만 간접적으로 미친다. 이러한 초국가기구는 낮은 단계의 국가연합의 경우에는 단순한 협의기구의 성격을 띠지만, 높은 단계의 국가연합의 경우는 구성국 주권의 일부가 초국가기구에 양도됨으로써 초국가기구의 의사결정이 구성국을 구속한다. 그러나 이 경우에도 구성국에 거부권이 있기 때문에 그 수용 여부가 전적으로 구성국에 달려 있어 전반적으로 국가연합의 초국가기구는 정도의 차이가 있을 뿐 협의체적 성격을 띤다고 할 수 있다.

또한 초국가기구의 운영은 비상설적으로 정기·비정기적으로 운영되기도 하고, 상설기구(의회, 다이어트, 총회 등)로서 존재하기도 한다. 그 기능은 구성국 간에 맺은 조약상 부여된 권한을 행사하는데, 주로 외교, 국방·

안보, 경제·통상 등 분야 가운데 전쟁·평화권, 외교사신권, 재정권, 주화권 등 구성국의 공동이익에 속하는 일부분을 담당하는 것이 일반적이다. 그러나 현실적으로는 각국의 국내외적 상황과 국가연합 창설의 기원과 형성 요인이 모두 다르기 때문에 그 역할이 매우 다양하게 나타난다.11)

초국가기국의 의사결정은 만장일치제로 운영되는 것이 일반적이지만, 구성국 마다 가중치가 부여된 가중투표제를 채택하는 경우도 있다. 또한 국가연합은 초국가기구 내에 분쟁조정 기구가 설치되어 있지 않는 것이 일반적이다. 국가연합의 초국가기구는 협의체적 성격의 태생적 한계 때문에 그 기능과 역할 수행에 한계점이 있는 것이 일반적이며, 이로 인해 연방국가와 비교할 때 상대적으로 불안정성과 비효율성, 국가통합 역할의 결핍 등의 현상이 나타난다.

(가) 스위스연합(1291-1798 구연합, 1815-1845 신연합)

스위스는 1291년 아이트게노센샤프트(Eidgenossenschaft)라는 혈맹체를 만들었던 날을 국경일로 삼고 있다. 처음 스위스 구연합(1291-1798)이 형성된 것은 모르가르텐 조약(Morgartenbrief), 쟴파허 조약(Sempacherbrief)을 통해서 이루어졌다. 알프스 산맥의 산림 속에 살던 슈비츠(Schwyz), 우리(Uri), 운터발텐(Unterwalten) 등 목축업을 하던 일종의 공동체적인 집단들이 맹세하여 오스트리아 합스부르크 집안의 공격에 맞서 싸우기 위해 모르가르텐 조약을 만들었다. 외부와의 싸움이 있을 때마다 연합에 참여하는 구성원이 증가했으며, 14세기에 여러 가지 조약들이 절충되어 스위스 연합이 완성되었다.

스위스 연합의 기구로 타흐자충(Tagsatzung, 영어로 Diet)이라는 대집회가 열렸다. 필요할 때마다 모이다가 15세기부터는 정기적으로 1년에 한 번씩

---

11) 이용희, 『미래의 세계정치』(민음사, 1994), pp. 89-104.

모였다. 한 칸톤 당 두 명의 대표를 보냈고, 표는 한 칸톤 당 한 표였다. 그리고 거기서 다수결로 안건을 결정하는데, 다만 각 칸톤들은 나중에 그 결정을 거절할 권리가 있었다. 또 다수결로 법령을 정했지만, 그 법령도 강제력이 없었기 때문에 느슨한 국가연합이었다. 단지 칸톤들은 편의상 전쟁·평화에 대한 결정, 사신의 접수·파견, 대사나 부대사의 파견·접수, 속령에 대한 지배, 소속 영토에 대한 관리, 위생, 도로수리, 공동 주화권, 칸톤 사이의 불화를 중재할 수 있는 중재권 등을 대집회의 권한으로 위임하여 거기서 결정하게 하였다.[12]

9개의 칸톤으로 이루어진 스위스 신연합(1815-1848)의 특징은 칸톤의 주권이 그대로 유지되었지만, 그 힘이 좀 약해지고 연합정부의 일이 이전에 비해 훨씬 많아졌다. 기존의 연합정부가 가지고 있었던 안전보장, 독립, 전쟁, 평화, 외교권 이외에 연합군대를 만들었다. 그 다음에 전쟁에 대한 재정을 각 칸톤에게 쿼터제로 나누어 주고 더욱 강력한 중재권을 연합정부에 부여하였다. 그럼에도 불구하고 여전히 국가연합의 성격을 가지고 있었다. 조약 조문에는 칸톤의 독립권, 칸톤들의 질서와 평화유지에 대한 권리, 칸톤 간의 상호 보장, 칸톤의 헌장에 대한 존중 등이 규정되어 있다.

(나) 네델란드연합(1581-1795)

네델란드 국가연합에 대한 기본조약은 유트레히트 조약(Utrecht Pact)으로서 유트레히트에서 스페인과의 전쟁 중에 일곱 개의 주가 체결하였다. 연합의 주요기구로는 게네랄리테트(generaliteit)라는 일종의 총회가 있었는데, 주식회사의 총회와 같은 성격을 가진 기구였다. 이 게네랄리테트는 전쟁평화권, 외교권, 군대조성권, 연합재정권, 각 주에 대한 중재권, 주화권, 종교권, 속령에 대한 지배권 등의 권한을 가지고 있었다.

---

[12] 위의 책, p. 86.

총회 아래에는 국가회의(States General)와 국가이사회(Council of State)라는 기구가 있었다. 국가회의는 각 주에서 파견된 대표들로 구성되어 헤이그에서 회의를 개최하였다. 각 주는 한 표의 투표권을 행사할 수 있고, 1주일 간격으로 돌아가면서 의장을 맡았다. 국가이사회는 총회나 헤이그 회의에서 결정한 안건을 집행하거나 예산을 다루는 역할을 담당하였다. 정책결정시 홀란드 같은 큰 주는 3표를, 젤란드나 젤더란드는 2표를, 그리고 나머지 주들은 1표씩 투표권을 행사하였다. 또한 국가회의에서 위촉받은 전체회의는 산하에 있는 각 분야별 위원회(Committee)로부터 보고를 받고 각종 문제들에 대한 의사를 결정하였다. 이 이외에도 재정 문제, 주화 문제 등 기타 문제들은 연합행정처(Federal Administration)가 따로 있어서 이 문제들을 처리하였다.

(다) 독일연합(1815-1866)

독일연합은 나폴레옹의 몰락에 따라 비엔나 회의에 의해 1815년 프로이센과 오스트리아의 주도로 작은 군주국, 함부르크나 프랑크푸르트와 같은 도시들, 영국왕·하노버왕·네델란드왕·덴마크왕이 소유한 속령 등 39개의 주권국가들을 뭉쳐 느슨한 연합으로 형성되었다. 통합의 이유는 내외의 공격으로 부터의 방어와 경제적 분쟁의 조정, 구성국들의 독립을 보장하는 것이었다. 1815년의 '독일연합에 대한 의정서'와 1820년의 비엔나 최종의정서, 이 두 개의 조약이 독일연합에 대한 핵심적인 문서이다. 최종의정서에는 국가연합의 구성 주에 대한 내정간섭권, 헌법적인 조치 없이는 의정서 변경 불가, 각 군주의 특권 저해 불가 등 핵심조항을 삽입하였다.

독일연합의 기구로는 네델란드의 총회와 같은 연방총회(Bundestag, 프랑크푸르트 소재)가 있었다. 이 연방총회에는 전체회의라는 것이 있어 큰 나라들은 한 표씩을 갖고 작은 나라들은 5-6개국이 모여서 한 표를 행사하였다. 대부분의 결정은 만장일치나 2/3다수결로 이루어졌다. 투표할 때 대표들은 각자의 정부로부터 지시를 받았다. 따라서 연방총회는 매우 약하고 비효율적이었다. 여기서 중요한 문제로 다루었던 안건들은 전쟁, 평화, 외교, 재정, 중재 등에 관한 안건들이었다. 무역관계 업무도 연방총회에서 취급하는 것으로 규정되어 있지만, 현실적으로는 잘 이루어지지 못했다. 구성국들이 연합 내에 임의로 소규모 국가연합을 만들어서 경제활동을 했기 때문이다. 그 중 대표적인 것이 관세동맹(Zollverein)이다. 전체적으로 무역관계를 취급하지 않고 부분적으로 관세동맹을 맺은 것은 많은 나라들 중에는 무역문제에 직접적으로 관계하는 나라들도 있지만 그렇지 않은 나라들도 있었기 때문이다. 또한 연합군을 만들었지만 30만 대군을 만드는데 병력을 낼 수 있는 나라가 한정되어 있었다. 전체 10개 사단 중에 프러시아와 오스트리아, 그리고 바바리아가 각기 3개 사단씩을 부담하고, 나머지 작은 나라들이 합쳐 1개 사단을 만들었다. 따라서 혼합군대의 성격이 강했으며, 전쟁이 발발하거나 위기상황이 발생하는 경우에만 상임사령관을 임명했다.

(라) 북미연합(1781-1789)

연합규약은 공동방위, 자유의 보호, 복지(무역 및 상업) 등을 연합의 목적으로 명시하였다. 연합 자체기구는 우선 의회(Congress)가 있고 그 아래 집행위원회(Council)가 있어서 실무행정을 담당하였다. 집행위 아래 주정부위원회(Committee of States)가 있어서 여기서 보고를 올리면 집행위가 그 사안에 대해 결정을 내리게 되어 있었다. 국가연합은 의회만 인정하고 행정부는 없었으며, 연방법원이 있었지만 유명무실하였다.[13] 중요한 안건은 13개주 가운데 9개 주가 승인하여 결정한다고 규정하였다. 당시 각 주의 대표는 한 명씩부터 7명까지 마음대로 보낼 수 있었고, 파견기간도 1년을 두든지 반년을 두든지 상관이 없었다. 의사결정시 각 주는 대표 수와 관계없이

---

13) 위의 책, p. 108.

평등하게 한 표씩을 행사하였다. 그런데 중요안건을 처리하기 위해서는 최소 9개 주가 참석해야 하는데 소집이 제대로 이루어지지 못했다.

연합정부는 전쟁을 선포하고 평화조약을 체결하는 권한, 외국과의 조약을 체결하고 대사를 임명하는 외교권, 전시에 대륙군 및 해군조직권 및 동병력에 대한 통솔과 육군·해군 간부를 임명하는 국방에 관한 권한을 가졌다. 다만 중앙정부는 징병권은 없었으며, 각 주에 필요한 병력과 병참지원을 요청할 권한만을 보유하였다. 평화시 대륙군을 보유할 수 없도록 규정했다가 1784년 6월에 1개 연대 규모의 평화시 상설 대륙군을 창설하였다. 경제에 관한 권한으로는 조폐권, 신용증권 발행권을 가졌으며, 외국과의 통상조약을 통해서 각 주의 무역, 관세 등에 대한 간접규제가 가능했다. 그러나 전국적인 통상증진이나 조절을 위한 통상규제권은 없었다. 또한 각 주에 중앙정부 운영에 관한 기금을 요청할 권한은 있었지만 징세권은 없었다. 인디언 관련 업무관장에 관한 권한으로는 무역규제와 영토분쟁 등이 있었다. 그 외에도 도량형 규정 결정, 우편 업무 관장 및 각 주의 분쟁을 중재하는 권한을 가졌다.

주 정부의 권한으로 13개 주는 주권, 자유, 독립, 사법, 입법, 행정의 모든 권한을 가졌다. 각 주는 징세, 조폐, 무역, 관세 등 상업에 관한 모든 업무를 관장하고, 각 주 의회는 전시에 연합정부의 요청이 있을 경우 징집과 병참지원 규모를 결정하였다. 전투시 사상자로 인한 결원이 발생할 경우 각 주는 처음 할당된 병력을 유지하도록 결원을 보충할 의무가 있었다. 각 주는 평화시 육군과 해군을 보유하지 못하지만 지역방위 및 치안을 위한 민병대는 항상 유지할 수 있었다. 그리고 주 경계를 침범 받지 않는 한 의회의 동의 없이 전쟁에 가담할 권리가 없었다. 다만, 인디언이 침공한 경우 등 긴급한 위험 발생시 의회와 상의할 시간적 여유가 없을 때에는 예외적으로 전쟁을 수행할 수 있었다. 또한 각 주는 상호 동맹을 맺거나 외국과 조약이나 동맹을 맺지 못하였다. 각 주마다 화폐발행권을 가지고 있으면서 국가연합 역시 화폐발행권을 가지고 있어 인플레이션으로 인한 물가폭등이 발생하기도 했다. 북미연합은 농민과 상인들 간에 대립이나 미국 내 인디언들과 외부 캐나다에 주둔하고 있는 영국군의 침입에 적절히 대응하지 못했다.

(2) 연방국가

연방정부의 초국가기구는 단일제 국가와 같이 입법부, 행정부, 사법부(최고헌법재판소)를 갖춘 연방의 중앙정부의 형태로 나타난다. 입법부의 경우는 구성국을 동등하게 대표하는 상원과 구성국의 시민을 비례대표하는 하원 양원제로 구성되어 있는 것이 일반적이다. 연방정부는 중앙정부와 지방정부로 나뉘어져 각각 헌법에 규정된 분야에 대한 주권을 행사하는 이원적 구조로 되어 있다. 연방의 중앙정부는 헌법에 의해 부여된 권한을 주권적으로 행사하며, 특정 목적을 위해 결합된 국가연합의 초국가기구의 기능보다는 권한이 더욱 광범위하고 전 영토에 걸쳐 국민들에게 직접 영향이 미친다. 동일한 사항을 다루는 연방법과 주법이 충돌하는 경우에는 연방법이 위헌이 아니고 연방의 관할영역에 속하는 것인 한 연방법이 주법에 상위한다는 연방법우위조항(supremacy clause)을 연방국가의 헌법은 모두 두고 있다.

(가) 독일

독일(8,200만 명, 35만 7천㎢)의 현 연방체제는 제2차 대전의 종료로 생긴 부산물로서 '독일문제'에 대한 예방과 치유책으로 제시된 것이다. 이에 따라 독일의 헌법은 연방과 주 간 '수직적 권력배분'을 하고 있는 미국과 달리, 중앙과 지역간 입법과 집행의 기능적인 '수평적 권력배분'에 의한 상호의존을 명문화하고 있다.[14] 즉 연방정부는 입법영역에 중점을 두는 반면, 지역정부는 모든 정부단계에서의 법안의 집행을 주로 담당하고 있다. 이러한 기능적 상호 의존형 연방체제는 재정운영과 결정에 있어서 양면적인 구조를 가지고 있다. 정부단계 분배뿐 아니라 지역정부간 분배에 있어서도 조세원의 분배에 관해 엄격하게 균등주의의 원칙을 고수하므로 재정균등화체계가 정교하게 발달되어 있는 반면, 중앙과 지역 간 공유하는 결정권 영역과 독자적인 영역이 헌법상 명시되어 있으므로 결정과정에서 지역과 중앙의 대등한 위치를 제도적으로 보장하고 있다. 제도화된 세력균형이라는 측면에서도, 캐나다와 대조적으로 독일에서는 중앙에 대한 지역의 평등한 협상기회가 제도적으로 보장되어 있기 때문에 중앙과 지역관계가 어느 한 쪽 정부단계로 치우쳐져 있지 않다. 따라서 독일의 연방주의는 중앙과 지역 간 관계정립이 캐나다처럼 지역분리주의에 대한 중앙의 반사작용으로 구현된 유형이 아니라, 중앙과 지역 간 기능과 권한 면에서 세분화와 상호의존을 조화롭게 실현한 형태이다.

연방국가는 전속적 권한과 경합적 권한을 가지고 있다. 연방의 권한은 헌법에 위임된 연방만이 가지는 전속적 입법권한에 기초한 배타적 권한을 중심으로 이루어지며, 그 권한은 다음과 같다. 외교, 국방, 국적, 출입국, 연방철도·항공, 통화·화폐, 도량형, 관세·통상, 우편·전신, 연방범죄 분야에 대한 권한이다. 주는 헌법상 부여된 자신의 고유권한을 행사할 뿐만 아니라, 중앙정부에 부여되지 않은 나머지 잔여권한을 갖는다. 연방국가의 권한 중 경합적 권한에 대해서는 연방국가가 원칙적으로 이 권한을 갖지만, 연방이 이를 행사하지 않을 때에는 주정부 역시 경합적 권한을 행사할 수 있다.[15]

---

14) Arnold Brecht, *Federalism and Regionalism in Germany: The Division of Prussia* (New York: Oxford, 1945), Chap. 6.
15) 최양근, 『한반도 통일연방국가 연구』, pp. 300-303.

(나) 미국

미국(3억 명, 920만㎢)의 연방헌법은 연방주의자들과 반연방주의자들 간 극적인 타협으로 제정되었다. 연방정부와 주정부 간 관계의 특징은 첫째, 헌법에 의해 연방정부에 위임된 권한(delegated powers), 둘째, 주에 대해 유보된 권한(reserved powers), 셋째, 연방과 주의 공동권한(concurrent powers), 넷째, 연방과 주정부에 각각 부정되는 권한 등으로 구성되어 있다. 연방정부에 위임된 권한은 연방의회에 부여된 명시적 권한(expressed powers)으로서 헌법에 구체적으로 항목별로 열거되어(enumerated powers) 있다. 외국과의 조약·동맹 체결, 대사 임명 등 외교권한, 전쟁선포 및 군대를 징집할 수 있는 전쟁권한, 화폐주조 및 가치규제 등을 규정한 재정권한, 대외통상, 주간 통상 및 원주민과의 통상규제를 규정한 통상권한을 연방의회에 독점적으로 부여하고 있다. 연방헌법은 아울러 헌법에 서술되어 있지 않은 연방의회의 암시적 권한(implied powers)을 기술하고 있는데, 명시적 권한을 수행하는 데 있어 연방정부가 제대로 기능하기 위해 "필요하고도 적절한"(necessary and proper) 판단이 내려지는 경우, 법령을 제정하거나 혹은 의회 조사나 소환을 요구할 수 있는 "유연 또는 계수 조항"(elastic or coefficient clauses) 권한을 연방의회에 부여하고 있다. 또한 연방의회와 주 의회는 조세, 차용 및 채무지불, 은행 및 기업 설립, 법원 설치 및 일반복지, 국경수비대 운영 등에 관한 분야에서 공동권한을 지니고 있다. 그런데 연방헌법은 연방헌법 및 법률을 "국가 최고의 법"(supreme law of the land)이라고 규정함으로써 주 헌법에 의해 규제되는 정책분야가 연방의 헌법이나 법률과 충돌할 경우 연방의회가 이를 선점(preemption)하거나 무효화할 수 있게 함으로써 연방 우위의 원칙을 확인하고 있다. 중앙정부에 위임되지 않고 동시에 주 정부에 금지되지 않은 모든 잔여권한은 주 정부에 유보된 권한으로 주어진다.

(다) 캐나다

캐나다(3,300만 명, 1000만km²)는 대영북미주법(The British North America Act)에 근거하여 연방국가로 창설되었다. 연방정부는 고유권한으로 국방과 외교, 국제무역, 국가경쟁력정책, 형법, 통화와 금융, 우편 및 통신, 이민과 고용보험 등 국가의 정치적 이해관계 부분에 책임을 지고 있고, 관세권을 무제한 행사할 수 있으며, 필요한 과세에 관한 형식과 체제를 독립적으로 채택할 수 있다.16) 아울러 연방정부는 주정부가 규정하지 않은 잔여권한을 향유할 수 있다.17) 한편 주정부는 보건과 교육후생, 그리고 내부의 자원과 민법에 관한 책임을 맡고 있으며, 제한적이나마 과세권을 가지고 있다. 캐나다는 세계여타의 연방국가들 중에서 주정부의 권한과 재정적 자치를 가장 많이 누리고 있는 연방국가다. 캐나다 주정부는 전체 공공서비스의 절반 수준을 담당하고 있다. 그런데 지역정부의 독자적 권한이 품목별로 제시된 것이 아니기 때문에 지역정부는 복합적으로 얽혀 있는 권한들을 중앙정부와 공조해서 풀어나가야 한다.18)

(라) 유럽연합(EU)

유럽연합(EU)의 경우, 리스본 조약 상의 제조약(유럽연합조약과 유럽연합운영에 관한 조약) 및 기타 제조약의 의정서 및 부속서에 따라 유럽연합과 회원국간에 권한이 배분되어 있다. 우선, 권한의 한계는 권한부여 원칙에 따라 권한배분원칙에 의해 규율된다. 권한부여의 원칙에 따라 연합은 제조약에서 정한 목표를 실현하기 위하여 회원국이 연합에게 양도한 권한의 범위 내에서만 행동한다. 그리고 연합의 권한의 행사는 보충성의 원칙,

---

16) 임종운, "캐나다 연방주의 변천과 재정문제 조정,"『지역사회연구』, 제11권 제2호 (한국지역사회학회, 2003년 12월), p. 37.
17) 손병권, 이옥연, 앞의 논문, p. 331.
18) 이옥연, "오스트리아, 호주, 캐나다, 독일의 연방주의 비교," p. 85.

비례의 원칙에 의해 규율된다. 보충성원칙에 따라 연합은 그 배타적 권한에 속하고 있지 않은 분야에서는 회원국에 의해서는 충분하게 달성될 수 없고 오히려 연합차원에서 보다 효과적으로 달성될 수 있을 경우에 그 범위에 한하여 개입한다. 또한 비례의 원칙에 따라 연합 조치의 내용과 형식은 제조약의 목적을 달성하는 데 필요한 한도를 넘을 수 없다.

  EU는 배타적 권한과 공유적 권한 및 지원적 조정에 관한 권한을 가지고 있다. 권한배분의 원칙에 따라 연방국가의 배타적 원칙이 나오고, 보충성원칙과 비례의 원칙에 따라 연방국가가 공유적 권한을 행사한다. 배타적 권한으로는 첫째, 관세동맹, 둘째, 역내시장을 운영하는 데 필요한 경쟁규칙의 결정, 셋째, 유로를 통화로 하는 회원국들을 위한 통화정책, 넷째, 공동어업정책의 범위 내 해양생물자원의 보전, 다섯째, 공동통상정책, 여섯째, 제한된 국제협정 체결권 등이 있다. 회원국과의 공유적 권한으로는 역내시장, 사회정책, 경제적·사회적·영토적 결속, 농업 및 어업, 환경, 소비자 보호, 운송, 유럽횡단네트워크, 에너지, 자유·안전 및 사법지대, 공동위생분야에서 공동안전 관심사항, 연구·기술개발 및 항공분야, 개발협력 및 인도적 지원분야 등이다. 회원국은 동 분야에서 연합이 자신의 권한을 행사하지 않을 경우에 한하여 자신의 권한을 행사한다. 연합은 회원국의 조치를 지원하고 조정하며, 또는 보충하기 위한 조치를 실시할 권한이 있다. 동 권한으로는 사람의 건강보호 및 증진, 산업, 문화, 여행, 일반교육, 직업교육, 청년 및 스포츠, 시민보호, 행정협력 등의 권한을 들 수 있다. 유럽연합은 동 권한의 행사를 위하여 유럽의회, 유럽이사회, 이사회, 유럽위원회, 연합공동외교안보정책고위대표, 유럽연합사법재판소, 유럽중앙은행, 자문기구로 경제사회위원회와 지역위원회, 회계감사원, 유럽방위청과 유럽경찰 등 기구를 두고 있다.[19]

---

19) 최양근, 『한반도 통일연방국가 연구』, pp. 304-305.

(마) 기타 주요 연방국가

　인도(11억 5천만 명, 330만㎢)는 28개의 주와 6개의 연방직할지로 구성되어 있다. 헙법상 모든 권한은 연방 목록(Union List), 주 목록(State List), 동시목록(Concurrent List) 등 3개의 목록으로 나뉘어져 있다.[20] 연방목록은 97개이며 국가적 중요성이 있는 외교, 국방, 전쟁과 평화, 주간통상, 주화 및 통화, 철도, 운송, 우편과 통신 등이다. 주 목록은 66개로 경찰, 사법행정, 감옥, 공중위생, 보건, 교육 등 공공질서에 관한 것이다. 동시목록은 연방과 주가 동시에 갖는 권한으로서 형법 및 절차, 가족법, 계약, 파산, 소셜 시큐리티, 신문, 동물보호 등 47개 항목으로 되어있다. 동시목록의 경우 연방정부가 권한을 행사하게 되면 이에 따라 주정부에 대한 우선권이 주어진다. 헌법에 열거되지 않은 잔여권한은 중앙의 권한이다.

　오스트리아의 경우는 연방정부의 고유권한, 주정부의 고유권한, 연방정부는 입법을 주정부는 집행을 수행하는 분리권한, 연방정부는 기본틀만 제시하고 주정부가 구체적 입법과 집행을 담당하는 권한 등 4가지 방법으로 책임소재가 결정된다.[21] 호주 헌법은 중앙에 국방, 대외관계, 주화 등의 독자적인 권한을 부여하고 있으며, 그 외의 잔여권한은 지역정부에 부여하고 있다. 연방과 주의 공동권한으로는 은행, 무역, 철도 분야를 규정하고 있다. 스위스 연방정부는 외교, 안보, 문화, 환경, 수송, 에너지 및 통신, 경제, 소셜 시큐리티, 외국인 등 9개 분야에서 고유권한을, 경찰·치안, 가족법, 주류 등 분야에서 연방정부와 칸톤 간 공동권한을 각각 행사하고 있다. 소련연방 헌법은 24개 항목의 연방정부의 권한을 부여하였으며, 이러한 영역 이외에 대하여 각 공화국은 독립적인 권한을 행사한다고 규정하였다.[22]

---

20) 강경선, "캐나다, 인도, 미국의 연방제 비교,"『KNOU논총』, 제49집(한국방송통신대학교, 2010.2), p. 31.
21) 이옥연, "연방제 정립과정 비교," pp. 75, 115 각주17).
22) 한배조 외,『현대각국정치론』, pp. 381-382.

UN 고등판무관실 등 국제 공동체에 의해 '강요된 연방국가'의 한 사례인 보스니아-헤르체고비나(1995년)는 창설 당시 중앙의 연방정부는 국방에 관한 권한이 없이 외교, 대외통상, 관세, 금융, 기관 및 국제적 의무 수행을 위한 행정적 재정, 이민 및 난민, 국제적 및 구성국 간 형법 집행, 공동 및 국제 교류, 구성국 간 운송 규제, 항공 통제 등 분야의 정책을 수행하며, 잔여 권한은 구성국에게 주어졌다. 창설 초기에 보스니아-헤르체고비나는 구성국에 비해 상대적으로 약한 권한을 가진 중앙정부로 출발하였지만 점차적으로 중앙정부의 권한을 강화시키는 방향으로 진화하고 있다. 국방정책에 대한 책임은 2005년, 경찰, 보안, 사법, 인권, 전쟁범죄기소 등 분야들은 2006년 구성국에서 중앙정부로 공식적으로 이전되었다.[23]

또 다른 '강요된 연방국가'의 하나인 이라크(2005)의 경우, 중앙정부는 외교, 국가안보, 통화, 재정·관세 통합, 규제기준, 무게, 척도, 시민·귀화, 방송 및 우편 규제, 수자원 기획, 인구 통계·조사 등 분야 정책에 관한 배타적 권한을 보유한다. 중앙과 지방은 관세, 전기, 환경, 개발, 공공건강, 수자원 정책 등 분야에서 공유권한을 행사한다. 공유권한에서 분쟁이 있을 경우에는 지방정부에 우선권이 주어진다. 중앙정부에 주어지지 않은 잔여권한은 모두 지방정부에 주어진다.[24]

라. 대외관계면

연방제 국가들은 구성국의 ① 국제무대에서의 직접적 역할 수행 정도, 그리고 ② 대외정책과 관련한 의사결정에서의 역할 등 두 가지 면에서 매우 다양한 모습을 보이고 있다. 전통적으로 국가연합이나 연방정부는 외교·국방 업무를 연방정부에 부여하고 있다. 그러나 EU의 경우는 주로 경

---

23) Burgess, *In Search of the Federal Spirit*, pp. 299-305.
24) *Ibid.*, p. 310.

제면에 치중되어 있다. 연방국가들 사이에도 조약체결문제와 관련하여 다양한 형태가 존재한다. 미국, 스위스, 호주, 스페인 등 수많은 연방국가들은 조약체결권을 전적으로 연방정부에 부여하고 있다. 그러나 어떤 연방국가들의 경우에는 조약체결권은 연방정부가 갖고 있지만 집행권이나 동의권은 구성국에 부여되어 있는 경우가 있다. 캐나다는 사법심사의 결과로서, 독일과 호주는 헌법규정으로 이를 명시하고 있다. 인도, 말레이시아, 파키스탄(1962)은 연방정부가 조약체결시 헌법에 의해 구성국과 협의토록(동의를 필요로 하는 것은 아니지만) 되어있다. 독일과 벨기에는 구성국으로 하여금 조약을 체결할 수 있는 권한을 부여하고 있다. 독일기본법은 구성주인 란더(Lander)가 배타적 또는 공유 입법권한을 갖는 분야에서 외국이나 국제기구와 조약을 체결할 수 있는 권한을 갖는다(공유 권한의 영역에서는 연방정부의 동의가 필요). 벨기에는 더 나아가 관할권 내에 있지 않은 모든 문제에서 대해서도 국제무대에서의 대외권한을 확장시켰다. 그러나 연방정부와의 협의·협상 과정을 의무화함으로써 대외정책의 일관성을 도모했다.[25]

마. 새 연방수도 지정

새 연방수도는 구성국들의 수도 가운데 하나를 연방수도로 정하거나, 별도의 새 수도를 건설하기도 한다. 모스크바는 러시아공화국의 수도가 소련연방의 수도로 되었다. 베른은 칸톤의 수도가 스위스연방의 수도로 되었다. 벨그라드는 세르비아와 유고슬라비아의 수도이다. 캐나다의 수도인 오타와는 온타리오 주의 수도였다. 5개 왕국으로 구성되었던 우간다는 가장 크고 부요한 왕국의 수도인 캄팔라를 연방수도로 정했다.

---

25) Watts, "Comparing Forms of Federal Partnerships," pp. 243-245.

인도의 뉴델리, 미국의 워싱턴 D.C., 멕시코의 멕시코시티, 나이제리아의 라고스 등은 별도로 새로운 연방수도로 건립된 것들이다. 파키스탄의 경우, 당초 서파키스탄의 중요도시였던 카라치에 수도를 두었으나, 연방정부의 지방정부와의 동일성 문제에 대한 동파키스탄의 이의제기로 인해 이슬라마바드에 새 수도를 건설하게 되었으며, 이슬라마바드는 행정수도로, 동파키스탄에 소재한 다카는 입법수도로 기능하게 되었다. 호주의 경우는 빅토리아 주에 위치한 멜버른과 뉴사우스웨일즈 주에 위치한 시드니가 경합하였으나, 새 수도는 시드니에서 100마일 이내에 새로 건설하기로 하고, 새 수도가 건설될 때까지 호주 수도를 멜버른에 두기로 하는 타협안에 합의하였다. 이에 따라 멜버른이 1901년부터 1927년까지 임시 수도의 기능을 수행했다. 오스트리아는 수도 비엔나를 8개 구성자치주의 하나로 지정하였다.

2. 구성단위체

구성단위체에 대한 쟁점 및 법제의 다양성은 구성단위체 간 평등성, 구성단위체의 수, 다층의 구성단위체들, 구성단위체의 대표성 등의 측면에서 나타난다. 일반적으로 국가연합이나 연방국가의 구성국들은 상호 평등한 지위를 가진다. 그러나 캐나다, 스페인, 벨기에, 독일, 말레이시아, 인도 등의 사례에서 보듯이 법적으로나 또는 사실상으로 구성국들의 권력이나 관계 등 면에서 비대칭적 결합유형의 사례들이 상당히 많다. 연방정부가 구성국들을 똑같이 평등하게 취급하지 않는 경우들도 있다. 러시아에서의 체첸이나 인도의 카시미르 등은 다른 구성단위체들보다도 덜한 자치성을 갖는다. 반면, 말레이시아의 사바와 사라왁이나 캐나다의 퀘벡은 다른 주들에 비해 더 많은 권한을 갖고 있다.

<표 1> 연방국가들의 지역 구성단위체 수

구분	대칭성	연방국가	구성단위체 수
단일민족 연방국가	대칭	아르헨티나	23+1
		호주	6+2
		오스트리아	9
		브라질	26+1
		독일	16
		이태리	21
		멕시코	31+1
		남아공화국	9
		스위스	20+6
		미국	50+1
		베네수엘라	23+1
	비대칭	-	-
다민족 연방국가	대칭	-	-
	비대칭	벨기에	3+3
		보스니아-헤르체고비나	2(+1+1)
		캐나다	10+3
		이디오피아	9+1
		인도	28+7
		러시아	89
		스페인	17+2
		영국	3

*자료: Ferran Requejo, "Federalism and democracy," in Michael Burgess and Alain-G Gagnon, eds., *Federal Democracies* (NY: Routledge, 2010), p. 288.

대부분의 연방국가, 국가연합, 동맹 등은 <표 1>에 나타난 바와 같이 다수의 구성단위체들로 구성되어 있다. 어떤 경우에는 지배적인 2개 국가 또는 집단으로 구성된 경우가 있다. 그러나 듀차섹이 지적한 대로 역사상 2개의 단일제 국가가 평화적으로 연방제 국가(nation-state)를 이룬 사례는 아직까지 없다.26)

---

26) Ivo D. Duchacek, "Comparative Federalism: An Agenda for Additional Research," in Daniel J. Elazar, ed., *Constitutional Design and Power-Sharing in the Post-Modern Epoch* (University Press of American Jerusalem Center, 1991), p. 33.

왓츠는 최근 벨기에, 독일, 스페인, 오스트리아 같은 연방국가들이 EU와 같은 더 큰 연방기구에 가입함으로써 복합정치파트너쉽을 창설하는 경우, 멤버쉽 문제가 주목을 받고 있다고 말한다.27) EU는 주로 국가연합 성격을 띠고 있지만 일부 연방국가적 성격을 갖고 있는 혼합형(Hybrid)인데, 참가 연방국가들 안에서의 내부관계에 영향을 미치고 있다. 제기된 여러 이슈 가운데 EU의 기구들 내에서의 협상과 관련하여 이들 유럽 각 연방국가의 지방단위체들의 적절한 역할이 문제로 대두되고 있다. 이들 지방단위체 들은 브뤼셀에 있는 EU의 수도에 사무실을 설립하고 EU의 지역위원회 (Committee of Regions)에 직접 대표를 파견하고 있다. 새로운 복잡한 요소가 이들 연방국가 내의 정부 간 관계에 개입된 것이다. EU로의 권한이전이 유럽 연방국가 내의 연방-지방 간 균형에 미친 충격은 독일 헌법재판소로의 소송으로까지 이어졌다. 또 다른 사례는 캐나다(영어권 캐나다와 불어권 퀘벡), 미국(50개 주), 멕시코 등 연방국가들의 북미자유무역협정(NAFTA) 안에서의 멤버쉽 문제이다. 동남아국가연합(ASEAN)의 말레이시아나 남아시아지역협력연합(SAARC)의 인도, 파키스탄(둘 다 연방국가)들의 경우도 마찬가지다.

전통적으로 연방국가와 국가연합에 대한 분석은 연방과 구성국 정부간 이원적 관계에 집중되었었다. 그러나 최근에는 연방제 국가들이 점점 다층적 복합파트너 체제의 성격을 띠어 가고 있다. 이러한 다층의 연방기구를 설립하게 된 것은 시민들의 선호를 극대화하고 그들의 좌절을 감소시키려는 노력의 일환으로 이루어진 것이다. 각 수준(층)들은 가장 효과적으로 자신의 기능을 수행하기 위해 서로 다른 규모(scale)로 일한다. 결과적으로 다층시스템은 더욱 큰 유형의 연방기구에 참여하는 각 연방국가들의 운영에 있어서 더욱 복잡한 맥락(context)을 만들어낸다.

---

27) Watts, "Comparing Forms of Federal Partnerships," pp. 247-248.

다양한 유형의 연방제 국가, 즉 정치파트너쉽에 있어서 구성단위체들은 보통 영토적 단위체들로 구성되었었다. 그러나 때로는 공동체(Community)가 영토적 요소와 중첩되는 경우에는 영토보다는 공동체가 연방체 내의 구성단위체가 되어야 한다는 주장이 제기되고 있다. 가령 벨기에(1993)의 경우 사실상 두 종류의 파트너들을 결합하고 있다. 현재의 연방구조는 주로 경제문제를 담당하는 위원회들(Councils)을 가진 3개의 지역들(Regions: 플랑드르, 왈룬, 브뤼셀)과 주로 문화, 교육, 개인서비스, 모종의 문제에서의 언어사용 등을 담당하고 있는 3개의 공동체들(Communities: 네덜란드어, 불어, 독어)로 구성되어 있다. 6개의 각 구성체들은 헌법적으로 분할된 자신의 법적 영역을 갖고 있다. 지역들은 '영토적' 관할권을 갖고 있으나, '개인적' 관할권을 갖고 있는 공동체들이 이들과 중첩되어 있다.

3. 재정연방주의(fiscal federalism)

연방주의의 헌법상 권력분산 및 법·제도적 견제장치는 실질적으로는 재정분산이라는 재정연방주의의 형태로 나타난다. 다단계 정부구조의 형태로 재정운영이 분산되어 있는 모든 경제구조를 넓은 의미에서의 재정연방주의를 실행하는 체제라고 정의할 수 있다.[28] 재정연방주의의 원리들은 재정적인 헌법의 설계, 즉 과세, 소비, 그리고 규제적 기능들이 정부들 간에 어떻게 분배되어 있는가, 그리고 정부 간 재정이전이 어떻게 구조화되어 있는가와 관련되어 있다. 이러한 것들은 공공서비스의 효율적이고 균등한 공급에 매우 중요하기 때문이다. 재정연방주의는 세수와 지출 소재지를 수직적으로 분산시켜 중앙정부에게는 재정과 통화를 중심으로 거시경제 안정,

---

28) 이옥연, "연방주의, 재정분산과 정당 간 경쟁," 『국제정치논총』 제42집 3호(한국국제정치학회, 2002), p. 363.

수입과 부의 재분배, 그리고 순수 공공재 공급을 전담하게 하고, 주나 지방정부에게는 지정학적 한계로 공급에 어려움이 있는 공공재 제공을 전담하게 함으로써 가장 효율적인 기능분화를 도모하려고 한다.

연방정부와 주정부간 이러한 재정적 권한의 배분과 운영은 각국의 고유한 역사적, 제도적, 상황적 특성으로 인해 매우 다양하게 나타난다. 연방국가들의 중앙화, 비중앙화 정도의 차이, 중앙과 지역의 갈등관계, 정부부처의 협상을 통한 재정운영의 역할분담, 비용-편익 비교분석에 의한 경제적 효율성, 구조적·제도적 다양성, 집권정당의 이념성향 등의 요소들이 상호작용하여 각기 다르게 나타난다.

제2절 실제적 운영(actual practice)의 다양성

연방제도는 형식적인 헌법 규범에 따른 법규상 측면과 실제적 통치 운영상 측면 등 양면성을 갖고 있다. 연방주의는 정부조직 운영문제의 실질적 내용 자체뿐 아니라, 이와는 별도로 정부조직 운영을 바라보는 시각을 부여하고 있기 때문에, 연방주의를 제도화한 국가들 간에도 연방주의를 구현하는 단계에서 국가 간, 집권 행정부 간, 또는 시대 간 시각의 차이가 나타난다.[29]

1. 서구 자본주의국가들의 연방제 운영

실질적 과정으로서의 연방주의는 공치(중앙)의 구심력과 자치(비중앙)의 원심력이 상호 긴밀하게 작동하면서 복잡한 다층적 거버넌스 형태로 운영

---

29) 이옥연, "연방주의, 재정분산과 정당 간 경쟁," p. 102 각주 2).

되는 특징을 갖고 있다. 형식적인 법적 권력배분에도 불구하고 현실적으로는 중앙과 지방의 두 정부 간 권한관계가 복잡하게 얽혀 있어 상호 충돌하는 가운데, 시기에 따라 중앙집권화와 분권화에 대한 사회적 요구와 압력의 변화에 따라 긴장과 갈등 속에서 동적으로 변화하는 모습을 보이는 것이 일반적이다. 공치의 구심력과 자치의 원심력이 팽팽하게 맞서며 상호작용하여 끊임없이 평형점을 찾아내는 과정이라고 할 수 있다. 과정으로서의 연방제는 정적으로 머물러 있지 않고 동적으로 국가 결속력이 강한 쪽으로 진화하기도 하고 약한 쪽으로 퇴행하기도 한다. 그 정립과정 또는 정당화 과정이 순탄한지 여부는 대체적으로 사회적 기반의 복합성에 달려있다.30) 사회적 기반의 복합성은 곧 정치적 지지기반의 복합성을 의미하므로 버제스가 지적했듯이 엘리트가 중앙과 비중앙간 복잡하게 중첩되어 있을 가능성과도 밀접한 관련이 있다. 결국 이렇게 얽히고설킨 정치, 경제, 사회, 문화 엘리트 간 다층 네트워크는 대체적으로 간결하고 명확한 역할분담을 극도로 어렵게 하거나 극한상황에서는 불가능하게 만들 수도 있다. 실제로 캐나다의 경우에는 언어/문화적 계층화가 사회경제적 계층화와 중복되어 있고, 스위스의 경우는 언어/종교적 계층화, 지역적 계층화 및 사회경제적 계층화가 복잡하게 연계된 결과, 연방제의 정립과정뿐 아니라 운영에도 어려움이 많다. 벨기에는 1995년에서야 개헌을 통해 연방주의를 명시한 연방제로 전환했을 정도로, 아직도 정치적 실험 수준에서 벗어나지 못하고 있다. 이와 대조적으로 미국과 호주는 계층화로 인한 문제가 그다지 심각하지 않을 뿐 아니라, 계층화는 연방체제 자체와 거의 연관성이 없다. 오스트리아는 협의를 연방주의보다 우위에 두고 있기 때문에, 계층화와 연방제를 분리시켜 유지하고 있다. 독일은 통일 이전에는 미국이나 호주 쪽에 가까웠지만, 구동독의 빈곤지역을 연방체제에 편입시키면서 사회경제적 계층화

---

30) M. Filippove et al, *Designing Federalism: A Theory of Self-Sustainable Federal Institutions* (Cambridge: Cambridge University Press, 2004), p. 259.

와 지역적 계층화가 중첩되어 나타나는 문제점에 대한 해결책을 모색하고 있다.31) 스페인과 남아프리카는 공식적으로 연방헌법을 갖고 있지 않지만, 실제적으로는 연방정부로 운영된다.32)

위어는 헌법상의 권력배분에도 불구하고 재정적 자원은 성질상 헌법에 고정된 배분을 명시해둘 수 없기 때문에 중앙정부의 재정에 대한 통제권한이 국방, 전쟁과 평화 문제, 외교 분야, 경제 불황, 증대된 사회적 서비스 및 복지 요구 등 관할영역의 확대에 따라 커질 수밖에 없다고 주장한다. 그는 현실적인 운영 면에서 중앙정부의 권력이 지방정부에 비해 상대적으로 커져 지방정부가 종속적인 위치로 떨어지는 경향이 있다고 주장하면서, 전쟁이나 경제위기 등은 '연방국가의 적들'이라고 주장한다.33)

캐나다는 1867년 대영북미주법(The British North America Act)에 의해 연방국가로 탄생했다. 창설 당시에는 미국의 남북전쟁에 대한 두려움으로 인해 상대적으로 중앙화된 연방국가로 출발했다. 그러나 1880년대 후반에서 1930년대 사이에 보다 비중앙화(Decentralized) 또는 주변화된(Peripherized) 연방국가로 바뀌게 되었다. 이후 다시 중앙화가 진행되었다가 1960년대부터는 진정한 의미의 국가연합적 성격으로 점차로 바뀌어 갔다. 더 많은 권한들이 주(provinces)로 이전되었으며, 일종의 집단적인 틀, 즉 연방 수상과 주 수상들을 포함한 제1장관들의 회의를 통해 의사결정을 내리는 경우가 더 많아졌다. 말로리(James R. Mallory)에 따르면, 캐나다 연방은 준연방주의(Quasi-Federalism)와 고전적 연방주의(Classical Federalism), 위기적 연방주의(Emergency Federalism), 협조적 연방주의(Cooperative Federalism), 행정적 연방주의(Executive Federalism), 양면적 연방주의(Double-Image Federalism)로 발전되어 왔다고 한다.34) 임종운은 캐나다 연방주의가 중앙화와 주변화의

---

31) 이옥연, "연방제 정립과정 비교," pp. 107-108.
32) Watts, Comparing Federal Systems, 3rd ed., p. 14.
33) Wheare, Federal Government, p. 239.

양 측면을 오가면서 변천해온 양상을 연방주의 성립기(1867-1883), 상대적 연방주의(1883-1910), 협조적 연방주의(1910-1960), 행정적 연방주의(1960-현재) 등으로 구분하여 설명한다. 그는 1960년대 후반부터 연방정부가 지방정부와 연이은 재정협약을 맺어 소위 재정연방주의(Fiscal Federalism)라는 독특한 캐나다의 연방체제를 만들어내고 있다고 주장한다.35) 캐나다를 호주와 비교해 볼 때 법적으로는 준연방헌법인 캐나다 헌법이 실제로는 호주헌법보다도 연방주의에 더 가깝다. 이에 반해 호주 헌법은 법적으로는 연방헌법이지만 실제로는 상당한 정도로 지방분권화된 단일국 헌법처럼 작용하고 있다.

미국의 연방주의는 시대적 흐름에 따라 연방정부의 주정부에 대한 역할이 다양하게 변천해 왔다.36) 초기 1787-1933년의 시기는 이중적 연방주의(Layer Cake Federalism)로 운영되었다. 연방과 주가 각각 독립적인 주권을 보유하여 분리된 관할권과 책임을 지닌다. 근대화와 도시화가 진행되고 제1차 대전과 대공황의 대내외 환난을 겪은 1933-1980년에는 연방정부와 주정부가 협력하여 효율적으로 서비스를 제공하는 협력적 연방주의(Marble Cake Federalism)가 이루어졌다.37) 대내외의 환경변화에 따라 연방정부의 역할 강화가 요구되면서 발의자(initiator), 조력자(facilitator) 등의 역할과 연방정부와 주 사이의 교섭과 상호 조정 등 협력적 관계가 중시되었다. 이 시기에는 연방정부가 돈을 대주고 대신 주 정부로 하여금 특정 정책을 수행

---

34) James R. Mallory, "The Two Faces of Federalism," in P. A. Crepeau and C. B. Macpherson, eds., *The Future of Canadian Federalism* (Toronto: UOT Press, 1965), pp. 3-15.
35) 임종운, 앞의 책, pp. 40-55.
36) 이옥연, 조성대, "연방주의," 미국정치연구회 편,『미국정부와 정치 2』(서울: 도서출판 오름, 2013), pp. 85-96 참조.
37) 협력적 연방주의는 Marble Cake에 내포된 의미처럼 뒤죽박죽 섞인 것이 아니라, 특정 정책분야 내의 정책입안자들이 주로 그 정책분야 내에서 정부의 수준들을 넘어 함께 협력한다는 점에서 보다 엄밀한 현실적인 용어로서 Picket Fence Federalism이라는 용어를 사용하기도 한다.

토록 하는 방식으로 연방제가 운영되었다. 연방 교부금 지원 등에 의한 협력적 관계는 대통령의 위대한 사회(Great Society) 프로그램 실행 등에 필요한 재정지원의 확대로 이어졌다. 1980-1990년의 기간은 신(新)연방주의(New Federalism)의 시대이다. 닉슨 행정부에서 시작되어 레이건 행정부에 의해 본격화된 신연방주의는 연방정부의 간섭을 줄이는 대신 주의 권한을 강화시켰다. 연방 교부금을 줄이고 한편으로는 주와 지방정부에게 더 많은 자율성을 부여하였다. 마지막으로 1990년 이후의 기간은 위압적 연방주의(Coercive Federalism) 시기라고 할 수 있다. 신연방주의에 의해 고양된 주의 권한은 새로운 세계화의 시대에 장애로 작용하였다. 세계화된 경제 속에서 50개나 되는 주의 규제레짐은 효율성과 경쟁력 제고에 문제를 드러내었다. 이에 따라 연방정부의 명령(mandates)과 선점(preemption) 사용과 연방의회의 억제자(inhibitor) 역할이 크게 증대했다. 부시 행정부는 연방의 법적 권위에 입각한 명령과 선점을 통해 주의 특정 규제권한을 박탈하고 유보된 권한의 사용을 억제하며 연방정책의 실행을 강제했다. 이로써 연방정부와 주정부 간 협력적 전통이 위압적 관계로 전환되었다. 오바마 행정부(2009-2017)는 전통적인 민주당의 재정연방주의에 입각해 다시 협력적 연방주의로의 복귀를 시도하고 있는 것으로 나타났다. 연방교부금이 수반된 프로그램에 대한 주정부들의 참여를 유도하는 협력적 연방주의를 강조하고 있다.

재정연방주의의 경우에 같은 연방국가라 하더라도 집권당의 이념적 성향이나 시대적 경제여건 등의 차이에 따라 재정연방주의가 다양한 형태로 구현된다. 미국의 사례를 보면 재정집중도, 즉 총 정부수입에서 차지하는 연방정부 수입의 비중, 총 정부지출에서 차지하는 연방지출의 비중, 그리고 연방정부의 총지출 중 주정부나 지방정부에 이전되는 연방보조금의 비중이 연도별로 다양하게 나타난다.

2. 사회주의국가들의 사이비연방제 운영

원래 연방주의라 함은 입법, 행정, 사법 등의 국가작용을 수평적으로 분할함과 동시에 이를 다시 연방과 지방(支邦)간에 수직적으로 분할함으로써 권력분립적 효과를 증대시키고 사회공동체 내에 공존하고 있는 지역적, 종교적, 문화적, 인종적 다양성을 최대한으로 존중하여 민주주의의 강화, 보충 내지 조성 기능을 보장하는 데에 그 이념적 목표가 있다.38) 그러나 이러한 이념을 가지고 있는 연방제도가 전체주의적 정치체계 속으로 이식될 때 그것은 전혀 다른 양상을 보여준다. 즉 권력의 분립원칙을 인정하지 않고 권력통합을 그 속성으로 하는 사회주의국가의 연방제도는 그 이념, 목적, 기능 등이 자유진영의 그것과 매우 다르다. 사회주의국가의 헌법체계는 정치이데올로기의 영향을 받지 않을 수 없다. 사회주의 헌법제도의 하나인 연방제도도 이데올로기에 종속됨에 따라 필연적으로 자유진영의 연방제도와 다른 형태로 운영될 수밖에 없게 되고, 연방제도에 본질적으로 내재되어야 할 이념적 요소를 찾을 수 없게 된다.

이러한 이유로 인하여 사회주의 연방제도는 준연방제(quasi-federalism) 또는 사이비연방제(sham federalism or pseudo-federalism)로 비판의 대상이 되고 있다.39) 듀차섹은 민주주의와 연방주의는 사실상 쌍둥이 형제(twin brothers)라면서, 민주주의는 연방주의가 아니라도 발전할 수 있지만, 연방적 권력분배, 즉 영토적 정치적 다원주의는 일당독재의 최고간부회의나 군부독재, 파시스트 등의 손에 있는 권력집중과는 정반대라고 한다. 또한 그는 소련연방, 유고연방, 체코연방 등은 자신들이 연방국가인 것처럼 주장하고 있지만, 기본적으로 엄격한 중앙집권적 단방제 국가들로서 단순한 연방

---

38) 허 영, 『헌법이론과 헌법(상)』(서울: 박영사, 1980), pp. 307-311.
39) Donald D. Barry, *Contemporary Soviet Politics*, 2nd ed.(Englewood Cliffs, N.J.: Prentic -Hall, Inc., 1982), p. 103.

적 쇼윈도 장식의 속임수(federal window dressing)에 지나지 않는다고 지적한다.[40] 버제스도 이들 국가들의 헌법내용은 위조된 가짜(counterfeit)로서 이러한 정치제도들은 실제적으로는 고도로 중앙집권화되고 권위주의적인 일당독재로 운영되고 있다고 비판한다.[41]

소련은 연방제의 일반적인 특성과 비교해 볼 때 연방제 국가로서의 형식적인 면모를 갖추고 있었다. 즉, 성문헌법을 갖고 있었고, 헌법에 연방정부의 권한이 명시되어 있었다. 헌법에 열거되지 않은 권한은 각 구성국 권한에 귀속된다고 선언함으로써 연방정부와 지방정부의 권한 배분을 명확하게 규정하였다. 또한 양원제를 도입하고 각 구성 공화국에 대하여 동수의 대표권을 보장하였다. 그러나 이와 같은 것들은 지극히 표면적인 것이었다. 소련은 실제로 강력한 중앙집권체제 국가였으며, 각 공화국이나 소속 기관들은 중앙정부의 지방 분국에 불과했다.[42] 또한 중앙정부의 권한은 매우 광범위하고 무제한적이었으며, 연방정부의 법률은 각 공화국의 법률에 우선하도록 규정되어 있었다. 또한 소련에는 헌법상의 분쟁을 심판할 사법기관도 존재하지 않았고, 헌법에 관한 사법심사 조항도 없었으며, 연방 최고법원은 헌법상의 분쟁을 심사할 권한도 없었다.

그러므로 사회주의국가의 연방주의는 중앙집권주의에 반대되는 개념이 아니라, 중앙집권주의로 통합되는 개념이며, 사회주의 연방제도의 이념적 기초였던 민족자결주의도 프롤레타리아독재 이념의 하위개념인 것이다. 따라서 사회주의국가의 연방제도는 그 규범적 기능을 이데올로기에 압도당하고 있으며, 그 결과 연방제도의 운영 면에서 자유진영의 연방제도와 다른 양상을 보여줄 수밖에 없다. 1936년의 소련 헌법은 법적으로 준연방(quasi-federalism) 헌법이지만 실제로는 광범한 정도로 지방분권화된 단일국 헌법

---

40) Duchacek, *The Territorial Dimention of Politics*, pp. 96-97.
41) Burgess, *In Search of the Federal Spirit*, p. 270.
42) 한배조 외, 『현대각국정치론』(서울: 법문사, 1975), p. 184.

의 부류에 속한다.[43]

러시아 연방 역시 이름은 '연방'이라는 용어를 붙이기는 하지만 단방제의 요소가 상당히 강하다.[44] 그런데 장덕준은 사이비연방인 러시아연방도 연방화 과정 속에서 시대적 환경 변화에 따라 그 운영도 다양하게 변화되어 왔다고 주장한다. 그는 스테판의 분류기준을 "국가 재건설로서의 연방화"의 과정을 겪고 있는 러시아 연방제의 특성에 적용하기에는 한계가 있다고 지적한다. 러시아 연방제는 중앙의 연방정부와 지방정부 사이의 힘의 균형이 대내외적 환경의 변화에 따라 계속 변화함으로써 소련시대의 "강제적 연방제"에서 옐친 시기의 "포스트 소비에트적 협상연방제", 푸틴 시기의 "체제유지적 연방제"로 계속 성격변화를 거쳐 왔다고 주장한다.[45]

1995년 다민족(인종) 연방국가로 탄생한 이디오피아 연방민주공화국(9개 구성국 연합)의 경우도 형식적으로는 자유민주주의적인 연방헌법 규정을 갖추고 있다. 그럼에도 불구하고 소수계인 TPLF 주도의 연합정당의 군사적 역량과 더불어 제국주의적 중앙집권화, 막스-레닌의 민주적 중앙집중제 관행 등의 유산으로 인해 자유민주적 정치문화가 결여되어 있어 실제적으로는 일당지배의 정치체제로 운영되는 등 진정한 연방주의를 구현해내지 못하고 있다.[46]

---

43) K. C. Wheare, *Modern Constitutions*, 2nd ed.(London: Oxford Univ. Press, 1966), pp. 20-21.; 김학준은 소연방이 실제에 있어서는 강력한 중앙집권적 단일국가의 성격을 지니고 있다고 주장한다. 김학준, 『소련정치론』(서울: 일지사, 1976), pp. 246-248.
44) Robert Sharlet, "The Prospects for Federalism in Russian Constitutional Politics," *Publius*, 24-2(1994), p. 115.
45) 장덕준, "러시아 연방제의 성격 고찰: 기원 및 형성 과정을 중심으로", 『국제정치논총』 제43집 4호(2003), pp. 325-350.
46) Burgess, *In Search of the Federal Spirit*, pp. 293-299.

제5장_ 연방제 통합사례

본 장에서는 연방제 통합(추진) 사례로서 이념적 이체제(異體制)국가 연방제 통합, 2개 국가 연방제 통합, 단일국가에서 연방국가로의 통합, 국가연합에서 연방국가로의 진화, 국가연합에서 단일국가로의 진화, 그리고 연방제의 퇴행 등 사례를 검토하려고 한다.

제1절 이체제국가 간 연방제 통합사례

역사적으로 이념적 이체제로 이루어진 단방제 국가들 간에 연방국가로 통합을 이룬 사례는 없다. 민주적인 몰도바와 전체주의의 트란스니스트리아 간의 연방제 통합 시도가 무산된 것도 이체제 간의 통합의 어려움을 단적으로 보여준 사례이다. 다른 체제로 이루어진 분단국들 간 통합이 이루어진 사례는 베트남, 독일, 중국, 예멘 등에서 발견할 수 있다.

2차 대전에 패배한 일본의 지배로부터 해방된 베트남은 사회주의체제의 월맹과 자본주의체제의 월남으로 분단되었다가 무력충돌이 발생, 전쟁에서 승리한 월맹에 의해 단일제 국가로 통일되었다. 독일은 단일제 국가가 연방제 국가에 흡수, 편입된 특수한 통합사례로서 단일제 국가들 간의 연방제 통합사례에 해당하지 않는다. 제2차 대전의 패배로 자본주의체제의 연방국가인 서독과 사회주의 체제의 단일제 국가인 동독으로 분단되었던 독일은 동서독 간 다방면에 걸친 교류·협력으로 공고한 평화공존체제를 구축해 오던 중, 동독의 사회주의 경제정책의 실패로 인한 주민들의 불만과 개혁요구가 급격히 분출한 가운데 동독주민들의 서독으로의 대규모 탈주가 발생하는 등 동독체제가 갑자기 무너지게 되면서 통합논의가 급속도로 진행되었다. 당초 서독과 동독 정부는 국가연합을 거쳐 연방국가로 통일하는 방안을 각각 제안하고 이를 검토하였었다.[1] 그러나 예상치 못한 가운데 동독 내의 대대적인 개혁과 체제전환이 급속도로 이루어지는 속에서 동독 주민들은 자유총선거(1990.3.18)를 통해 서독에 편입하기로 결정하였다. 결국 동독은 구서독기본법 23조의 편입조항에 따라 5개주로 재편되어 기존의 11개 주로 구성된 연방국가인 서독의 체제에 편입, 흡수 통합(1990.10.3)되었다.

북한은 1국2제 통일추진 사례로서 중국의 일국양제론을 거론하면서 "홍콩과 마카오가 중국에 귀속된 것은 나라의 통일을 실현하기 위한 투쟁에서 중국인민이 이룩한 력사적 승리로 된다"고 기술하고 있다.[2] 그러나 중국이 일국양제를 채택한 것은 중국 자체가 연방제를 채택한 것이 아니라, 단일국가 안에 홍콩과 마카오를 특별행정구로 두어 관리하는 개념이다.[3] 중국과 홍콩·마카오가 각각 사회주의와 자본주의의 이념과 제도를 유지하되, 중국정부가 외교권·국방권을 보유하는 대신 홍콩·마카오 자치정부는 행정권·사법권을 자율적으로 행사한다. 이는 홍콩과 마카오의 자치정부가 중국의 중앙정부에 특별행정자치구로 편입되어 종속될 뿐이라는 점에서 연방제와 기본적인 차이가 있다.[4] 중국의 월등한 힘의 우위에 기초한 일방

---

[1] 구동독의 모드로프 총리는 1989년 11월 17일 '계약공동체'(Vertragsgemeinschaft)의 개념에 입각한 통일방안을, 구서독의 콜 총리는 같은 해 11월 28일 '통일 10개 프로그램'을 각각 제안하였다. 국가연합안에 대한 동서독 정부와 국민들의 관심이 고조되는 가운데 1990년 2월 5일 구동독의 라이프찌히 대학의 월터 포겔 교수와 서독 자유 베를린 대학의 한스 맨겔 교수는 공동으로 '독립국가연합'의 창설을 위한 조약초안을 마련하였다. 백경춘, 『민족공동체 통일방안에서 남북연합의 제도화에 관한 연구: 국가연합과 관련하여』, 국민대학교 대학원 박사학위논문(1996), pp. 120-128; 이장희, "통일전 독일연합조약 초안(1990)에 관한 국제법적 연구," 『외법논지집』, 제1집(한국외대 법학연구소, 1994), pp. 187-199.

[2] 이완범, 앞의 논문, p. 271; 『노동신문』, 2000년 10월 25일.

[3] 권양주, 앞의 책, p. 52.

[4] 성경륭, 윤황, "통일코리아의 국가목표와 국가형태에 관한 연구," 『평화학연구』 제13권 제4호(한국평화연구학회, 2012), p. 59.

적인 귀속형식의 비대칭적 통합은 구성국 간의 대등한 통합인 연방제 통합과는 완연히 다르다.

또한 중국 내에 1국2제가 성립된 과정은 연방제 통합과정과도 다르다. 중국은 일국양제의 통합방안은 1978년 제11기 3중전회에서의 평화통일 방침 확정, 1982년 신헌법에서의 '필요시에 특별행정구를 설치할 수 있다'는 규정의 채택, 그리고 1982년부터 시작된 중·영 교섭과정에서 그 해결방안으로 '일국양제'가 제기됨으로써 중국의 구체적이고 보편적인 통일원칙으로 개념적 발전을 이루었다. 이에 따라 중국은 영국(1984년)과 포르트갈(1987년)과 각각 조약을 체결하여 홍콩(1997년)과 마카오(1999년)를 이들로부터 반환받았다. 이들 조약에 따라 홍콩과 마카오는 단일제 사회주의 국가인 중국 내에서 자신의 기본법과 자치권을 50년간 유지할 수 있는 특별행정구로 귀속되었다. 중국이 외교권·국방권을 보유하는 대신, 홍콩과 마카오는 자본주의 사회경제체제의 지속적인 유지를 보장받았다. 중국 내에 이체제가 공존하게 된 것은 중국이 영국과 포르투갈과 각각 맺은 협정에 따라 과거 자신의 영토였던 홍콩, 마카오를 반환받아 귀속시킨 데서 비롯된 것으로서, 구성국 국가들 간에 평등한 관계에 기초한 대화와 타협에 의해 형성되는 일반적인 연방제 통합 사례와는 무관하다. 중국이 통합의 상대인 홍콩이나 마카오와 직접 협상을 통해 통합한 것이 아니다. 중국이 이체제의 대만과의 통합추진에서 아무런 성과를 얻지 못하는 것은 전혀 이상한 일이 아니다. 중국은 현재 대만에 대해서도 일국양제의 통합을 추진하려 하고 있다. 그러나 이에 대해 대만은 중·대만이 일단 일국 안에 서로 독립성을 갖는 두 개의 중앙정부를 구성하고, 이후 국민들의 의사에 따라 하나의 중앙정부를 설립한다는 일국양구(一國兩區) 통일방안을 제시하며, 중국의 요구를 거부하고 있다. 이같은 중국의 일국양제론은 기본적으로 연방제 통합방식이 아니기 때문에 남북한에는 적용될 수 없는 통일방안이다. 북한이 주장하는 고려민주연방공화국의 연방국가 구성, 남과 북의 동등한 외교권·군사권을 가진 지역정부의 유지는 중국의 일국양제와 기본적으로 다르다.5) 이후 2012년에 북한은 스스로 자신의 "련방제통일국가가 상반되는 두 체제를 결합시킨다는 점에서 '력사에 전례없는' 류형의 국가"라는 점을 인정했다.6) 그럼에도 불구하고 여전히 북한은 역사에 전례가 없다고 해서 실현 불가능한 일은 아니라면서 오히려 고려연방제의 "독창성"을 내세우며 이를 자랑하고 있다.

예멘의 경우는 이체제간 '연방국가로의 통합'을 이루었다가 실패한 사례로 일반적으로 알려져 있으나, 이는 사실과 다르다. 예멘은 국가연합적 성격의 통합을 시도하다가 '단일제 국가'로의 통일에 합의하였으나 내전발생으로 북예멘에 의해 무력적으로 일시 통일된 적은 있지만, 연방국가로 통합된 적은 없다. 터키와 영국의 지배로부터 각각 해방된 북예멘과 남예멘은 자본주의체제의 북예멘과 사회주의체제의 남예멘으로 분단된 상황 아래서 무력충돌 등 갈등을 표출해 오다가 우여곡절 끝에 양국 정치지도자들의 주도로 동등한 관계에서 '국가연합' 성격의 통합을 시도하여, 1981년 12월 2일 '남북예멘 간 협력 및 조정에 관한 협정'에 의해 일시적으로 공동기구(예멘최고평의회, 공동각료위원회, 사무국 등)를 구성한 바 있다. 그러나 이러한 정치지도자들의 합의에도 불구하고 양 진영 내 불만세력들의 거센 저항으로 인해 실질적인 성과를 거두지 못했다. 그 후 무력충돌이 수시로 발생하는 가운데 국경부근에 매장된 석유가 발견되는 등 새로운 상황이 전개되고 고르바초프의 개혁·개방정책에 고무된 남예멘의 페레스트로이카 정책 표방에 힘입어 남북예멘 정치지도자간 협의가 급물살을 타게 되었다. 협의 초기에는 연방국가안도 제기되었으나 합의를 이루지는 못하였다. 최종적으로 민주주의와 혼합경제체제의 '단일제 국가'로의 통일헌법을 채택

---

5) 위의 논문, p. 60.
6) 김혜연, 『민족통일의 바른길 -7·4공동성명에서 오늘에 이르는 40년의 역사적 로정을 새겨보다-』(평양: 평양출판사, 2012), p. 155.

하고 새 정부 내 권력을 1:1로 안배하는 대등통합 방식에 기초하여 남북예멘을 기계적으로 합병하여 일시적으로 통일(1990.5.22)을 달성시켜 통일과도정부를 수립한 바 있다.7) 이 통일과도정부는 군사적 통합을 완결하지 못한 미완의 정부로서 통일이후에 야기된 정치·경제·사회적 혼란을 극복하지 못한 채 과도기를 마치고 1993년 4월 27일 총선을 통해 신정부를 구성하였다. 그러나 신정부도 정부의 권력구조와 정책방향 등을 놓고 발생한 남북예멘 정치지도자들 간의 이견과 불화를 해소하지 못하고 전면 내전상태로 빠지고 말았다. 급기야 남예멘이 분리독립 선언을 하였지만, 1994년 7월 7일 군사력이 우세한 북예멘의 무력에 의해 '단일제 국가'로 통일되었다. 이것도 오래가지 않아 집권기반을 강화하던 살레흐 대통령이 2011년 '아랍의 봄'으로 퇴진하고 정국의 불안정이 지속되는 가운데 북부 알 후티 반군세력, 남부 분리주의운동, 남부 및 동부의 알카에다 연계 무장세력 등에 의해 또다시 분열되어 사우디아라비아, 알카에다 등 외세가 개입된 가운데 다시 내전상태에 빠졌다. 2014년 1월 남부분리주의자와 북예멘은 범국민대화를 개최하여 가까스로 6개 지역과 수도 사나로 구성된 연방제국가 수립에 원칙적인 합의를 이루어냈지만, 남부의 분리독립 요구는 계속되었다. 이러한 상황에서 2014년 9월 이란의 지지를 받는 북부 후티 반군이 수도 사나와 의회를 장악하였다. 이에 맞서 하디 대통령을 지지하는 수니파 남부분리주의세력은 이를 쿠데타로 규정하고 아라비아반도 알카이다(AQAP)와 연계하에 독립을 추진하고 있다.

듀차섹은 한 연방국가 내에서 이념적-영토적(ideoterritorial)으로 서로 다른 자치집단들 간에 타협과 조정적인 의사결정이 이루어질 수 있는지에 관해 물음을 제기하면서, 아래 두 가지 사례를 제시한 바 있다.8) 하나는 민주주의적 다원주의 국가인 지방분권적인 이태리에서 1970년 6월 선거를 통해

---

7) 최양근, 『한반도 통일연방국가 연구』, pp. 331-409.
8) Duchacek, "Comparative Federalism," pp. 32-33.

공산당이 에밀리아 로마냐 주에서 승리하여 주를 장악한 사례이다. 다른 하나는 "연방적으로" 지방분권적인 후기 프랑코 스페인에서 1977년 6월 선거를 통해 좌파 사회노동당이 안달루시아 지방 8개도를 석권하여 중앙 의회에서 최대의석을 차지한 사례이다. 이후 안달루시아는 지방자치권을 얻어 내었으며, 마드리드의 통치에 도전적인 태도를 취했다. 그런데 이러한 사례들은 이념적으로 다른 이체제 간 통합형성 사례가 아니라, 같은 이념 하의 연방제 국가 내 구성단위체들 가운데서 이념적으로 다른 이체제의 구성단위체가 새로 생겨난 사례라고 할 수 있다.

제2절 2개국가 간 연방제 통합사례

오직 2개의 국가 또는 집단만으로 통합된 연방제 국가(nation-state)는 없다.[9] 보스니아 내전 후 국제적 공동체의 강요에 의해 보스니아-헤르체고비나연방(FBH)과 스릅스카 공화국 등 2개 구성체, 그리고 브르치코 행정구로 형성된 보스니아-헤르체고비나(BiH)는 형식적으로는 비(非)연방헌법을 보유하고 있어 연방국가가 아니다. 그러나 실질적으로는 UN, NATO, EU 등 국제공동체의 감독 하에 느슨하게 비대칭적으로 통합된 형태로 연방정치제도와 연방정부를 운영하면서 새로운 연방모델로서 연방화의 과정을 밟고 있다.[10] 과거 FBH는 유고슬라비아 전쟁시 유고슬로바키아 연방으로부터 보스니아인 중심의 보스니아-헤르체고비나 공화국으로 분리독립(1992.4) 되었다가 내전 끝에 크로아티아인 중심의 헤르젝-보스니아 공화국을 흡수

---

9) *Ibid.*, p. 33.
10) 1995년 연방형성 당시 중앙정부에 국방권이 없었으나, 2005년에 지역 구성단위체로부터 이전받았다. 지역 구성단위체는 대외교섭권과 조약체결권을 보유하고 있다. Burgess, *In Search of the Federal Spirit*, pp. 299-305.

하여 10개 칸톤들로 연방을 형성(1994년 3월)했었다. 보스니아-헤르체고비나(BiH)는 남과 북의 단일제 국가들 간에 평화적, 자발적으로 이루어질 통일한국의 연방제와는 여러 가지 면에서 다르다.

지배적인 2개 국가 또는 집단 간의 연방제 통합의 주요 사례는 체코슬로바키아, 캐나다, 벨기에 등을 들 수 있다. 체코슬로바키아는 600만의 체코인, 300만의 슬로바키아인, 기타 300만의 독일인과 소수민족들로 구성되어 있었다. 당초 체코슬로바키아는 사회주의체제의 단방제 국가였으나, 슬로바키아 측의 자치요구를 수용하여 분화(devolution)의 방식으로 1969년 연방제 국가로 전환되었다. 그러나 체코 측과 슬로바키아 측간의 갈등을 봉합하지 못하고 슬로바키아 내 민족주의의 목소리가 커지면서 체코 측의 '두 집안 제안', 즉 국가연합으로의 전환 제안도 거부되고 급기야 1993년 분리 독립됨으로써 연방해체로 귀결되었다. 캐나다의 경우는 영국의 식민지배 아래서 1867년 대영북미주법(the British North America Act)을 제정. 식민지 주들을 통합하여 자치령인 캐나다 연방국가(Canadian Confederation)를 형성하였으나, 소수계인 프랑스계의 퀘벡 주 문제로 계속 갈등을 겪어왔다. 1980년에는 퀘벡인들 사이의 불만이 커져 퀘벡의 캐나다로부터의 정치적 독립 여부를 둘러싼 국민투표를 실시하기에 이르렀다. 결과는 현상유지 쪽으로 기울었지만, 1995년 또 다시 퀘벡 주권에 대한 국민투표가 실시되었다. 이후 의회결의에 의해 퀘벡은 캐나다의 특별한 지역임을 인정받게 되었지만 여전히 심각한 갈등에 노출되어 있다.

경상남북도 크기의 작은 나라인 벨기에는 지리적으로 네덜란드어를 쓰는 인구 635만 명의 북부 플랑드르(Flanders), 프랑스어를 쓰는 355만 명의 남부 왈룬(Wallonia), 그리고 플랑드르에 둘러싸여 있는 네덜란드어와 프랑스어를 모두 사용하는 114만 명의 브뤼셀로 나뉘어져 있다. 독일어는 왈룬 동남부에서 7만 명 정도가 사용할 뿐이다. 당초 벨기에는 네덜란드로부터 독립시 프랑스어를 유일한 공용어로 사용하는 중앙집권적 단방제 국가로 출범했다. 그러나 이후 보통선거권이 도입되면서 네덜란드어를 사용하는 플랑드르 지역의 정치세력이 커지면서 양 진영 간 갈등의 수위가 커졌다. 이러한 정치적 균열구조와 언어집단 간 갈등을 조정하기 위해 벨기에가 채택한 방법은 권력공유를 제도화하기 시작했다. 1970년 개헌을 통해 처음으로 장래에 연방제의 구성체가 될 공동체(community)와 자치지역(region)이라는 비중앙 정치단위를 만들었다. 공동체는 프랑스계 공동체, 네덜란드계 공동체, 독일계 공동체로, 자치지역은 플랑드르지역, 왈룬지역, 브뤼셀 지역으로 각각 나누어 형식적으로는 여섯 개 자치체들로 이루어졌다. 벨기에는 1993년 헌법개정을 통해 공식적으로 언어와 지역의 자치에 바탕을 둔 협의체적 혼합연방제(hybrid federal syatem)를 채택하였다. 이후 2001년까지 다섯 차례의 헌법개정 과정을 통해 점진적으로 매우 세세한 단계를 거쳐 권력형식이 다층적으로 분리되어 있는 혼합연방제가 성립되었다.

제3절 단일국가에서 연방국가로의 통합사례

독립된 단일제 국가들이 협상과 타협을 통해 연합하여 곧바로 연방국가로 통합된 사례는 없다. 호주가 연방국가로 형성된 것은 영국의 식민지 지배 하에서 자치주들로 구성된 느슨한 국가연합 성격의 '호주연방협의회'의 운영을 거쳐 연방헌법을 채택함으로써 이루어졌다. 캐나다가 단일제 국가에서 연방국가로 이행하게 된 것은 영국의 식민지에서 벗어나는 과정에서 단일국가로의 통합과 '분화'(devolution)의 복합적인 과정을 거쳐 연방국가로 형성된 사례에 해당한다. 오스트리아는 군주국에서 공화국으로 바뀌는 과정에서 분화되어 연방국가로 형성되었다. 동독과 서독의 통합 사례는 단일제국가와 연방국가 간에 연방국가로 흡수통합된 사례에 해당한다.

캐나다의 경우는 영국 식민지 시절인 1840년 통합법(Act of Union)에 의해 상(上)캐나다와 하(下)캐나다가 통합캐나다주(United Province of Canada)인 단일국가를 형성하였다. 그러나 영국계 식민지인들과 프랑스계 식민지인들 간에 마찰이 심화되는 등 동서분열이 야기되었으며, 이러한 교착상태에 대한 해결책 모색을 위해 해안 연안주들이 해안연맹을 결성하려는 움직임을 보이자, 이를 저지하고 동시에 동서 간 분열을 극복할 필요성에 따라 연방제도가 논의되기 시작했다. 런던회의를 기점으로 캐나다 연방제도는 1867년 캐나다 대영북미주법(British North America Act)의 통과로 성사되었다. 캐나다 통합주를 동캐나다(퀘백)와 서캐나다(온타리오)로 분리하고, 노바 스코샤와 뉴 브룬스윅 주들을 합하여 연방국가로 만들었다.

오스트리아는 오랫동안 제국(1804-1867 오스트리아 제국, 1867-1919 오스트리아-헝가리 합스부르크 제국)으로 존재해 왔으나, 제1차 세계대전에서 패배한 후 합스부르크 제국이 붕괴하고 1919년 제1오스트리아 공화국이 탄생하였으며, 이듬해 연방헌법을 채택하여 9개주로 분화된 연방국가가 되었다. 오스트리아는 제2차 세계대전에서 독일 편에 서서 전쟁을 하다가 독일과 함께 패배하였으며, 그 책임 추궁으로 10년간 4대 강국에 의해 분할 점령당하게 되었다. 오스트리아는 온건 사회주의자인 칼 레너 주도 하에 피점 3개월 전에 이미 통합 임시정부를 수립할 수 있었으며, 이것을 모태로 단일 행정체계를 10년간 유지하다가 최종적으로 영세중립국으로 통일에 이르게 되었다. 오스트리아는 단일화된 통합 임시정부와 강대국간 합의를 통해 독립국가의 지위를 인정받게 되는 과정에서 자연스럽게 전통적인 과거 자신의 연방국가의 모습으로 회귀하였다. 오스트리아가 강대국 지배 하에서 곧바로 연방국가로 회귀하게 된 것은 강대국 4개국의 분할지배 아래서도 통합 임시정부를 유지하면서 단일 행정체계를 유지함으로써 내부분열이 없었기 때문이다. 오스트리아 사례는 구성국(자치주)들이 각각 독립적인 지위에 있다가 구성국(자치주)들 간 협상과 타협을 통해 형성되는 형식의 일반적인 연방제 사례와는 근본이 다르다고 하겠다.

독일 통일의 경우는 통일 전에 서독은 11주로 구성된 연방국가로, 동독은 단일제 국가로 존재했었다. 동독이 서독으로의 통합을 결정하면서 단일제로 있던 서독은 5개 주로 나누어 동독에 편입하는 형식으로 통일을 이루었다. 따라서 독일 통일의 경우는 단일제 국가 간의 통합 사례에 속하지 않는다.

단일제 국가들 간 평화적 합의에 의해 곧바로 연방국가로 통합된 사례가 없다는 것은 북한의 고려민주연방공화국안의 치명적인 결함 가운데 하나이다. 역사적으로 분화가 아닌 '함께 모여'(coming together) 방식으로 통합된 연방국가들은 모두 일정기간의 국가연합의 단계를 거쳐 진화되었다.

제4절 연방제의 진화·퇴행 사례

연방제(federal systems)는 형성초기에는 경로의존성에 의해 현상유지적 양상을 띠지만, 시간이 경과함에 따라 계속 변화하거나 또는 사회적 발달이나 내부적 갈등 등으로 인해 변화의 압력에 노출된다.[11] 프리드리히는 "연방화의 과정은 매우 유연하고, 계속적으로 진화하며(continually evolving), 모든 다양한 필요에 부응할 수 있다"고 말한다.[12] 그런데 듀차섹은 연방제 유형의 연속모델은 시간이 지나면 자연적으로 연속적으로 이행하는 모델이 아니라, 단순한 개념적인 모델임을 상기시킨다. 국가의 결합유형으로서의 연방제는 시간의 흐름에 따라 정치인들의 흥정을 통해 자연스럽게 느슨한 결합형태로 부터 강한 결합형태로, 즉 국가연합→ 연방제→ 단방제 국가로 단계적으로 성장 "진화"하지는 않는다. 연방제 국가들 가운데는 보다 완전

---

11) Arthur Benz and Jorg Broschek, eds., *Federal Dynamics: Continuity, Change, & the Varieties of Federalism* (Oxford University Press, 2013), p. 2.
12) Friedrich, "New Tendencies in Federal Theory and Practices," p. 13.

한 결합을 위해 높은 단계의 연방으로 발전하여 그 결합이 강화된 경우가 있는 반면, 그 결합도가 약화되어 국가연합이나 연방이 해체된 경우도 있다.

1. 국가연합에서 연방국가로 진화

정성장은 국가연합과 연방국가 유형간의 공통점과 "친화성"을 강조하면서, 초국가기구의 역할과 기능의 조정 등 헌법적 권력배분의 제도설계의 변화를 통해 낮은 단계에서 높은 단계로의 자연스러운 단계적 이행을 이루는 "한반도민주상생통일방안"을 제시한다.13) 그러나 국가연합에서 연방제로의 자연적인 평화적 진화는 일반적인 현상이 아니다. 국가연합 성격의 EU는 현재 연방국가로의 이행과정에 있다.14) 그렇지만 향후 EU가 국가연합과 연방국가가 혼합된 현재 상태에 계속 머물 것인지, 거꾸로 퇴행할 것인지, 아니면 평화적으로 더욱 공고한 연방국가로 나아갈 것인지는 현재로서는 미지수다. 역사적 사례들은 통합요건의 구비 없이는 자연스런 평화적 이행이 쉽지 않음을 보여준다. 국가연합은 일정한 목적 달성을 위해 결합하는 국가유형으로서, 그 목적이 달성되거나 달성에 실패할 경우에는 해체되는 것이 일반적이다. 그런데 그 목적 달성에 실패하는 경우에도 초국가기구에 더 강력한 권한을 부여하여 목적을 달성해 보려는 시도로서 연방국가로의 통합을 추진해 나가는 경우가 있다. 미국과 스위스, 독일 등이 이러한 사례에 속한다. 그러나 이들의 진화는 자연스럽게 점진적, 평화적으로

---

13) 정성장, "한반도민주평화상생통일방안의 모색," pp. 187-221.
14) 전학선은 EU의 연방국가적 성격을 유럽연합법, 회원국 정부들로부터 독립된 초국가적 기구와 제도의 발전 등 10가지로 제시함. 전학선, "유럽연합의 국가성 여부와 법적 성격," 『유럽헌법 연구 I』(대구: 영남대학교 출판부, 2008), p. 91.

진행된 것이 아니라, 전쟁과 같은 무력적 강제에 의해 커다란 갈등과 진통을 겪은 후에야 비로소 완성되었다.

　미국의 13개 주는 1781-1789년간 북미연합으로 존재해 왔으나, 그 연합의회는 비현실적이고 비능률적인 의사결정 제도 등으로 인해 주들 간 영토분쟁 등 각종 이해관계를 제대로 조정해내지 못하고, 안보와 경제 등 대내외 문제 해결에 무능함을 여실히 드러내었다. 이에 제임스 메디슨, 알렉산더 해밀턴 등 연방주의자들이 중심이 되어 '연방주의자 논고'(The Federalist Papers) 등을 통해 큰 주와 작은 주들 간의 서로 다른 이해를 조정하고 토마스 제퍼슨과 같은 반연방주의자들인 주권주의자들과 시민들을 필사적으로 설득하려고 노력하였다. 1787년 필라델피아 헌법회의에서 우여곡절 끝에 가까스로 버지니아안과 뉴저지안의 절충을 통해 연방제안(聯邦制案)에 대한 '대타협'(Grand Bargain)을 이루어내었다. 연방제안에 대한 주별 비준을 거쳐 협상과 타협을 통해 유명무실한 연합을 폐지하고 연방 중앙정부의 주권을 강화시킨, 더욱 통합력이 있는 강력한 연방국가를 출범(1789년)시켰다. 그러나 이러한 새로운 연방적 통치체제를 마련했음에도 불구하고 남부와 북부의 갈등은 계속 되었으며, 급기야 남북전쟁(1861-1865)을 치러야만 했다. 연방국가로서의 갓 태어난 미국은 내전을 치른 후에야 비로소 실질적인 연방국가로 완성될 수 있었던 것이다.

　스위스는 1291-1789년간 구스위스연합을 이루어 오다가 나폴레옹의 혁명정부에 의해 단일제 정부가 들어섰다. 나폴레옹이 유럽에서 패배하게 되자 1815년 빈회의에서 영세중립국으로 독립을 얻어 1815-1845년간 신스위스연합을 형성, 유지해왔다. 그러나 스위스연합은 1847년 별도의 카톨릭 동맹, 즉 존더분트(Sonderbund)를 만들려던 카톨릭 칸톤들과 신교 칸톤들 간에 발생한 내전을 계기로 유럽국가들로 부터의 안보적, 경제적 이익 등의 필요성을 새롭게 인식하고 더욱 강고한 연방국가를 형성하기를 희망했다. 이에 따라 스위스는 국가연합을 마감하고 미국의 연방국가를 모형으로 1848년 연방헌법 채택에 합의하여 연방국가로 탄생하게 되었다. 그럼에도 불구하고 스위스는 국명을 '콘페데라치오 헬베치카'(Confoederatio Helvetica)로 사용하고 있다. 국가연합 성격의 스위스연합 시절에 사용해 오던 'Confederation'의 용어를 바꾸지 않고 그대로 계속 사용하고 있는 것이다.

나폴레옹의 몰락에 따라 비엔나 의회에 의해 구(舊)신성로마제국(962-1806, 독일 제1제국)을 대신하여 1815년 프로이센과 오스트리아가 중심이 된 39개 주권국가들의 느슨한 연합으로 탄생한 독일연합(German Confederation, 1815-1867)은 단순한 느슨한 연계체제 이상이었다. 이는 연방주의 요소와 연합적 요소를 결합한 것이었다."15) 이후 독일 관세동맹(1834년)과 산업화의 진전으로 강성해진 프로이센은 보오전쟁(1866년)에서 오스트리아를 물리치고, 프로이센을 지원한 메인강 북부의 22개의 독일국가들로 1867년 북독일연방(North German Confederation, 1867-1871)을 형성했다. 프로이센의 주도 하의 이 북독일연방은 Confederation이라는 명칭에도 불구하고 실제적으로는 연방국가적 성격이 강했다. 연방헌법과 연방대통령, 구성국 대표들로 구성된 상원(연합참의원회)과 시민들의 직접투표로 선출된 하원(제국의회)을 갖추고 있었다. 곧 이어 프로이센은 보불전쟁(1870-1871)에서 프랑스에게 승리하자 고양된 민족의식을 바탕으로 1871년 북독일연방에 남부독일의 영방들을 통합시켜 모든 독일지역을 통합한 독일제국(1871-1918, 제2제국)을 수립하였다. "독일제국의 건설은 좀 더 강한 중앙집권화로 향한 이동으로 이해될 수 있다. 연방주들은 여전히 주권에 근접한 주요권한을 갖고 있으나 핵심적 권한은 중앙 수준으로 이양되었다. 바이마르공화국(1919-1933)은 한 단계 더 중앙집권화되었고, 1933년 나치정권 하의 제3제국(1933-1945)은 완전한 중앙집권화가 이루어졌다."16) 따라서 이러한 독일의 사례는 국가연

---

15) 크리스챤 키르히너, "통일한국의 연방구조를 위한 시론," 박응격 외, 『서구연방주의와 한국』(도서출판 인간사랑, 2006), p. 238.
16) 위의 책, pp. 238-239.

합과 연방국가의 성격이 혼합된 독일연합에서 군사적·경제적 면에서 우월한 지위에 있던 프로이센의 무력에 의해 연방국가인 북독일연방에 이어 독일제국으로 강압적으로 통합되었다가, 바이마르공화국을 거쳐 단일제국가인 제3독일제국으로 순차적으로 이행한 경우에 속한다.

호주(the Commonwealth of Australia)의 경우는 영국의 식민지배 하에서 자치주들로 구성된 느슨한 국가연합 성격의 '호주연방협의회'의 운영을 거쳐 연방헌법을 채택하였기 때문에 엄밀한 의미에서 자주적으로 독립된 단일제 국가로 구성된 국가연합에서 연방국가로 진화된 사례와는 구별되어야 한다. 호주는 단일국가로 형성되지 못한 상태에서 1770년 영국의 식민 지배하에 놓이게 되었다. 식민지 상태에 있던 6개 자치주들은 관세장벽 제거, 안보 문제 등을 해결하기 위한 주들 간 협력 필요성이 증대되자 1885년 영국 의회의 호주연방협의회법(Federal Council Act of Australia)에 따라 주 대표들의 협의체인 '호주연방협의회'를 만들어 수년간 운영해왔다. 이것은 매우 느슨한 국가연합 성격의 북미연합과 같은 협의체로서 상설기구도 없이 각 식민지역 간의 제한적인 공동이익에 관한 사안만을 다루었으며, 일부 자치주들은 참여에 매우 소극적이었다. 그러나 이들은 곧 그 한계를 인식하고 자치주들 간의 대립된 이해관계의 조정을 거친 타협을 통해 영국의 지배하에서 연방헌법을 채택하여 1901년 1월 1일 영연방 지위(the Commonwealth of Australia)로 영국 국왕을 '호주의 국왕'으로 둔 입헌군주제의 의원내각제 연방국가를 형성하게 되었다. 호주는 같은 영국의 식민지에서 독립전쟁을 통해 국가건설이 시급히 요구되었던 미국과 달리, 영국과의 우호적인 관계 속에서 연방국가를 건설하게 되었기 때문에 호주의 정치제도는 영국의 웨스트민스터 모델의 성격을 강하게 띠게 되었다.[17]

---

17) 강원택, "호주연방제의 특성과 변화," 『아시아리뷰』 제2권 제1호(서울대학교 아시아연구소, 2012), pp. 189-190.

국가연합에서 연방국가로의 평화적 이행의 어려움은 통일한국의 연방제 통합의 최종형태가 국가연합이 될 수도 있음을 시사한다. 아니면 국가연합 단계로 진입하였다가 일정기간을 거친 후에 해체되어 다시 원래의 독립된 단일제 국가로 퇴행할 수도 있다.

2. 국가연합에서 단일국가로의 진화

국가연합이 구성국 간의 평화적 합의에 의해 곧바로 단일국가로 성공적으로 이행한 사례는 아직까지 발견된 적이 없다. 네델란드연합은 무력에 의해 단일제 국가로 통일되었다. 예멘은 국가연합에 합의한 적은 있지만 제대로 운영되지 못했으며, 우여곡절 끝에 단일제 국가로의 통일에 합의하기는 했으나, 과도연립정부를 구성하는 과정에서 내전의 발생으로 무력에 의해 재통일을 이룬 경우로서 성공적으로 진화된 사례에 해당하지 않는다.

7개 주로 출발했던 네델란드연합(1581-1795)은 오랫동안 내부 정치적 파벌 간 알력을 겪어왔다. 네델란드 공화주의자들은 1795년 프랑스 혁명군의 무력지원 하에 윌리엄 오랜지 주지사를 몰아내고 프랑스 공화국을 모델로 단일제 국가인 바타비안 공화국(Batavian Republic, 1795-1810)을 세웠다. 그러나 바타비안 공화국은 나폴레옹에 의해 무너지고 꼭두각시 정권인 홀랜드 왕국(Kingdom of Holland, 1806-1810)으로 되었다가, 나폴레옹이 몰락하자 네델란드인들에 의한 통치가 이어졌다. 이 왕국은 1830년 남부가 벨기에로 독립하였으며, 1890년에는 룩셈부르크가 다시 분리독립을 선언하였다. 네델란드연합은 1795년 단일제 국가로 이행했지만, 내부 알력을 무력에 의해 해결한 사례에 해당한다.

예멘의 경우 남과 북이 국가연합안에 합의하고, 1981년 12월 2일 '남북 예멘간 협력 및 조정에 관한 협정'에 의해 공동기구(예멘최고평의회, 공동각

료위원회, 사무국 등)를 구성하는 등 일시적으로 국가연합 성격의 통합에 합의한 적은 있으나, 남과 북 내부의 정국 불안정성의 증대로 인해 제대로 이행되지는 못하였다. 계속 이어지는 남북 갈등과 내분 속에서 남과 북의 예멘은 단일제 국가로의 통일헌법을 채택하여 기계적인 1:1 대등통합 방식으로 일단 1990년 5월 22일 통일을 선포하였다. 그런데 과도정부가 총선 등을 통해 새 연립정부를 구성하는 과정에서 권력배분 문제 등을 놓고 첨예한 대립을 이어가다가 끝내 갈등을 봉합하지 못한 채 결국 내전으로 사태가 비화되었으며, 우세한 북예멘의 무력에 의해 1994년 7월 7일 통일을 이루었다. 그러나 예멘은 그 후 또다시 재분열되어 현재 내전상태에 있다.

국가연합단계에서 단일국가로 통합된 역사적 사례가 없다는 것은 매우 느슨한 국가연합 형태의 남북연합단계에서 곧바로 단일제 통일국가로의 진입을 통일의 최종단계로 설정하고 있는 한국의 민족공동체통일방안에 치명적인 결함이 있음을 보여준다.

3. 연방국가에서 단일제 국가로의 진화

위어는 연방국가가 단일제 국가로 가는 과정의 한 단계에 지나지 않는다는 일부 주장에 대해 "자신이 정의한 어떠한 연방제 국가도 단방제 국가로 된 적이 없다"고 말하고, 중앙정부가 지방정부를 희생하여 크게 커지는 것이 일반적인 경향이기는 하지만 그렇다고 이 같은 경향이 반드시 차별성을 통일성으로 대체하거나 궁극적으로 통일로 이어지는 것은 아니라고 주장한다.[18] 엘라자르도 "연방국가(federal system)는 역사적으로 콜롬비아를 제외하고는 단방제 국가로 "진화"한 적이 없고, 기존의 연방국가가 내부의 결

---

18) Wheare, *Federal Government*, p. 238.

정에 의해 구조적으로 통합된 적도 없다"고 말한다.19)

콜롬비아는 1858년 국가연합인 그라나딘연합(Granadine Confederation)을 형성하였으나, 수차례의 내전을 거쳐 1863년 9개 주로 구성된 연방국가인 콜롬비아합중국(The United States of Colombia)으로 전환되었다. 이후에도 계속 내전을 겪다가 1886년 단일제국가인 콜롬비아 공화국을 수립하였으며, 이어 1903년에는 파나마가 분리독립하였다.

연방국가에서 단일제 국가로의 평화적 이행의 역사적 선례가 없다는 점은 통일한국에서 연방제 통합의 최종형태는 단일제 국가가 아니라, 연방국가가 될 것임을 시사하고 있다.

4. 연방제의 퇴행

연방제는 강제력 등에 의한 구심력의 증가로 진화하기도 하지만, 원심력이 증대될 경우, 연방국가→독립국가 또는 연방국가→좀 더 느슨한 연방국가→국가연합→독립국가, 국가연합→독립국가의 형태로 퇴행하여 해체되는 경로를 밟기도 한다. 그런데 연방국가가 국가연합으로 퇴행하는 경우는 그다지 많지 않다. 3개의 준주(Territories)로 구성(1953년)되었던 로데시아와 니아살란드(Nyasaland)연방은 1963년 해체되었으며, 케냐, 우간다, 탄자니아로 구성(1967년)되었던 국가연합 성격의 동아프리카공동기구(EACSO, East African Common Services Organization)도 1977년 해체되었다. 1971년 아랍공화국연합과 세네감비아연합은 그 구성국이 개별국가로 환원되었다. 15개 공화국으로 구성되어 있던 소련연방은 1991년 12월 해체되어 매우 느슨한 국가연합 형태의 독립국가연합(CIS)으로 유지되고 있다. 제1차 세계대전 후

---

19) Elazar, *Exploring Federalism*, pp. 156-157.

에 단일제 국가로 창설된 유고슬라비아는 제2차 세계대전 종전 직후인 1945년 공산당 지배 아래 연방국가가 되었다. 이후 유고슬라비아는 6개 구성공화국과 세르비아 내 2개 자치주에 권한을 위양하기 시작했다. 티토가 사망한 후 유고슬라비아는 이들 8개 정치체들에 기반을 둔 집단지도체제로 운영되었으며, 이름만 빼고 모든 면에서 국가연합이 되었다. 그러나 유고슬라비아는 구성국들인 크로아티아와 슬로베니아가 헌법상으로 국가연합으로 바꾸기를 원한 반면, 세르비아가 이에 반대함으로써 상황이 악화되어 분리전쟁의 소용돌이에 빠져들게 되었다. 1991년에 연방을 구성하던 공화국 가운데 슬로베니아, 크로아티아, 마케도니아공화국, 보스니아 헤르체고비나 등이 분리독립함으로써 유고연방은 해체되었다. 이에 따라 남아있던 세르비아와 몬테네그로가 유고슬라비아연방공화국(신유고연방)으로 새롭게 발족되었다. 2003년 세르비아 몬테네그로로 국가명을 개칭한 신유고연방은 2005년 5월 몬테네그로가 국민투표에 의해 분리를 선언하게 됨에 따라 완전히 해체되었다. 체코슬로바키아도 1993년 분리독립되어 연방이 해체되었다.

 연방제의 퇴행의 역사적 사례들은 통일한국이 연방제 통합을 이루더라도 통합조건상의 구심력과 원심력의 균형이 깨져 원심력이 커질 경우에는 해체의 길로 나아갈 수 있음을 시사하고 있다.

 이상의 연방제 통합과 진화·퇴행의 사례들을 종합해 볼 때, 통합조건이 충족되지 않은 연방제 통합은 성립과 유지가 어렵다는 것을 알 수 있다. 이러한 사례들은 연방제 통합은 통합조건의 구비 정도에 맞추어 단계적으로 이루어져야 함을 의미한다. 국가결합도의 단계를 따라서 진화해 나가는 단계적인 통합방안을 아무리 잘 설계하더라도 통합조건의 충족 없이는 평화적으로 진화의 경로를 따라 이행할 가능성은 매우 희박하다. 선행 진입조건이 제대로 갖추어지지 않은 상태에서 성급하게 통합을 추진하려 할 경우에는 강제적인 물리력의 동원으로 이어지거나 구성단위체의 분리이탈로 인한 연방제의 분열로 귀결될 수밖에 없다. 연방제의 형성을 통한 헌법적 제도설계와 운영·유지, 그리고 진화와 퇴행은 통합조건의 충족, 즉 통합 촉진요인의 구심력과 장애요인의 원심력 간의 부단한 균형점 모색을 통해 구현될 것이다.

제6장_ 남·북한의 연방제국가로의 통합조건

제6장_ 남·북한의 연방제국가로의 통합조건

본 장에서는 남·북한 통합방안으로서의 연방제도 연구를 위한 기초작업의 일환으로 연방제의 통합조건에 대한 분석을 시도하였다. 여기에서 통합은 남북한 간의 대화와 타협을 통한 자발적 통합을 의미하며, 단방제 국가로부터 분화되어 형성되는 위양에 의한 통합이나 '강요적', '강제적' 통합 방식은 한반도 상황에 맞지 않기 때문에 배제하였다. '공치와 자치'의 연방제 통합조건은 통합/성공요인과 분화/실패요인으로 구성된다. 연방제 내에서 통합/성공요인의 구성요소들의 힘의 총합은 구심력을, 분화/실패요인의 구성요소들의 힘의 총합은 원심력을 형성한다. 구심력과 원심력 간의 상대적 힘의 차이는 연방제 통합시 연방제 국가유형 및 권력배분의 헌법적 제도설계와 연방제의 운영 및 유지의 성패, 그리고 연방제의 진화에 실질적인 영향을 미치는 중요요인이다. 구심력이 원심력보다 클수록 결합성이 높은 국가유형의 연방제를 형성시켜 강한 초국가기구의 역할과 기능 및 지역의 중앙에의 약한 대표성으로 헌법적 제도설계가 이루어지며, 연방제의 운영과 유지가 성공할 가능성이 높고 연방제의 평화적인 진화도 기대할 수 있다. 반면, 원심력이 구심력보다 클수록 약한 초국가기구의 역할과 기능 및 지역의 중앙에의 높은 대표성으로 헌법적 제도설계가 이루어지며, 연방제의 운영과 유지가 실패할 가능성이 높고 연방제가 진화하지 못하고 퇴행할 가능성이 크다.

남·북한 연방제 통합조건에 대한 분석은 서구 등의 통합조건을 일면적으로 대입하는 식으로 이루어질 수는 없다. 왜냐하면 한반도에는 서구 등과 다른 한반도만의 역사적, 지정학적, 상황적 맥락이 있기 때문이다. 버제스는 통합조건의 구성요소들이 연방제 형성과 유지에 성공적 요인인가, 실패적 요인인가 하는 경험적인 실질적 의미를 지니기 위해서는 궁극적으로 맥락적(contextualized)으로 파악되어야 한다고 말한다.[1] 한반도는 서구 등의 국가들과 다른 역사적 경험과 더불어 안보·군사적 환경과 경제·사회·문화적인 특수성을 갖고 있다. 남과 북은 분단국가로서 적대적 상호의 존적 관계의 특성을 지니고 있으며, 지정학적·지경학적 위치로 인해 중·미·일·러 등 주변 강대국의 영향을 받고 있다. 분단의 장기화에 따른 정치·경제적 이체제의 비대칭성이 증대되고 있을 뿐만 아니라 남북관계의 이중성도 존재한다. 구성원들의 의식 측면에서 적대의식과 동포의식의 이중성이 중첩되어 있고, 남북한 당국의 행태적 측면에서는 적대적 대결 관계와 함께 화해 협력적 관계가 동시에 이중적으로 작동하고 있다. 그리고 이에 더해 국제법적으로는 국가 간 관계이자 민족 내부관계가 중첩되어 있다.[2]

통일한국의 연방제 통합조건의 요인들에 대한 규명을 위해 서구 등의 맥락에서 규명된 통합조건의 구성요소들 가운데 한반도적 맥락에서 중요한 의미를 갖는 요소들을 엄밀하게 선별하였다. 그리고 한반도통일 문제에 대한 통일의식조사결과 등 각종 국내자료들을 분석하여 한반도만의 특수한 새로운 중요 통합조건을 찾아내어 이들 구성요소에 추가시켰다. 통합조건의 요인들에 대한 구분은 남북한의 통합이 자발적 통합을 지향하고 있는 점을 고려하여 '통합조건 Ⅰ: 통합 촉진요인'(통합요인+성공요인)과 '통합조건 Ⅱ: 통합 장애요인'(분화요인+실패요인)으로 이원화하여 단순화시켰다. 그리고 분석의 효율성을 높이기 위해 통합 촉진요인과 장애요인을 각각 다시 심리적 요인, 구조적 요인, 호혜적 요인, 제도적 요인 등으로 범주를 세분화하였다. 통합조건의 다양한 구성요소들 각각에 대한 심도있는 분석을

---

1) Burgess, *In Search of the Federal Spirit*, p. 221.
2) 김근식, "남북한 관계의 특성", 『남북한 관계론』(경남대학교 북한대학원, 2007), p. 127.

통해 일차적으로 ① 구성요소들이 한반도적 맥락에서 갖는 성격과 특징 ② 서구 등의 통합조건과 차별된 한반도만의 특수한 통합조건의 존재 ③ 통합 촉진요인의 구심력과 장애요인의 원심력 간의 차이의 수준 ④ 통합조건의 각 구성요소들의 가변성 등에 대한 규명을 시도하였다.

제1절 통합조건 I: 통합 촉진요인

서구학자들의 연방제 국가들에 대한 비교연구사례들은 통합 촉진요인으로서 같은 민족, 대내외로부터의 안보적 위협, 경제적 이익, 지리적 인접성, 통합의식 등을 지적한다. 남북한 간 통합 촉진요인은 심리적 요인, 구조적 요인, 호혜적 요인 등으로 대별할 수 있다. 심리적 요인으로는 ① 단일민족의식 ② 분단극복 의지, 구조적 요인으로는 ③ 지리적 접근성 ④ 남북한 교류협력, 실용주의적인 호혜적 요인으로는 ⑤ 안보위협의 해소 ⑥ 경제적 이익 및 영토적·전략적 가치 등을 들 수 있다. 이러한 통합 촉진요인들은 한반도적 맥락 속에서 그 성격과 통합력이 서구 등의 사례들과 다른 양상으로 나타남을 보여준다.

1. 심리적 요인

가. 단일민족 의식

위어는 인종, 언어, 종교의 공동체와 민족이 결합력을 창출한다고 말한다. 왓츠도 인종, 언어, 종교 혹은 문화에 기초한 전망의 공동체가 통합의 촉진요소로 작용한다고 주장한다. 버제스는 공동이익을 창출해 내는 통합 촉진요인으로서 공통된 문화·이념적 요소, 즉 민족주의, 종교, 전통, 관습 등을 지적한다.

  남과 북은 분단된 단일민족의 회복을 제1의 통합요인으로 여기고 있다. 남과 북은 같은 핏줄을 지니고 같은 언어를 사용하는 민족으로서 수천 년 간 단일민족국가로 존재해 왔기 때문에 정서적으로 같은 '동포', '형제'라는 강한 민족의식을 지니고 있다. 한 민족이 냉전의 결과로 강대국에 의해 강제로 분단된 이상 민족의 동질성 회복을 통해 원래대로 하나의 국가를 이루어야 한다는 의식이 깊이 뿌리내려 있다. 서울대 통일평화연구원이 남한 국민들을 대상으로 실시한 통일의식 조사결과, 남과 북이 통일이 되어야 하는 이유로 '같은 민족이니까'라는 응답률이 40.7%로 1위를 차지했다.3) 남과 북은 7·4공동성명을 통해 통일의 기본원칙의 하나로서 "사상과 이념, 제도의 차이를 초월하여 우선 하나의 민족으로서 민족적 대단합을 도모한다"고 천명하였다.4) 남한정부의 통일방안인 '민족공동체 통일방안'은 민족이 분단된 남과 북을 하나로 묶는 뿌리이고 재결합할 수밖에 없는 당위일 뿐만 아니라, 그 자체가 통일을 가능하게 하는 힘의 원천이라는 인식에 기초하고 있다.5) 남과 북의 분단에 따른 적대적인 경쟁과 대결의 상황에서도 여전히 이러한 역사적 경험에 기초한 민족의식은 통일의 중요한 추동력으로 제1의 통합요인으로 작용하고 있다.

  그런데 하나의 민족이기 때문에 당연히 통일되어야 한다는 민족사적 당

---

  3) 박명규 외, 『2015 통일의식조사』(서울대학교 통일평화연구원, 2016), pp. 41-42. 그런데 조사결과, 이러한 민족의식은 점차 약화되고 있는 것으로 나타났다; 장명봉도 남북한 통합요인으로 민족의 동질성 회복과 민족 대단결을 지적한다. 장명봉, "국가연합(Confederation)에 관한 연구: 우리의 통일방안의 발전과 관련하여," 『국제법학회논총』, 제64호(대한국제법학회, 1988.12), pp. 39-40.
  4) 장명봉은 동 내용을 한반도 통일에의 접근에 있어 제1의적(第1義的) 중요성을 가지는 것이라고 평가하고, "현 시기에 있어서의 통일과업은 남북 간의 '민족재결합'에 중점을 두어야 한다는 것을 의미"하는 것이라고 주장한다. 위의 논문, p. 41.
  5) 통일부 통일교육원, 『2014 통일문제 이해』(서울: 대원문화사, 2014), p. 139.

위성에 기초한 통일의 필요성의 논거는 그 호소력이 점차 약해지고 있다. 분단상황이 장기화 되면서 남과 북의 이질화가 점점 강해지는 것에 반비례하여 민족의 동질성은 점차 약화되고 있다. 이산가족의 수와 이산가족상봉 신청자 수도 급격하게 줄어들고 있다.[6] 또한 국제적으로도 세계화의 진전 추세에 따라 민족과 국가 개념이 점점 약화되는 추세에 있다. 남한은 이미 국제결혼 등을 통한 다문화가족의 증가 등으로 다문화의 시대에 진입해 있다.[7] 따라서 단일민족을 기반으로 한 통합은 그 만큼 기반이 상실되고 있으며, 안과 밖으로 "열린 민족주의", "열린 민족공동체" 개념이 통일담론으로 부상하고 있다.[3] 다문화시대의 한반도 통일은 통일의 의미의 확장, 통일의 주체의 확대, 민족공동체의 범주의 재해석과 더불어 탈분단적 통일문화의 정체성 형성 등의 문제가 제기되고 있다.[4]

북한당국도 연방제 통일방안의 창의성과 합리성의 요소로서 남과 북의 단일민족적 요소를 제일 중요하게 여기며 강조해왔다. 북한은 고려민주연

---

[6] 1976년 이북5도청이 자체조사, 발표한 이산가족 수는 남북한 모두 합해 1천만 명이었으나, 통일원이 통계청의 '90년 인구주택 총 조사'를 분석, 1994년 9월 27일 국회에 제출한 국정감사자료에 따르면 남북한의 이산가족 수는 420만 명 정도로 파악된다. "〈예각〉이산가족 수 '1천만' 아닌 '4백만'," 『미디어다음』, http://media.daum. net/breakingnews/newsview?new; 통일부 이산가족정보통합시스템에 등록(1988-2016.12.31)된 이산가족신청등록인원은 131,143명으로, 2016.12.31 현재 생존자는 62,631명이다. 생존자 가운데 70세 이상이 85% 정도를 차지한다.

[7] 2013.12.31. 현재 국내 외국인 등록 수는 100만 명, 외국인 거주자는 160만 명에 이르고 있으며, 매년 증가추세에 있다. 안전행정부의 「2014년 지방자치단체 외국인주민 현황」 조사결과, 외국인 결혼이민자 및 인지·귀화자는 약 30만 명에 이른다.

[3] 김갑식, "통일과정에서의 과제와 대안," 『외교』, 제109호(한국외교협회, 2014.4), pp. 47-48; 이기동, "통일환경의 변화와 민족공동체 통일방안," 『한국동북아논총』, 제19권 제2호 통권 71집(한국동북아학회, 2014.6.15), p. 202.

[4] 김창근은 다문화주의의 시대에 한반도 통일은 앞으로 통일과정에서 혈통과 문화를 달리하는 사회구성원들까지도 포괄해야하기 때문에 단순히 분단된 단일민족의 再통일이 아닌 "신통일"(新統一)이 되어야 한다고 주장한다. 김창근, 『다문화주의와 만난 한반도 통일론』(파주: 교육과학사, 2013), pp. 59-80, 221-258.

방공화국 수립을 통해 민족분열을 끝내고 사회주의로의 혁명을 완수하며 외세로부터의 민족해방을 이룩하려고 한다. "기존의 련방국가는 국가간, 민족간, 자치주간의 공통적인 리해관계를 추구하기 위해 연방을 형성하였다. 고려민주련방공화국의 경우에는 민족의 분렬을 끝장내고 통일을 실현하기 위해 련방을 형성하는 것이다." "우리 조국이 통일되면 그것은 외세에 의한 분렬체제를 없애버리는 민족해방의 과제를 완성하는 것이다."[5]

그런데 북한이 민족통일을 강조하는 것은 남한의 자유민주주의 제도에 의한 흡수통일, 즉 제도상의 통일을 부정하려는 측면이 있음을 주목해야 한다. "민족이 있고서야 제도가 있는 것이고 제도 그 자체는 민족을 위한 것입니다. 따라서 북과 남에 존재하는 사상과 제도의 차이점보다 단일민족으로서의 공통성을 더 귀중히 여기고 민족의 동질성을 정면에 내세운다면 하나의 민족국가 안에 서로 다른 두 제도, 두 정부가 함께 있을 수 있습니다."[6] "련방제방식의 통일국가수립에 관한 문제는 제도상의 통일과 민족의 통일을 별개의 문제로 보고 제도상으로는 차이가 있다고 하더라도 민족은 하나로 통일될수 있고 하나의 통일국가를 세울수 있다는데로부터 출발하고 있습니다."[7] "사회제도만을 절대시하면서 제도가 단일화되기 전에는 ≪두개 국가≫로 갈라져있을 수밖에 없다고 주장하는 것은 분렬주의적궤변에 지나지 않습니다."[8]

또한 북한의 민족개념은 그 성격과 내용, 그리고 그 의도하고 있는 바가 일반인들이 이해하고 있는 민족의 개념과 사뭇 다르다는 점에 유의해야 한다. 북한이 민족을 내세울 때는 자신의 고려연방제 통일방안의 우수성, 미국 배척, 김일성·김정일 우상화 등을 의도하고 있음을 간과해서는 안 된

---

5) 김혜연, 앞의 책, pp. 75-76.
6) 김혜련, 한남철, 『반통일론 해부』(평양: 평양출판사, 2011), p. 183.
7) 위의 책, p. 182.
8) 위의 책, p. 184.

다. 북한은 "조선민족제일주의", "우리민족제일주의", "우리민족끼리", "민족공조", "민족대단결" 등을 "남조선의 친미보수세력"과 미국이라는 "반민족적, 반통일적 세력"들에 대한 배격논리로 주장한다. 또한 북한은 우리 민족의 우수한 이유를 김일성과 김정일의 영도력 때문이라고 내세운다. "위대한 (김정일)장군님께서는 조선민족제일주의정신이 곧 조선의 넋이라는데 대하여 밝혀주시면서 조선의 넋은 다름아닌 우리 수령이 제일이고 우리 당이 제일이며 우리 인민이 제일이고 우리 사회주의조국이 제일이라는 조선민족제일주의정신이라고 하시었다."9) 또한 북한은 "조국과 민족은 하나의 운명으로 뗄수 없이 결합되어 있다"면서 "진정한 민족주의는 애국주의"라고 말하며,10) "김정일 애국주의"를 김정일 가계의 우상화에 이용하고 있다.

　남한이 '열린 민족주의'를 지향하고 있는 데 반해, 북한은 이와 정반대로 '닫힌 민족주의'로 나아가고 있다. 북한이 말하는 "조선민족"은 "김일성민족"을, "조선민족제일주의"는 "김일성민족제일주의"를 의미하는 것이지, 남북한 민족, 즉 한민족이나 한민족제일주의를 의미하는 것이 아님에 유의해야 한다. 이종석은 "오늘날 북한이 스스로를 '김일성민족'이라고 칭하고 있는 데서도 그들이 말하는 민족의 실체가 엿보이고 있다. 북한의 '조선민족제일주의'에 담긴 '우리민족'은 '북한인민'이라는 '주체형의 사회주의민족'에 국한되고 있다"고 지적한다. "이러한 민족제일주의라면 남한에서 논의되고 있는 어떤 민족주의와도 교감을 이룰 지점은 사실상 없다. 요컨대 '조선민족제일주의'는 북한이라는 분단국가 내의 한쪽 공동체의 대내적 단결을 강화하기 위한 이데올로기로서의 민족주의적 성격은 강해도 전체 한반도적 관점에서 통일민족국가를 지향하는 응집력으로서의 민족주의적 성격은 상당히 희박하다."11) 김광철도 북한은 자신의 체제를 공고화 하려는 전략의 일환

---

9) 림이철, 『민족중시의 경륜』(평양: 평양출판사, 2014), p. 32.
10) 위의 책, pp. 41-52.
11) 이종석, 앞의 책, p. 199. 이종석은 1986년 7월 '조선민주주의'가 제창된 이후 북한

으로 "김일성 민족주의" 개념을 내세우고 있다고 말한다.[12]

북한 내에 김일성민족주의 개념이 확고하게 자리 잡고 있는 한, 자연히 북한과 남한은 서로 다른 민족이라는 인식이 양쪽에서 생겨날 수밖에 없다. 이런 상황에서 통합 촉진요인으로서의 단일민족적 요소의 구심력은 사실상 그다지 크지 못하다.

나. 분단극복 의지

라이커는 중앙화의 필요성, 즉 통합의 필요성을 통합 촉진요인으로 지적한다. 왓츠는 역사의 영향을, 위어와 버제스는 연방제 국가의 형성 열망을 통합의 촉진요인이라고 말한다.

남과 북은 모두 통일을 염원하면서 통일을 국가의 최고목표로 설정해 놓고 통일을 위한 각종 정책과 방안을 쏟아내고 있다. 지리적 분단, 정부의 분단, 체제의 분단, 민족의 분단, 경제·사회·문화의 분단 등 중층의 분단으로 인한 고통을 너무 많이 겪어 왔기 때문에 남과 북 주민의 다수가 통일의 필요성에 공감하고 있다.[13] 그럼에도 불구하고 북한주민들과 남한주민

에서 '우리 민족'은 두 가지 서로 다른 의미가 혼재되어 사용되어지고 있는 것으로 보인다면서, 그 두 가지는 민족대단결론에 입각한 전 한반도의 구성원을 지칭하는 초체제적 의미와 북한만으로 국한되는 '주체형의 사회주의민족적 담론'의 의미라고 설명한다.
12) 김광철은 김정일 일가 정권이 주체사상과 사회정치적 생명체론을 활용하여 스탈린의 수령론을 뇌수론으로 진전시키면서 '유일사상체계확립 10대원칙'이라는 강령을 만들어 내고, 김일성주의에 애국주의라는 민족주의의 가면으로 씌워 점차 김일성민족주의로 전화시켜 이를 지배이데올로기로 삼고 있다고 주장한다. 김광철, 『김일성민족주의 정치전략의 비판적 분석』(서울: 북랩, 2014), pp. 32-33.
13) 민주평화통일자문회의, 통일연구원, 서울대 평화통일연구원 등이 남한주민을 대상으로 여론조사를 실시한 결과, 통일이 필요하다는 응답률은 각각 78%, 68.5%, 51.0%로 나타났다. 민주평화통일자문회의, 『2015 통일여론』, p. 19; 박종철 외, 『2015 남북통합에 대한 국민의식조사』(통일연구원, 2015), pp. 60-63; 박명규 외, 앞의 책, pp. 38-41.

들 간의 통일의식에는 현저한 비대칭성이 발견된다. 북한주민의 95%는 통일이 매우 필요하다고 응답하였다.14) 반면, 통일이 매우 필요하다고 생각하는 남한주민들은 20% 정도에 불과하다.15) 남한 내에는 통일의 방식과 과정, 시기 등 방법론에 대해서도 상충되는 여러 가지 서로 다른 의견들이 존재한다.

그런데 여기서 궁극적인 민족의 재통일을 목적으로 한 단일제 국가로의 통일을 염원하는 것과 국가연합이나 연방국가와 같은 연방제 국가, 즉 복합국가로의 통합에 대한 열망은 구분되어야 한다. 남한과 북한 주민들의 경우, 단일제 국가로의 통일에 대한 열망은 상대적으로 비교적 높은 편이지만, 2체제 연방제 국가로의 통합에 대한 열망은 매우 낮다. 희망하는 통일한국의 체제에 관해 서울대학교 통일평화연구원이 여론조사를 실시한 결과, 남한주민들의 경우 남한체제로의 단일화가 48.1%인데 반해, "남북한 두 체제 유지"는 13.6%에 불과한 것으로 나타났다.16) 북한주민들에 대한 통일의식 조사에서도 "통일 이후에도 북한과 남한의 두 체제가 각각 유지된다"는 응답비율이 6.8%로 나타나, 대부분의 북한주민들이 북한당국의 공식적인 연방제 통일방안에 대해 공감하지 않는 것으로 나타났다.17) 2체제 연방제 국가로의 통합에 대한 남한국민들의 열망이 낮은 이유는 북한의 비인도적인 지도층과 수령독재체제에 대한 거부감과 불신감, 북한의 위협과 군사적 도발 등이 주로 작용하고 있다. 남한국민들의 북한에 대한 인식과 태도에 대한 통일연구원의 설문조사에 따르면, 북한에 대한 국가이미지는 비(非)신뢰, 부정직, 억압, 적, 무책임, 공격, 악담, 권위, 위협 등의 어휘로 상

---

14) 강동완·박정란, "북한주민의 통일의식 조사 연구: 북한주민 100명 면접조사를 중심으로",『통일정책연구』, 제23권 제2호(통일연구원, 2014년 12월)』, p. 7.
15) 통일연구원과 서울대 통일평화연구원이 여론조사결과, 각각 23%, 20.6%로 나타났다. 박종철 외, 앞의 책, p. 60; 박명규 외, 앞의 책, p. 38.
16) 박명규 외, 앞의 책, pp. 66-67.
17) 정은미 외,『북한주민 통일의식 2015』, 서울대 통일평화연구원 통일학연구 23(서울대학교 통일평화연구원, 2016), pp. 46-48.

징되었으며, 북한을 경계대상으로 본다는 답변이 가장 높았고, 이어 적대대상, 지원대상, 협력대상, 경쟁대상 등의 순으로 나타났다.[18] 반면에 북한주민들의 경우 "어떤 체제이든 상관없다"는 통일지상주의적 입장이 "남한의 현체제로 통일"(48.6%) 다음인 두 번째로 높은 응답률(24.0%)을 보인데 반해, 남한주민들의 경우는 4.1%로 매우 대조적인 모습을 보였다.[19]

또한 통일의 필요성에 대한 남한주민들의 인식도 점차 낮아지고 있는 추세로서 통일이 꼭 필요하다고 생각하는 사람은 20%에도 못 미치는 수준이다. 그 이유는 세계화의 증대로 민족주의가 퇴조를 보이고 있고, 당면한 외부로부터의 침입에 대한 군사적 공동방위와 같은 군사·안보적 불안 요인이 없을 뿐만 아니라, 당면한 경제적 이득에 대한 기대감도 그리 크지 않기 때문으로 보인다. 박근혜 정부에 의해 '통일대박'론이 나오고 통일준비위원회가 발족(2014.8)됨으로써 통일문제에 대한 국민들의 관심과 기대가 일시적으로 다소 높아진 시기도 있었다. 그렇지만 가까운 장래에 북한의 흡수통일 가능성이 거의 없는 상황에서 국민들의 통일의식 변화에 미치는 영향은 제한적일 수밖에 없다. 서울대학교 통일평화연구원이 2015년 북한주민(북한이탈주민을 대상)과 남한주민을 대상으로 통일예상시기에 관한 통일의식을 설문조사한 결과, '불가능하다'는 응답이 각각 43.4%, 19.7%로 1위를 차지했다.[20]

서울대학교 통일평화연구원에서 실시한 통일의식조사 결과에 따르면, 남한의 세대 간 통일의식 비교에서 나이가 젊을수록 통일에 대한 관심이 낮은 것으로 나타났다.[21] 남한의 젊은 세대(19-29세)의 통일의식이 낮은 이유

---

[18] 박종철 외, 앞의 책, pp. 54-55.
[19] 정은미 외, 앞의 책, pp. 47-48.
[20] 위의 책. pp. 48-50.
[21] 박명규 외, 앞의 책, p. 39. 2015년 젊은 세대(19-29세)의 통일 필요성에 대한 응답률은 30.7%로 2014년에 비해 12.4%나 감소한 것으로 나타났다; 강원택 외,『남북한 젊은 세대의 통일관』, 서울대학교통일학연구총서 23(서울: 서울대학교출판문화원, 2015), pp. 14-16. 남한 젊은 세대는 "어떠한 대가를 치르더라도 가능한 한

로 심양섭과 지창호는 "낮은 민족주의, 강한 실리주의" 경향을 지닌 젊은 세대의 통일 당위성에 대한 회의적인 인식뿐만 아니라, 체계적인 통일교육의 부재, 대북정책과 통일정책에 대한 낮은 만족도, 북한에 대한 부정적 인식 등을 지적한다.22) 남북한 젊은 세대를 대상으로 통일이 되어야 하는 이유에 관해 조사한 결과, 남북한 모두 "통일한국이 강대국/선진국이 되기 위해서"라는 답변이 1위(남한 45.2%, 북한 33.5%)를 차지하여, 민족적 요소보다 실리적 요소를 더욱 중시하고 있는 것으로 나타났다.23)

통합요인으로서의 분단극복 의지는 차세대 통일주도 세력으로 성장해야 할 젊은 세대의 통일에 대한 무관심 등으로 인해 시간이 경과될수록 더욱 약화될 것으로 보인다.

2. 구조적 요인

가. 지리적 인접성

위어, 왓츠, 버제스 등은 통합의 촉진요인으로 지리적 인접성을 강조한다. 남과 북은 제2차 세계대전 이후 주변 강대국에 의해 분단되어, 지리적으로 38선을 경계로 인접하고 있다. 이러한 지리적 인접성은 인적·물적 이동의 편리성을 증대시킬 수 있는 보다 나은 여건을 제공함으로써 남북 간 교류와 협력에 긍정적인 요인으로 작용할 수 있다.

그러나 남북관계의 역사적 경험은 이러한 형식적인 지리적 인접성이 무

빨리 통일하는 것이 좋다"는 질문에 33.2%만이 동의한 반면, 북한 젊은 세대는 79.0%가 동의하였다.
22) 심양섭·지창호, "'약한 민족주의, 강한 실리주의': 젊은 세대 낮은 통일의식의 원인과 시사점,"『정책연구』통권 186호(국가안보전략연구원, 2015 가을호), pp. 113-141.
23) 강원택 외, 앞의 책, p. 18.

조건 통합요인으로 작용할 수 없음을 증명하고 있다. 한반도에는 남과 북의 적대적 대결상태의 지속으로 인해 냉전상태가 현재 진행형이다. 지리적 인접성에도 불구하고 인적·물적 교류와 협력은 양진영의 적대적인 법제와 정책으로 인해 거의 이루어지지 못하고 있다. 지리적 인접성은 오히려 남과 북이 쉽게 충돌하고 마찰을 빚을 수 있는 환경을 제공해 준다. 남과 북은 그 지리적 인접성으로 3년간의 내전을 겪었으며 그 결과 수많은 희생과 이산가족, 강한 적대의식을 남겼다. 남북을 분리하는 군사분계선과 NLL을 사이에 놓고 발생하는 북한의 끊임없는 국지적 도발과 이로 인한 충돌은 남과 북을 더욱 갈라놓는 요인 중 하나가 되고 있다.

버제스는 한 연방국가적 맥락에서 성공요인으로 여겨졌던 것이 다른 맥락에서는 실패요인이 될 수 있다고 말한다.[24] 한반도에서처럼 적대성이 강한 당사국들 간의 지리적 인접성은 서구 등의 지역에서처럼 통합요인으로 작용하기 보다는 상호간 적대성의 상승작용을 촉발시키는 환경을 제공해 줌으로써 오히려 통합에 대한 장애요인으로 작용하는 측면이 더 강하다.

나. 남북 교류협력

버제스는 다방면의 교류와 거래가 공동이익을 창출함으로써 통합의 촉진요인으로 작용한다고 말한다. 힉스도 구성주 간 인적·물적 자유이동이 연방제를 촉진시키는 요인이라고 말한다. 또한 버제스는 정치적 통합의 경험을, 왓츠는 국가통합의 성공적 구모델의 존재 등을 통합 촉진요인으로 강조한다.

남과 북은 1948년 각각 정부를 수립함으로써 분단이 이루어지기 전 원래 천년이 넘게 단일제 국가로 존재했었다. 그러나 이러한 유구한 통합의 경

---

24) Burgess, *In Search of the Federal Spirit*, p. 221.

험에도 불구하고 분단 이후 대화와 타협을 통한 통일의 시도는 모두 실패하고 말았다. 북한의 무력에 의한 무모한 통일시도는 1950-1953년 간 동족상잔의 내전으로 이어져 커다란 인적·물적 피해와 상처만을 남겼다.[25] 분단이후의 이러한 부정적인 통일시도의 경험은 그 상처가 너무나 커서 세계적인 냉전체제의 해체에도 불구하고 한반도에는 상대방에 대한 적대감을 그대로 간직한 채 거의 70년간 적대적인 냉전적 분단상태가 지속되고 있다. 남과 북은 통일을 위한 갖가지 방안들을 쏟아내고 있지만 그 어느 것도 상대방에 의해 제대로 진지하게 받아들여지지 않고 있다. 그리고 상호 적대적 불신 속에서 시도되었던 남북관계 진전을 위한 노력의 빈번한 좌절경험도 통합의 주요 장애요인으로 작용하고 있다.

남과 북은 적대적 안보환경 속에서 갈등과 대결을 지속해 오면서도 교류와 협력의 끈을 가까스로 이어가고 있다. 그러나 그 수준은 매우 미미한 정도에 불과하다. 1989년부터 2014년까지 지난 25년간 남북 간 인원왕래 현황은 131만 5천 명, 교역액은 총 218억불(반입 110억불, 반출 108억불), 교역건수는 총 70만 건(반입 33만 건, 반출 37만 건)이다. 인도적 상봉은 1985년부터 2014년까지 29년간 민간차원에서 1,750건(3,400명), 당국차원에서 화상상봉 557건(3,748명), 방남상봉 331건(2,700명) 및 방북상봉 3,668건(16,256명)을 이루었다. 대북 인도적 지원은 1995년부터 20년간 정부지원과 민간지원을 합하여 총 32,500억 원, 식량지원 11,016억 원 상당, 비료지원 8,000억 원 상당, WFP 등 국제기구를 통한 지원 1,330억 원 정도로 집계되었다.

남북의 인적교류현황을 보면 매우 비대칭적이다. 동 25년 기간 중 남→북 인원은 약 130만 7천 명(개성공단 방문인원 103만 명 포함)에 달하는 데

---

25) 국군 및 연합군의 인명피해는 전사·부상·실종·포로 등을 포함하여 한국군 약 62만 명, 연합군 약 15만 명 등 총 77만 여명이며, 민간인의 경우는 학살·사망·부상·납치·행방불명 약 99만 명, 피난민 320여만 명, 전쟁미망인 30만 명, 전쟁고아 10여만 명이다. 국방부, 『2010 국방백서』(2010), p. 249.

비해, 북→남 인원은 8천 500명가량으로서 155:1의 비대칭성을 보인다.[26] 방북인원 가운데는 금강산 및 개성 관광인원(205만 명)은 포함되어 있지 않은데, 이 인원까지 포함시키면 비대칭성은 더욱 커진다. 방문이 북한당국에 의해 일방적으로 정해진 장소와 경로에 한해 이루어지는 상황을 감안하면, 교류라고 말할 수도 없는 수준이다. 통일 전 동독과 서독 간 인적교류현황을 보면 남북한 간의 교류에 어떤 문제가 있는지를 한 눈에 알 수 있다. 동서독 간의 인적교류도 비대칭적이었지만 1:3.5 정도의 비율에 그쳤다. 교류인원수 면에서 볼 때, 남북한의 경우와 현저한 차이가 있다. 1970년대와 1980년대 기간 중 매년 동독→서독 방문인원은 1,000-2,000만 명, 서독→동독 방문인원은 3,000만-8,000만 명에 달했다.[27] 현재 북한의 인구(2,515만 명)가 당시 동독의 인구(1,600만 명)보다도 더 많은 점을 감안하면, 동서독 간 교류와 남북한 간 교류 간에는 비교할 수 없을 정도로 차이가 난다.[28] 최현호는 독일통일의 촉진요인의 하나로 동서독 간 인적·물적 교류의 증대를 지적하면서, 이를 통해 서독은 동독에게 경제적 혜택을 제공할 수 있었고 동독은 서구의 정보에 개방되게 됨으로써 궁극적으로 교류의 증대는 동독의 스탈린주의 체제 붕괴에 중대한 동인으로 작용하였다고 주장한다.[29] KBS가 일시한 국민통일의식조사 결과에서도 통일을 위한 선결과제로서 남북 간 교류협력이 64%(남북한 경제교류협력 24.1%, 이상가족 왕래 및 고향 방문 19.8%, 문화 교류 및 인적 교류 19.3%)로 가장 높게 나타났다.[30] 이는 한반도에서 소통의 연계 요인에 의한 통합의 구심력이 매우 미

---

26) 통일부 홈페이지 통계자료 참조(http://www.unikorea.go.kr/content.do?cmsid=3099).
27) 민족통일연구원,『동·서독 인적교류실태 연구』, 연구보고서 96-03(민족통일연구원, 1996.9), p. 112.
28) 동서독 간의 정치·경제·우편 통신·방송 언론·학술 과학 기술·환경 보건·문화 스포츠 등의 교류와 협력 내용은 염돈재,『올바른 통일준비를 위한 독일통일의 과정과 교훈』(평화문제연구소, 2010), pp. 103-143 참조.
29) 최현호,『남북한 민족통합론』(서울: 형성출판사, 2003), pp. 211-213.
30) KBS 남북교류협력단,『2015년 국민통일의식조사』(2015), pp. 32-33.

약함을 반증하는 것이다.

　이러한 남북 간의 비대칭성과 전반적인 교류 부진의 주 원인은 대외개방을 두려워하는 북한당국의 폐쇄성과 철저한 통제 때문이라고 할 수 있지만, 남과 북이 통합 추진을 위한 접근방법에서 확연히 다른 방법을 취해온 때문이기도 하다. 남한은 그간 기능주의적 접근방법에 따라 경제·사회·문화·체육·인도적 분야 등 비정치적 분야에서의 교류협력을 통한 신뢰회복을 위해 노력해 왔다. 이에 반해 북한은 군사·정치 분야 중심의 정치적 일괄타결을 우선시하는 연방제 통일을 주장하면서, 비정치적 분야에서의 교류와 협력에는 미온적인 태도를 취해왔다. 북한은 통일문제를 정치적인 문제로 규정하면서, 외세의 지배와 간섭의 청산과 같은 근본문제들을 회피하고 비정치적인 문제를 가지고 점차적으로 남북문제를 해결하자는 기능주의론은 사실상 통일을 하지 말자는 것과 다름없다고 주장한다. "우리나라의 '통일문제는 그 성격으로 보아 엄연한 정치적인 문제' 즉 외세에 의해 강요된 나라의 분열을 끝장내고 빼앗긴 영토와 주권을 되찾으며 나라의 완전 자주독립을 이룩하려는 우리 민족의 사활적요구에 관한 문제이다." "'모든 문제를 정치화시키지 않을 수 없도록 되어있는 우리의 남북관계문제'의 경우 현재의 상황을 상호간에 해치지 않는다는 정치적담보를 전제하지 않는 한 교류 등 비정치적문제들이 해결되기 힘들다."[31]

　북한은 수령유일영도체계 하에 수령을 뇌수로 하는 당적지도의 당-국가체제와 계획경제체제로 국가를 운영해오고 있기 때문에 "정경분리" 정책과 같은 것을 수용할 수 없다는 것이 북한의 입장이다.[32] 북한의 경제관리방식은 경제사업에 대한 당·국가·유일적 지도와 정치사상에 의거한 경제사업, 철저한 계획화가 수행되도록 집체적 지도와 유일적 지휘가 배합되는 관리방식이다. 이종석은 북한의 유일체제 하의 경제관리방식은 대안의 사

---

31) 김혜연, 앞의 책, p. 170.
32) 김재호, 『김정일강성대국 건설전략』(평양: 평양출판사, 2000), pp. 54-57.

업체계라면서, 이 방식의 특징은 '정치중심으로 사고하는 당'이 생산단위를 장악하는 것이라고 설명한다. 대안의 사업체계는 공장 당위원회를 최고지도기관으로 하는 집단지도체계, 통일적·집중적 생산지도체제, 중앙집중적 자제공급체계와 후방공급체계이다. "즉 생산현장에서 해당 당위원회의 생산단위 장악이 결과적으로 '경제적 계산보다는 정치적 결정을 우선하는' 정치논리에 의한 경제지배를 초래하고 있다."33) 북한에는 다층화된 사회구조가 형성되어 있지 않아 정치와 독립된 순수한 의미의 경제를 다루는 민간조직이 존재하지 않는다. 북한의 경제는 통상 내각 산하의 민간경제와 제2경제위원회 산하의 군수경제로 구분되거나, 또는 공식적인 계획경제 통제 안의 제1경제와 통제 밖의 비공식적인 사적 제2차경제로 구분된다. 때때로 북한 내에 텃밭, 뙈기밭, 장마당 등의 활성화를 통한 사적 소유와 시장경제에 대한 주민들의 욕구가 생겨나기도 한다. 그렇지만 이는 경제난으로 인해 국가가 운용하는 공식적인 경제부문의 수급기능이 현저히 약화된데 따라 불가피하게 허용되는 비정상적인 현상으로서 매우 제한된 수준에서만 이루어질 수밖에 없기 때문에 아직까지 남북 간의 경제적 교류와 협력을 활성화시킬 수 있는 정도의 동력을 제공해주지는 못하고 있다.

또한 북한은 남한과의 적대적인 대결관계의 요인으로 인해 경제, 사회, 문화 등 비정치적 분야뿐만 아니라 이산가족상봉과 같은 인도적인 분야도 정치·안보 분야에 항상 종속시켜 왔다.34) 남한도 기능주의적 접근방법을 통합의 근간으로 삼고 있음에도 불구하고 현실적으로는 북한과의 비정치분야에서의 인적·물적 교류를 북한의 핵·미사일개발 문제, 군사적 도발 문제, 인권문제 등과 연계시킴으로써 비정치분야에서의 교류가 남북정부의

---

33) 이종석, 앞의 책, p. 347.
34) 1970년대에 북한의 정치·군사 분야 우선협상 주장에 따라 남북이산가족 상봉을 위한 남북적십자회담과 7·4남북공동성명 이행을 위한 남북조절위원회 활동 등이 실패하게 된 구체적인 과정은 강인덕 외, 『남북회담: 7·4에서 6·15까지』, 극동신서, 제5권(극동문제연구소, 2004), pp. 91-204 참조.

일방적 조치에 의해 수시로 중단되는 것은 일상적인 일이 되었다. 현재 남과 북의 교류와 협력은 2010년 북한의 천암한 폭침사건(3.26)에 따른 5·24 조치와 2016년 북한의 제4차 핵실험(1.6)에 따른 개성공단 폐쇄(2.11), 그리고 전례없는 강력한 대북제재와 압박 등으로 인해 전면 금지된 상태에 있다. 그리고 남북 간 비정치적 분야의 교류와 협력은 남과 북의 각종 법제에 의한 철저한 규제로 인해 남북정부의 허가 없이는 절대로 이루어질 수 없다. 또한 남북관계에서는 정치적 타협 없이 서구에서와 같이 비정치적인 분야에서의 교류와 협력이 정부나 민간차원에서 활성화될 수는 없다. 이 때문에 남북정부의 정치적 개입이 없는 민간차원의 자발적인 의지에 의한 비정치분야의 활성화는 제대로 이루어지지 못하고 있는 실정이다. '정치'논리가 다른 모든 것을 구속하는 남북관계 구조의 특성 때문에 남북 간 교류협력 사업은 일회성, 이벤트성에 그치는 경우가 대부분이다.[35]

남북관계의 접근법에 대한 새로운 돌파구를 마련하지 않고는 남북 간의 교류와 협력을 통한 소통의 연계는 앞으로도 계속 미미한 수준에 머물 수밖에 없을 것으로 보인다. 북한이 우리의 기능주의적 접근방식과 달리 시종일관 정치·군사적 의제를 대화의 핵심으로 제의하고 있는 만큼, 남북관계의 돌파구 마련을 위해서는 이분법적 시각에서 벗어나 정치·군사적 의제와 경제적, 사회·문화적 의제를 동시에 논의하는 포괄적인 협상을 시작하는 것이 필요하다.[36] 그리고 인도주의, 교류협력 문제와 군사·정치 문제의 연계성을 인정하고 그 안에서 가능한 것부터 풀어나가는 지혜가 필요하다.[37] 그러나 북한의 핵·미사일 개발의 가속화와 핵보유의 영구화 의지 천명에 따른 강력한 대북제재와 압박, 그리고 이에 대응한 북한의 도발 위

---

35) 김영수, "남북은 서로 얼마나 알고 있나?," 박순성 편저, 『통일논쟁: 12가지 쟁점, 새로운 모색』, 북한연구학회 연구총서 05(서울: 한울, 2015), p. 160.
36) 김근식, 박인휘, 홍현식, "특집 2015 한반도 정세 키포인트", 『통일한국』, 1월호 (2015), p. 15.
37) 홍석률, 『분단의 히스테리』(서울: 창장과 비평사, 2012), pp. 240-241.

협의 악순환적 구조가 강고하게 자리잡고 있는 현재의 한반도 분단체제 아래서의 남북 간 교류협력 전망은 매우 그리 밝지 못하다.

3. 호혜적 요인

한반도에서의 연방제 통합의 호혜적 요인은 안보위협의 해소와 경제적 이익 및 영토적·전략적 가치 등으로 나눌 수 있다.

가. 안보위협의 해소

라이커는 서구의 비교사례 연구를 통해 연방국가의 기원으로 라이커-벌치 조건을 제시한 바 있다. 국가 '내부의 위협'이나 '이웃국가로부터의 침공 위협'을 받고 있는 국가들이 통합을 추진하게 된다는 것이다. 위어도 공동의 적에 대한 적개심 또는 두려움과 공동방위를 위한 필요성을 통합요인으로 지적한다. 버제스는 외적·내적 위협을 공동이익과 함께 통합의 주요요인 중 하나로 지적하면서, 실제적 또는 가상적인 군사적, 경제적, 문화적 불안의식 및 기존의 정치질서의 안정에 대한 위협인식 등 4가지 요소를 제시하였다. 엘라자르도 안보가 국제연합으로의 통합을 촉진하는 3개 기둥 가운데 하나라고 주장한다.

통합 촉진요인으로서의 안보위협은 서구의 경우와 달리 한반도적 맥락에서는 매우 다른 특성을 보이고 있다. 우선 남한의 경우에는 내부의 적이나 한반도 밖의 다른 외세의 위협에 대한 대처의 필요성이 통합의 촉진요인으로 작용하고 있지는 않다. 남한에게 있어서 안보위협문제는 '위협을 주는 바로 그 당사자가 통합의 상대'라는 데 있다. 서울대 통일평화연구원이 남한국민들을 대상으로 실시한 통일의식 설문조사에 따르면, 통일을 해야 하는 이유로 "남북 간 전쟁위협 해소"가 26.3%를 차지하여 "같은 민족이니까"(40.7%) 다음으로 두 번째를 차지한 것으로 나타났다.38) 또한 북한의 핵개발에 따른 위협의식은 84.0%, 무력도발 가능성에 대한 의식은 70.5%로 각각 나타났다.39) 이러한 조사결과는 위협상대와의 통합이 종국적으로 위협해소의 이익을 가져다 줄 것이라는 기대감을 반영하고 있다.

북한의 경우는 한반도에서의 전쟁위협의 주요 당사자를 미국으로 보고 있다. 남북 분단의 근본원인이 미국임을 강조하면서 남북한 연방제 통합을 "미국의 남한에 대한 강점과 지배", 그리고 "북에 대한 군사적 위협"을 제거하기 위한 중요한 전략적 수단의 하나로 여기고 있다. 북한은 주한미군철수와 한미동맹의 파기를 연방제 실현을 위한 조건으로 일관되게 주장해왔다. 그러나 북한의 적인 미국은 남과 북의 공통의 적이 아니다. 미국은 남한에 있어서는 혈맹국이다.

이러한 한반도에서의 위협요인들의 특수한 성격과 남북당사국들 간의 미국에 대한 서로 상반된 이해관계는 서구 등의 연방제 통합사례들과는 다른 미묘한 복잡성을 드러내고 있다. 한반도에는 통합의 당사자인 상대가 위협의 당사자라는 이중성과 미국이 북한과는 적대국 관계에 있지만 남한과는 동맹국 관계를 갖고 있는 또 다른 이중성이 존재한다. 이로 인해 한반도에서의 위협이 커지면 상대와의 통합을 통한 해소의 필요성도 커지게 되지만, 그 만큼 상대에 대한 적대감과 불신도 함께 커진다. 서구 등의 연방제 통합사례들은 대내외의 위협에 대한 대처를 통합을 통해 실현하려고 한다. '선통합 후위협해소'이다. 그렇기 때문에 내적·외적 위협은 통합요인이

---

38) 박명규 외, 앞의 책, p. 42; 통일연구원의 조사에서도 "남북 간에 전쟁의 위협을 없애기 위해서"가 28.3%로 "같은 민족이니까"(38.7%)에 이어 2위를 차지하였다. 박종철 외, 앞의 책, p. 62.
39) 박명규 외, 앞의 책, pp. 87-92; KBS가 실시한 북한에 대한 인식 조사 결과에서도 전체 응답자의 62.3%가 북한에 대해 경계(37.4%) 및 적대(24.9%)라고 응답하였다. KBS 남북교류협력단, 앞의 책, pp. 19-22.

된다. 그러나 남과 북은 모두 통합이전에 상대로부터의 위협이 먼저 완화 또는 해소되어 신뢰가 회복되지 않으면 통합을 추진할 수 없다는 입장을 견지하고 있다. '선위협해소, 후통합'이다. 따라서 한반도에서의 군사적안보 위협은 통합 촉진요인으로 작용하기 보다는 오히려 반대로 통합을 저해하는 장애요인의 성격을 상대적으로 강하게 띄고 있다.

나. 경제적 이익 및 영토적·전략적 가치

라이커, 왓츠, 엘라자르, 버제스 등 연방제 전문가들은 모두 경제적 이익 및 전략적 가치가 안보적 이익과 더불어 연방제 형성의 기원이 되었으며, 또한 이후 생겨난 연방제 국가들에게 있어서도 통합 촉진요인으로 작용했다는 데 동의하고 있다.

일반적으로 남과 북은 통합을 이루게 되면 북한의 풍부한 자원과 저렴한 노동력을 남한의 자본, 기술과 결합시킴으로써 그 시너지 효과로 인해 새로운 경제도약의 기회를 가질 수 있을 것으로 생각한다.[40] 통일이 되면 우선 남한 인구 5,000만 명과 북한의 2,500만 명이 통합된 7,500만 명의 내수시장과 노동력을 확보할 수 있어 '규모의 경제' 효과를 얻을 수 있을 것이다. 또한 통일이 되면 한반도는 단일경제권이 형성될 뿐만 아니라, 동북아의 허브로 발전되고 유라시아 경제권으로 확장될 수 있을 것이다. 유럽철도, 시베리아 종단철도(TSR), 중국 종단철도(TCR) 등을 한반도 종단철도(TKR)와 연결시킬 경우에는 유라시아 횡단철도 노선을 구축할 수 있게 됨으로써

---

40) 북한주민의 통일의식 실태를 조사한 결과, 1위로 "경제적으로 더 발전하기 위해서"(49%)를, 2위로 "같은 민족끼리 재결합해야 하니까"(25%)를 각각 선택한 것으로 나타남으로써 북한주민들의 통일인식이 남한주민에 비해 훨씬 더 현실적이고 실용주의적인 것으로 나타났다. 강동완, 박정란, 앞의 논문, p. 7; 서울대 통일평화연구원의 조사결과에서도 "북한주민이 잘 살 수 있도록"(47.9%)이 1위, "같은 민족이니까"(28.2%)가 2위로 나타났다. 정은미 외, 앞의 책, pp. 45-46.

한반도가 동아시아의 물류수송의 중심지가 될 수 있는 기회를 갖게 될 것이다. 그리고 남북 간 인적·물적 이동의 증가는 북한의 경제발전을 촉진시킬 수 있는 계기를 조성함으로써 통일비용의 감소라는 긍정적 효과를 가져다 줄 것이다. 이러한 한반도의 경제적 입지의 상승은 해외로부터의 투자 유치에도 긍정적인 영향을 미쳐 남북의 경제적 도약의 기회를 제공해 줄 수 있을 것이다.

서울대학교 통일평화연구원은 통일의 경제적 효과에 대한 전반적인 분석 결과를 통해 통일이 매우 높은 경제적 편익을 가져올 가능성을 추정하였다.[41] 2014년에 남·북한이 경제통합을 시작한다고 가정할 경우 2014-2050년 북한의 연평균 경제성장률은 10-16%에 달할 것으로 전망하고, 남한의 경우도 통합의 효과로 인해 연평균 경제성장률이 0.7-0.8% 증가할 것으로 추정하였다. 그 결과 남한과 북한의 일인당 GDP는 각각 94,307달러, 64,019달러에 이르게 되며, 통일한국의 일인당 GDP는 83,808달러에 달할 것으로 추정하였다. 이는 G20국가 중 미국에 이어 두 번째로 통일한국의 일인당 국민소득이 높음을 의미하며, 경제규모 면에서도 세계 8위의 경제대국이 됨을 의미한다. 그리고 2035년이 되면 북한의 일인당 GDP가 남한의 20%가 되어 정치적 통일이 경제적 비용 측면에서 큰 무리가 없을 것으로 전망했다.

그러나 이러한 추정치는 모든 상황이 최선일 때를 가정한 낙관적 추정치로서 아래 몇 가지 가정에 기초하고 있음에 주목할 필요가 있다. 첫째, 2014년을 기점으로 북한이 시장경제체제로 이행하기 시작하고 민주주의가 진전되는 것이다. 둘째, 2014년부터 북한의 시장경제화와 민주화를 기초로 남북한 경제의 통합이 점진적으로 이루어진다는 것이다. 셋째, 남북통합과 통일이 평화적으로 이루어진다는 것이다. 따라서 통합에 따른 경제적 편익은 북한이 남한의 자유민주주의 시장경제의 '단일제 국가로의 편입'이 성공적

---

[41] 김병연, "통일 대박 논의의 경제적 검토,"『통일경제』, 제1호 (현대경제연구원, 2014.5), pp. 4-8.

으로 이루어진 이후에나 '통일의 대박'을 기대할 수 있다. 남과 북이 현재의 제도와 사상을 그대로 둔 기초 위에 '연방제로 통합'되는 경우에는 그 경제적 편익은 더욱 제한적일 수밖에 없으므로 남과 북의 연방제적 통합을 견인할 수 있는 경제적 요인의 중요성도 그만큼 감소될 수밖에 없다.

또한 통합에 의한 경제적 이익에 대한 기대는 막대한 통일비용을 감안하면 상당부분 상쇄된다. 독일통일을 위해 서독주민들이 부담하고 있는 비용은 1990년 이후로 연간 1500억 마르크(1,000억불)이고, 이는 GNP의 5%에 달한다. 더구나 이러한 지출은 금세기 말까지 지속되어야 할 것이라고 한다.[42] 남북한 통일비용의 규모도 추산방식이 여러 가지가 있을 수 있지만, 정의, 연구방법, 통일시점 등에 따라 최소 500억 달러-최대 5조 달러에 이를 것으로 추산되고 있다.[43] 그리고 남북 간의 국력의 차이가 동서독 간의 국력의 차이보다 더 현저하기 때문에 독일보다도 더 많은 비용이 들 것이라는 것에 대부분의 학자들이 동의하고 있다.[44] KBS의 국민통일의식 조사결과, 통일과정에서 가장 우려되는 점으로 '남한주민의 막대한 통일비용 부담'이 43.1%로 가장 높은 응답률을 보였다.[45] '한국이 선진국이 되기 위해 통일해야 한다'는 응답률은 14.3%에 지나지 않으며, 이러한 응답률도 계속 하락 추세에 있다.

국회예산정책처는 한반도 통일의 경제적 효과에 대해 실질가격을 기준으로 경제적 편익(1경 9,111조원)에서 통일비용(4,657조원)을 차감한 순편익을 1경 4,451조원으로 비용의 3.1배로 추정하였다.[46] 통일의 비용과 편익에 대한 연구는 연구자별로 각기 다른 가정과 방법을 사용하기 때문에 추정치

---

42) 최선집,『통일, 그 길을 묻다: 독일의 통일비용재원조달 분석과 한국에의 시사점』 (서울: 교보문고 퍼플, 2015), pp. 73-74.
43) 국회예산정책처,『한반도 통일의 경제적 효과』(서울: 한디자인코퍼레이션, 2014), pp. 6-10.
44) 통일직전 동서독 간의 국력차이는 염돈재, 앞의 책, pp. 172-173 참조.
45) KBS 남북교류협력단, 앞의 책, pp. 34-35.
46) 국회예산정책처, 앞의 책, p. 134.

의 편차가 크게 나타나 추정결과의 신뢰성 문제가 제기될 수 있다. 통일의 방식이나 방법, 과정, 기간 등의 불확실성으로 인해 통일 시나리오에 따른 가정적인 추산만이 그나마 제한적으로 가능한 실정이다.[47]

한편, 한반도의 지정학적 위치로 인해 남북통합의 영토적·전략적 가치도 매우 크다. 통일한국은 평화통일 과정을 통하여 대륙·해양·반도세력의 안정적 3극 정립체제를 이룩하여 동아시아 항구평화의 토대를 공고화할 수 있다. 다시 말해 "통일한국이 반도강국으로 도약한다면, 대륙세력에게는 해양세력의 북상을, 해양세력에게는 대륙세력의 남하를 방어해 주는 '반도세력'으로 부상하여 두 세력의 정면충돌을 완충해 주는 '완충국' 역할을 수행할 수 있다".[48] 또한 통일한국은 다양한 분야에서 동아시아 전역을 프런티어로 만들고 아시아 대륙과 태평양의 양 방향으로 뻗어나가는 "동아시아 프런티어 국가"로 발전할 수 있다.[49]

통일의 이익과 관련하여 통일연구원이 통일이 국가에 미치는 집합적 이익과 개인적 이익으로 나누어 설문조사를 실시한 결과, 집합적 이익의 경우, '이익이 될 것이다'는 응답이 56.9%로 '이익이 되지 않을 것이다'(43.1%)보다 높게 나타난 반면, 개인적 이익의 경우는 '이익이 될 것이다'는 응답이 33.7%로 '이익이 되지 않을 것이다'(66.3%) 보다 낮게 나타났다.[50] 이는 남한 내 국민들의 통일이익에 대한 기대가 그다지 크지 않음을 나타내준다.

---

47) 통일비용·편익연구와 관련 통일연구원의 한국개발연구원, 골드만삭스, 대외경제정책연구원·산업연구원, 현대경제연구원. 한국정치학회 등의 연구 방법 및 모형, 분석결과 등에 대한 선행연구와 동태적확률일반균형 모형 및 연산가능일반균형모형에 따른 시나리오별 분석결과는 김규륜 외, 『한반도 통일의 효과』, 통일비용·편익 종합연구 2014-3(통일연구원, 2014) 참조.
48) 김갑식, 앞의 논문, p. 45.
49) 위의 논문, p. 46.
50) 박종철 외, 앞의 책, pp. 64-65.

4. 소결론

이상의 통합 촉진요인에 관한 분석결과를 〈표 2〉로 정리하였다. 분석결과를 종합한 결과, 통합 촉진요인 가운데 심리적 요인인 단일민족 의식, 분단극복 의지, 구조적 요인인 지리적 접근성, 교류협력, 호혜적 요인인 안보위협 해소, 경제적 이익 및 영토적·전략적 가치 등의 구심력은 전반적으로 매우 미약한 것으로 나타났다.[51] 심리적 요인 가운데 서구 연방제 국가들의 통합에 기여했던 가치의 공유, 함께 일할 의지, 연방주의 정신, 연방국가 형성 열망과 결의는 거의 발견되지 않았다. 그리고 마찬가지로 서구적 통합에 기여했던 대칭성(균형성), 제도의 유사성, 연방민주주의 등의 제도적 요인이나 외부의 개입 부재와 같은 대외적 요인들도 남북 간 통합에는 긍정적인 요소가 거의 없음이 확인되었다.

그런데 이같이 미약한 구심력이 단시일 내에 개선되기도 매우 어려워 보인다. 왜냐하면 심리적, 구조적, 호혜적 요인들이 그 성격상 변동성의 폭이 크지 않기 때문이다. 그리고 새로운 통합촉진요인을 만들어 내는 것을 기대하기도 쉽지 않다. 통합요인 가운데 결핍되어 있는 요인들이 남한 단독으로 만들어 내기 어려운 심리적, 구조적, 제도적 요인들이기 때문이다. 제도적 요인은 주로 북한체제에 변화가 있어야 생겨날 수 있는 데 체제전환에 대한 기대도 낙관적이지 못하다.

---

51) 박영호는 서울대통일평화연구원에서 2008년부터 매년 발표하고 있는 남북통합지수에 대한 분석을 통해 정치통합지수, 경제통합지수, 사회문화통합지수 등이 전반적으로 바닥수준에 머물고 있다고 평가하였다. 박영호, "정치통합의 이론적 접근과 정책 현실,"『낮은 통합 단계에서의 통일준비: 2015 남북통합지수의 함의와 활용』(서울대학교 통일평화연구원, 2015.8.11), p. 22. 남북통합지수에 대한 상세한 분석내용은 서울대학교 통일평화연구원,『2015 남북통합지수』참조; 이옥연도 통일 이전 남한과 북한이 공통으로 충족하는 조건이 그다지 많지 않다고 지적한다. 이옥연, "연방제 다양성과 통일한국 연방제도의 함의," p. 70.

제2절 통합조건 Ⅱ : 통합 장애요인

통일한국의 연방제 통합의 주요 장애요인은 심리적 요인, 구조적 요인 및 제도적 요인들로 구분할 수 있다. 심리적 요인으로는 ① 연방주의 정신 부재 ② 연방국가 형성 열망과 결의 부족 ③ 최상의 이념적 결의 부족 등을, 구조적 요인으로는 ④ 남북관계 ⑤ 남북한 내부요소 ⑥ 대외관계, 제도적 요인으로는 ⑦ 비대칭성 심화 ⑧ 극단적 이체제의 이질성 심화 ⑨ 연방민주주의의 부재 등을 각각 들 수 있다.

1. 심리적 요인

가. 연방주의 정신(federal spirit)의 부재

연방주의 정신은 1차적으로는 연방의 어원인 '언약'(covenant)이라는 성서적 개념과 연관되어 믿음과 신뢰를 중시한다. 이것은 또한 2명 그리고 수인 간에 믿음을 지키고 합의를 존중하는 것뿐만 아니라, 협력과 상호주의, 상대방에 대한 인정과 존중, 파트너쉽의 평등성 등의 도덕성을 포함하고 있다.

위어는 연방주의 정신을 헌법상 권력분배의 연방원리가 부재한 연방국가들의 위험성이라는 더욱 넓은 맥락에서 간접적으로 언급하였는데, 공식적인 헌법규정 뿐만 아니라, 권력을 조심스럽게 행사하겠다는 비공식적인 '정치적 신뢰'에 대한 믿음을 중시하였다. 사회학적 접근방법을 연방주의 연구에 도입한 리빙스턴은 연방주의의 반(反)다수결 성격에 주목하면서 연방국가의 형성과 실제적 운영 면에 있어서의 "구성국들 간의 우의"(comity)를 중시하였다. 또한 그는 연방국가 내에서 구성국 단위체들의 특정 이익과 전체적인 공동체의 이익 간의 복잡한 관계에 주목하여 다수와 소수 양자 모두로부터의 "협력과 상호 존중의 정신"을 연방제 운영에 있어서 매우 중요한 요소로 여겼다. 1950년대에 미국에서 북부가 남부의 항의에 부딪혀 인권조항을 강요하지 않은 것도, 캐나다에서 다수파인 영국어계가 소수파인 불어계 퀘벡에 불리한 헌법 수정안을 도입하지 않은 것도 이러한 '협력의 정신'의 사례라고 말할 수 있다. 연방주의를 이성적 선택과 경험적 이론에 기초하여 사회·경제적 현상이 아닌 정치적 현상으로 본 라이커의 연방주의적 정신의 개념은 연방의 형성과 유지라는 두 가지 관점에서 나타나고 있다. 그는 우선 연방형성에 있어서 형성조건으로 협상과 흥정, 타협을 위한 정치적인 자발적 의지를 강조하였다. 연방의 유지와 관련해서는 연방주의적 정신은 연방정부가 강하고 독립적이지만, 구성국들도 또한 어느 정도 독립적일 수 있도록 연방적 흥정을 유지시키는 것이다.

연방화의 과정을 중시한 프리드리히는 연방주의 정신을 연방의 형성과 정보다는 연방의 유지, 즉 성공적인 연방체제와 관련하여 명확하게 기술하고 있다. 그는 성공한 연방체제에는 "연방주의 정신", 또는 "연방주의적 행태"라고 불리는 어떤 것이 발달되어 있다고 한다. 이것은 기본적인 것들에 대한 완전한 합의나 교조적인 엄격성을 피하는 매우 실용적인 형태의 정치적 행위로서, 이러한 행태는 유연한 "타협과 수용의 정신" 속에서 발전되어 나간다. 또한 그것은 연방주의가 짓는 집에는 많은 방들이 있다는 생각에 의해서 만들어진다.[55] 이러한 정신은 서로 다른 견해들을 용인하고 상대방의 입장에 설 수 있는 의지가 있음을 의미한다. 그는 1960년대의 나이지리아와 카리브연방의 연방제 실험이 실패한 사례를 지적하면서, 다양성과 통일성 양자 모두를 계속적인 상호적응의 과정의 방식으로 유지하려는 굳은 결의, 즉 연방주의 정신이 없다면, 연방적 질서는 지속될 수 없다고 말한다. 따라서 연방적 처방은 식민통치를 벗어난 해당지역에 일방적으로 강요될

---

55) Carl J. Friedrich, *Trends of Federalism in Theory and Practice* (New York: Praeger, 1968), p. 39.

수도 없고, 붙박이식으로 고정된 다양성이나 기본적 분열에 대한 자동적인 해결책도 아니라고 지적한다.56) 또한 그는 "연방주의 정신"과 더불어, 중앙정부에 대한 구성국의 "연방적 충성심"(federal loyalty)과 이들 상호간의 페어플레이 의식이라고 할 수 있는 "연방적 우의"(federal comity), 이 3가지 요소가 연방주의의 중요한 행태적 특징이라면서, 이것이 없이는 연방제가 제대로 작동할 수 없다고 주장한다.

엘라자르의 연방주의 정신은 "연방주의적으로 생각하기"의 개념으로부터 생겨난다. 즉 중앙주의적, 위계적 문제해결 방식을 피하고 대신 동의에 기초한 복합정치체 안에서 권력공유와 비중앙적, 참여적 접근방식을 취한다. 이것은 공화주의, 헌법주의, 권력공유의 이상과 규범을 향하고 있다. 그는 성공한 연방체제는 좁은 의미에서 문서로 되어 있는 헌법적 제도와 더불어, 목표를 추구하는 데 있어서 협상, 상호인내, 자제를 통한 공유에서 나타나는 연방주의 정신이 혼합되어 있는 특징을 갖고 있다고 말한다.57) 그가 협상을 통한 공유를 강조한 것은 상대방에 대한 인정, 평등성, 파트너쉽의 정치에 근거한 대화와 타협을 중시하였기 때문이다.

버제스는 중앙과 지방 정부 간 파트너쉽의 정신을 의미하는 "Bundestreus"(연방적 충성심)가 독일연방 형성의 기초가 되었다고 주장한다. 그는 이 개념은 보다 구체적으로는 자제(상대의 이익을 고려), 손해제한(구성국과 연방에 해를 주지 않음), 도덕적 의무(성문·불문 헌법을 준수), 정치적 공감(연방과 지방정부는 우정, 이해, 상호신뢰, 존중, 선한 믿음을 포함한 파트너쉽의 정신으로 수평적, 수직적 관계를 수행)의 다차원적 속성을 갖고 있다고 말한다.58) 이러한 4가지 속성들은 프리드리히의 연방적 충성심과 연방적 우의를 모두 아우르는 것이라고 설명한다. 또한 그는 연방민주주의가

---

56) Ibid., p. 175.
57) Elazar, Exploring Federalism, p. 154.
58) Burgess, In Search of the Federal Spirit, pp. 7-28.

연방국가의 형성과 유지와 관련하여 "연방주의 정신"을 반영하고 있다고 말한다. 그는 연방제 국가를 연방주의적으로 만들어 주는 연방성(federality)은 얼마나 성공적으로 연방적 가치와 실천들을 유지시켜주느냐 하는 것과 관련이 있다면서, "연방적 가치"들의 예로서 인간의 존엄성, 평등, 자유, 정의, 공감, 관용, 인정, 상호존중 등을 열거한다. 그리고 이러한 연방적 가치들로부터 자치, 파트너쉽, 자결, 우의, 충성심, 다양성 안의 통일성, 계약적 확고성, 상호주의와 같은 "연방주의 원리"들이 생겨난다고 한다.[59] 그는 이러한 이론적 연방적 가치들과 원리들이 현실의 연방국가들에게서 항상 발견되는 것은 아니라면서, 엘리트들이 정당, 이익단체, 언론, 정치제도, 의사결정 과정, 법적 절차 등을 통해 대중들에게 이러한 가치들을 전파시킴으로써 특정한 "연방주의적 정치문화"(federal political culture)가 비로소 생겨난다고 한다. 연방주의적 정치문화는 국가와 정치제도에 대한 연방주의적 가치들과 생각들이 순환하고 번성하는 정치적 환경이라고 할 수 있다. 예멘이 통일국가를 건설하고 이후 남부의 분리독립을 막기 위해 남과 북이 연방제 국가 수립에 합의하였음에도 불구하고 내전상태를 벗어나지 못하고 있는 것도 타협과 관용, 법치주의에 바탕을 둔 연방주의적 정치문화와 제도의 권위가 아직 자리잡지 못하고 있기 때문이다.[60]

그런데 남·북한 간에는 이러한 연방주의 정신이 현저하게 결여되어 있다. 남과 북은 현재 정치지도자들이 함께 일할 마음의 자세와 능력이 부족하다. 그간의 남북관계를 돌아보면, 남과 북은 정전체제의 적대적인 분단구조 하에서 양립할 수 없는 제도와 체제를 갖추고 서로 상대를 적과 경쟁의 대상으로 간주하면서 극심한 대결과 반목을 거듭해왔다. 서로에 대한 기본적인 신뢰조차 없다. 북한은 "남조선혁명"전략에 의한 통일방안의 하나로 자신의 "련방제"안을 만들어 한국측에 받아들일 것을 강요해왔다. 이런 연

---

59) *Ibid.*, p. 261.
60) 배정호·제성호, 앞의 책, pp. 205-206.

유로 북한은 한국정부와의 협상과 타협을 통해 "련방제"안을 실현시키려는 노력을 전혀 보이지 않고 선결조건을 내세우며 민주를 명분으로 한국정부와의 대화와 협력을 거부해왔다. 또한 "자주"를 명분으로 미국을 배제시키면서, 다른 한편으로는 민족대단결을 명분으로 남한 내 혁신·진보세력과의 연대를 도모하는 데에만 더욱 노력을 기울였다. 남한의 정부를 미제의 앞잡이, 파쇼정권 등으로 규정하고, 통일문제를 한국정부가 아닌 남·북한의 각계각층 및 해외동포를 대표하는 정당, 사회단체 연석회의 형식의 정치협상회의나 대민족회의 소집 등을 통해 논의하겠다는 입장을 줄곧 견지해왔다. 이에 따라 북한의 "련방제"안은 북한에 의한 일방적인 선전·선동적 제안에 그쳤을 뿐, 한국에 의해 한 번도 진지하게 받아들여지지 못하고 거부됨으로써 통일에 아무런 기여를 하지 못한 채 북한의 정치적 선전도구로만 이용되어 왔다. 연방제 국가가 형성되려면 이를 추진할 연방화 주체(federalizer)가 필요하다. 일반적으로 연방화의 추진주체는 1차적으로 구성국의 정부 또는 고위 정부인사들이 될 것이다. 그러나 남북통합의 논의에서 남한의 집권세력을 배제하려는 북한 측의 태도는 함께 일할 의지가 전혀 없음을 단적으로 보여주는 사례이다.

오늘날에도 북한의 남한에 대한 태도는 변한 것이 거의 없다. 이로 인해 남과 북의 불신의 골이 깊어만 가는 가운데 그간의 남북관계는 근본적인 문제점들을 제대로 해소하지 못한 채 '가다 서다'를 반복해왔다. 남북 간 소통의 패턴은 '도발 → 위기 → 대화와 타협 → 보상 → 재도발'로 이어지는 악순환의 고리를 끊어내지 못하고 있다. 남북관계는 필요에 따라 특정이슈에 대한 단발성 합의나 이산가족상봉 등 이벤트성 행사 외에 이렇다 할 관계 진전이 없이 예나 지금이나 갈등과 대립이 일상화되어 있다. 2000년 6·15 공동선언 합의에 따라 남북간 교류협력의 상징으로서 2004년 10월부터 우여곡절을 거치면서 10여 년간 운영되어왔던 개성공단의 경우도 북한의 제4차 핵실험의 파고를 넘지 못하고 결국 2016년 2월 11일 폐쇄되고 말았다.

북한의 남한에 대한 태도의 문제점에도 불구하고, 사실 남북관계의 파탄 원인은 남과 북 어느 일방에 있기 보다는 남과 북이 상호신뢰가 부족한 가운데 함께 일할 의지와 능력이 부족했던 데서 비롯된 것으로 봐야 할 것이다. 남한의 역대정권들은 남북 간의 신뢰의 중요성을 강조해 왔으며, 특히 박근혜 정부는 대북정책의 하나로 "한반도 신뢰프로세스"를 추진해 왔다. 정책추진의 목표를 정하고, 추진원칙, 추진기조, 추진과제 등으로 나누어 갖가지 구상들을 만들어 대내외에 공표하였다. 그러나 타방의 '신뢰'가 없는 한반도 신뢰프로세스는 과거에도 늘 그랬듯이 북한이 빠진 상태에서 남한만의 일방적인 요란한 구호에만 그치고 실속이 없이 끝나고 말았다. 최근 북한의 제4차 핵실험과 각종 미사일 실험으로 전례없는 강력한 대북제재와 압박이 이루어지는 가운데 "한반도 신뢰프로세스"는 남북 간 신뢰형성에 아무런 가시적 성과를 일궈내지 못한 채 그 프로세스가 자동으로 중단되어버렸다.

통일한국의 연방제도는 장기간 분단체제를 겪으며 이질성이 심화된 구성단위로 편성될 가능성이 크기 때문에 중앙과의 수직적 관계에 앞서 '비중앙 구성단위 간 상호신뢰와 우호에 대한 협약을 준수하려는 의지'가 선행될 필요가 있다.[61] 독일통일의 촉진요인의 하나는 오랜 기간에 걸쳐 진행된 동서독 간의 신뢰구축과 다양한 분야에서의 실질적인 협력을 추진하기 위한 서독의 적절한 대응이 있었기 때문이다. 1972년 12월 21일 조인된 기본조약 이후 양독 간 및 베를린 정부와 동독 간에 100여 개의 조약, 협정, 합의, 외교문서, 성명서 등이 교환되었으며, 이러한 과정에서 점진적으로 신뢰를 구축하게 되었다.[62]

'통일에 대한 의지와 능력'과 '함께 일할 의지와 능력'은 구별되어야 한다. '통일에 대한 의지와 능력'은 일방적으로 키워나갈 수는 있겠지만, '함께 일

---

61) 이옥연, "연방제도 다양성과 통일한국 연방제도의 함의," p. 71.
62) 최현호, 앞의 책, p. 212.

할 의지와 능력'은 상호주의를 전제로 한다. 어느 일방만의 의지와 능력이 아니라, 함께 노력해야 함을 의미한다. 이런 상호주의의 속성에 비추어 볼 때, 서로 '네 탓'만을 강조하면서 스스로 먼저 손을 내밀지 못하고 상대가 먼저 손 내밀기를 바라고 있는 현재의 남과 북은 함께 일할 의지와 능력이 있다고 보기 어렵다. 설령 일방이 진심으로 손을 내민다고 해도 상대가 이를 받아줄지도 미지수다. 사정이 이렇기 때문에 남과 북은 상호 불신 가운데 북한의 각종 무력도발, 북한의 핵·미사일 개발, 북한의 인권탄압, 사이버 테러, 대북 흡수통일, 5·24조치, 대북전단 살포, 한미합동군사훈련, 대북제재 등의 각종 문제를 둘러싸고 대립과 갈등의 늪에서 빠져나오지 못하고 있다. 남과 북이 상대에게 요구하고 있는 문제들을 협상테이블에 모두 올려놓고 일괄타결을 추진하지 않는 한, 남북관계에서 함께 일할 의지나 능력이 생성되기는 쉽지 않다. 남북관계의 제도화가 이루어진다면 함께 일할 의지와 능력도 선순환적으로 발전적으로 생성되어 나갈 수 있을 것이다. 그러나 남북관계의 제도화를 이루려면 함께 일할 의지와 능력이 먼저 있어야 가능하다는 점에서 이것도 쉬운 일이 아니다.

나. 연방제 통합에 대한 열망과 결의 부족

남과 북의 연방제 국가로의 통합에 대한 인식은 큰 차이를 드러내고 있다. 우선 북한은 1960년대 이후부터 한결같이 "련방제"에 의한 통일을 주장해 왔다. 국내외적 정세변화에 따라 "남북련방제", "고려련방공화국안", "고려민주련방공화국창립방안", "낮은 단계의 련방제안" 등으로 그 형식과 내용을 부분적으로 수정해 왔다. 이로 볼 때 북한의 연방제 통합에 대한 열망이나 결의는 일견 확실한 것처럼 보인다. 그럼에도 불구하고 구(舊)소련연방을 연방제의 모델로 삼고 있는 북한식 "련방제"의 개념과 연방제 제의의 동기, 고려연방제안의 내용, 북한이 자신이 주창한 연방제안 만을 고집하며 또 다른 연방제의 하나인 남한의 연합제안을 줄곧 거부해 온 사실 등을 면밀히 살펴보면, 북한이 진정으로 연방제 통합에 대한 열망이나 결의를 가지고 있는지 의구심을 가지지 않을 수 없다. 만약 남한 측에서 북한의 연방제안과 다른 연방제안을 내놓을 경우 이를 북한이 받아들일지는 미지수다.

사실 북한이 제기한 연방제는 그 표면적 수사에도 불구하고 순수하게 연방제 자체에 대한 열망에서 비롯된 것이 아니었다. 1960년 5월 평양을 방문한 소련 외무성 부상 쿠즈네소프의 조언에 따라 남조선혁명을 통해 소련연방과 같이 한반도를 공산화하려는 통일전선전략의 일환으로서 제기되었다.[63] 북한은 연방제 통일을 위해서는 "남조선혁명"과 남과 북, 즉 전국적 범위에서의 사회주의혁명의 완수가 "남조선인민과 북조선인민의 사활적 리익이 걸린 지상의 과업"이라고 주장한다. 북한은 "남조선인민들에 의한 남조선혁명"과 "전체 조선인민들에 의한 조국통일"을 주체사상에 기초한 두 혁명과업으로 제시한다. 특히 남조선혁명에 대해서는 "남조선 인민들에게 있어서 미제의 식민지 통치와 그 앞잡이들의 파쇼통치를 뒤집어엎고 짓밟힌 남조선인민의 자주성을 되찾는 이상 영예롭고도 중요한 과업은 없다"고 말한다.[64] 이러한 통일논리와 전략의 틀 속에서 북한은 국내외 정세변화에 따라 주적(主敵)을 남한의 지배세력에 맞추어 통일전선전술을 통한 '선 남조선혁명전략, 후 민족통일' 전략을 구사하거나, 외세에 맞추어 미군철수 투쟁을 통한 '선 민족통일, 후 남조선혁명전략'으로 전환하는 양상으로 보였다. 북한의 연방제는 이러한 남한에 대한 반제민족해방인민민주주의혁명의 전략적 성격으로 인해 서구 등지의 국가들의 연방제 형성 사례와 달리 남한 내 정치적 혼란기에 맞추어 다양한 형태의 연방제를 제시해왔다. 또

---

63) 조 민, "북한의 정권진화와 개발독재체제-김정은 정권 변화를 위한 접근전략(시론)-", 『김정은 집권 2년 평가와 전망』, 국가안보전략연구소 주최 학술회의 발표문(2013. 12. 5), p. 45 각주.
64) 허종호, 앞의 책, p. 3.

한 북한은 이를 실현하기 위한 방편으로 국내외 정세변화에 따라 연방제안을 느슨한 형태나 높은 단계의 형태로 유연하게 변형시켜 제시해 왔다.[65] 낮은 단계의 연방제안은 북한이 사회주의의 붕괴, 남북 간 국력의 격차 등 국내외적 안보환경 변화에 따라 북한체제를 방어하려는 수세적 입장에서 남한의 흡수통일 공세에 전술적으로 대응하여 제기한 측면도 있음을 감안할 때, 북한의 자기식 연방제 실현에 대한 열망마저도 과거에 비해 상대적으로 감소되었다고 말할 수 있다.

그런데 남한의 경우는 전반적으로 연방제에 대한 거부감이 팽배해있다. 대다수의 남한의 국민들의 머릿속에는 '연방제=북한식 련방제'라는 오해가 뿌리깊게 박혀있다. 북한 "련방제안"에 대한 극도의 경계심로 인해 남한 내에서는 연방제라는 용어 자체에 관해 무조건적으로 알레르기적 반응을 일으키는 분위기가 팽배해있다. 연방제를 옹호하게 되면 자칫 종북 또는 친북인물로 낙인찍힐 수도 있다. 이로 인해 남한 내에서의 연방제에 대한 연구는 북한 "련방제"에 대한 비판적인 글들이 대부분을 차지하고 있을 뿐, 연방제 일반에 대한 개념이나 세계 연방제 국가들에 대한 심도있는 비교연구는 거의 찾아보기 힘들다. 이로 인해 연방제에 대한 지식의 부족에 따른 연방제에 대한 잘못된 부정적 인식의 왜곡이 심각하게 나타나고 있다. 정성장은 북한이 통일방안에서 연방제를 주장하고 있다고 해서 '연방제'에 대해 맹목적 거부감을 나타내는 것과 북한의 사이비 연방제를 순수한 연방제로 오해하는 것 모두 통일과정에 대한 이성적 이해를 가로막는 장애물이라면서, 미국이나 독일 등의 연방제가 비합리적이고 비민주적인 제도라고 생각하지 않는다면 통일방안에 대한 논의에서 '연방제' 통일의 가능성을 원천적으로 배제할 하등의 이유가 없다고 지적한다.[66]

---

65) 최완규, "남북연방제와 인민민주주의혁명전략," 『경남대 논문집 사회과학편』(경남대학교, 1984), pp. 95-135.
66) 정성장, "통일정책의 전개와 변화", pp. 369-396.

'공치와 자치'의 연방제는 통일성과 다양성을 동시에 구현하는 제도이다. 시민들의 중앙과 지방에 대한 이중적 충성심이 있을 때 안정적인 운영이 가능하다. 그런데 중앙보다 지방정부에 대한 지역적 충성심이 너무 강할 경우에는 통합의 형성과 유지에 장애요인으로 작용한다. 지역적 충성심의 측면에서 남과 북을 평가해 보면, 우선 북한체제의 문제점을 지적하지 않을 수 없다. 북한은 수령 중심의 독재체제인 당-국가체제를 구축해 놓고 군과 주민들에게 수령과 당에 대한 무조건적인 충성심을 강요하고 있다. 이를 위한 이념으로서 주체사상을 기반으로 하여 유일사상체계를 확립하고 '사회정치적 생명체론', '사회주의 대가정', 김일성-김정일주의, 김정일 애국주의 등 실천이념들을 주민들에게 교육시키고 있다. 수령을 중심으로 수령의 영도에 따라 수령·당·대중은 일심동체를 이룬다. 수령은 당의 최고 영도자이며, 사회정치적 생명체의 최고 뇌수(腦髓)이다. '사회주의 대가정'의 가족 성원인 북한 주민들은 보통가정에서 자녀가 부모를 섬기듯 어버이인 수령과 어머니인 당을 믿고 사랑하고 충성과 효성을 다해야 하는 것으로 교육받고 있다. 북한은 주민들에게 이러한 규범을 각인시키기 위해 정치학습, 생활총화 등 정치사상교육을 철저히 실시하고 있다. 수령을 어버이로 섬기면서 수령·당·대중을 한 몸으로 여기는 사상이 체화된 북한주민들이 과연 지방정부의 주권의 일부가 이양된 연방의 중앙정부에 얼마만큼 충성심을 이전시킬 수 있을 것인지 의문을 가지지 않을 수가 없다. 북한주민들이 연방제 안에서 이중적인 충성심을 갖기란 매우 어려울 것이다. 설령 주민들이 충성심을 이전시키려 해도 북한의 비인권적이고 강압적인 전체주의적 체제가 쉽게 이를 허용하지 않을 것이다. 물론 이러한 분석은 중앙정부의 수반과 북한지역의 지도자가 다르다는 것과 중앙정부의 체제가 현 북한체제와 다른 자유주의체제나 제3의 남북한 절충형 혼합체제를 가정한 것이다.

남한의 경우는 연방제의 중앙정부가 자유주의체제나 서구식 사회주의가 일부 가미된 혼합체제로 운영되는 한 충성심의 일부 이전의 문제는 그다지 어렵지 않을 것으로 보인다.67) 다만, 중앙정부가 사회주의체제로 운영된다면 충성심의 이전의 문제를 떠나 연방제 통합 자체가 거부될 가능성이 크다.68) 그런데 남한 내의 지역주의는 연방제 통합에 장애로 작용할 가능성이 있다. 남한 내의 지역주의적 정치성향이 북한의 지역적 충성심에 자극받아 그 반작용으로 통일한국의 연방제에서 남과 북의 지역적 대립구도로 나타날 수 있으며, 이 경우에는 연방제 통합에 커다란 장애가 조성될 것이다.

북한의 일방적이고 경직된 자신의 연방제안에 대한 편집증과 남한 내의 연방제 일반에 대한 팽배한 부정적 인식, 북한체제의 속성에 따른 지역적 충성심, 남한 내 지역주의 등을 종합해 볼 때, 남·북한의 연방제 국가로의 통합을 위한 논의와 추진에 대한 열망과 결의는 극히 낮다고 볼 수 있다. 이러한 부정적 분위기는 남북 분단의 적대적, 대결적 구조 하에서 앞으로도 쉽게 변하지 않을 것으로 보인다.

다. 최상의 이념적 결의 부족

남과 북은 통합을 위한 공통의 최상의 이념적 결의가 없는 상태이다. 남한은 자유민주주의와 자본주의 시장경제체제의 이념 하에 운영되고 있는 반면, 북한은 사회주의 강성대국 건설을 목표로 주체사상의 통치이념에 기초한 당-국가체제, 즉 김일성·김일성주의, 선군사상 등 실천이념들과 수령

---

67) 서울대 통일평화연구원의 남한국민 대상 통일의식 설문조사 결과, 2009-2015년간 남북한 체제의 절충형 통일을 지지한다고 응답한 국민은 37% 전후로 일정하게 나타났으며, 45% 정도가 남한체제로의 단일화를 지지한 것과 비교해 볼 때 격차가 크지 않은 것으로 나타났다. 박명규 외, 앞의 책, pp. 66-69.
68) 통일한국의 체제가 어떤 체제라도 무방하다고 응답한 국민은 4% 수준에 불과하였다. 위의 책, p. 67.

과 노동당에 의한 유일사상체계, 유일적 영도체계, 사회주의 계획경제인 자립적 민족경제체제로 운영되고 있다. 이러한 남과 북의 극단적인 이념적, 체제적 차이는 공통된 통합이념에 대한 합의가 극히 어려움을 보여주고 있다.

북한은 남한의 자유민주주의 이념에 대한 거부감을 나타내면서 자유민주주의 제도에 의한 흡수통일론을 극도로 경계한다. "자유민주주의는 특권계급, 지배계급의 착취와 억압을 정당화하고 근로인민의 비참하고 무권리한 생활을 숙명적으로 합리화하기 위한 반동적이고 반인민적인 사상체제입니다."[69] 북한은 남과 북의 공통이념을 체제가 아닌 민족에서 찾아야 한다고 주장한다. "체제가 다르면 통일국가 형성의 구심점이 있을 수 없다고 하는 주장이야말로 민족우에 체제를 올려놓고 민족의 통일을 거부하는 립장외에 다른것일수 없다."[70] "련방형식의 통일국가를 창립하여 조국통일을 실현할 데 대한 방안은 '민족을 우위에 놓고 민족적리념에 따라 통일방도를 새롭게 밝히고 민족을 최우선적지위에 놓고 사상과 제도의 차이를 초극하여 통일문제를 성과적으로 해결'할 수 있는 길을 밝힌 독창적 방안이다."[71] "'우리 민족제일주의'는 나라와 민족을 통일과 강성번영에로 고무추동하는 참된 민족리념이다."[72] 북한은 "≪우리민족끼리≫는 민족자주와 민족대단결사상으로 일관되어 있고 그것을 철저히 구현하고 있는 민족자주리념"이라면서, 민족우선, 민족공조의 원칙이 전면적으로 포괄되어 있기 때문에 "조국통일의 생명선"과 같다고 주장한다.[73] 또한 북한은 6·15공동선언과 10·4선언에 '우리민족끼리' 이념에 기초한 련방제 형식의 통일을 이룩하자

---

[69] 김혜련, 한남철, 앞의 책, p. 97.
[70] 김혜연, 앞의 책, p. 158.
[71] 위의 책, p. 70.
[72] 송승환,『우리 민족제일주의와 조국통일』(평양: 평양출판사, 2004), p. 2.
[73] 위의 책, p. 196; 김혜련, 류승일, 최금룡,『조국통일을 위한 력사적 로정』(평양: 평양출판사, 2008), p. 512.

는 민족자주정신이 뚜렷이 명시되어 있다고 주장하면서, 민족통일을 관철시키기 위해서는 이러한 선언들의 철저한 이행이 필요함을 강조하고 있다.

한반도에서 민족분단의 동질성 회복, 즉 민족공동체의 형성이 통합에 있어서 중요한 기초라는 데에는 대다수가 동의하고 있다.[74] 그런데 북한이 민족이라는 개념을 이념적, 계급적 관점에서 정의함으로써 남한의 민족개념과는 근본적인 차이가 있음을 보여주고 있다.[75] 남한의 대다수 국민들은 통일한국의 통치이념이 민족중심의 "조선민족제일주의"라는 편협적이고 폐쇄적이며 배타적인 민족주의에는 동의하지 않고 있다. 또한 북한식 통치이념에 기초하여 특정독재자를 우상화하는 변질된 "김일성민족주의"를 인정하고 받아들일 사람도 남한 내에는 거의 없다. 남한은 통일의 목표가 민족공동체 형성임을 분명히 하면서도 통일한국의 통치이념은 자유민주주의와 시장경제체제이어야 함을 분명하게 밝히고 있다.[76]

남한 내 일부에서는 자본주의경제질서와 사회주의 계획경제질서가 혼합된 "혼합경제질서"와 같은 제3의 길의 모색을 주장하기도 한다. 그러나 제3의 길의 성격과 내용에 관해 남북이 합의하기는 쉬운 일이 아니다. 설사 남과 북의 지도자들이 어렵게 제3의 길에 타협하더라도 전체국민들 간의 합의가 결여된 경우에는 예멘의 경우에서 보듯이 성공할 수 없다.

---

74) 최현호, 앞의 책, pp. 57-70; 이서행, "남북한공동체 형성을 위한 가치통합," 이서행 외, 『통일시대 남북공동체』(서울: 백산서당, 2008), pp. 78-79; 남북한주민의 가치 상이성과 동질성, 그리고 남북공동체 형성을 위한 가치통합의 방향과 주요내용은 이서행, 위의 논문, pp. 75-82 참조.
75) 북한식 민족 개념에 대해서는 본장 제1절-1-가. '단일민족 의식' 참조.
76) 북한주민들에 대한 통일의식 조사결과, 북한의 주민들도 남한체제(자본주의)로 단일화하는 것을 제일 선호하고 있으며, 차선책으로는 중국식 시장사회주의와 같은 남북한의 체제절충을 원하는 것으로 나타났다. 강동완, 박정란, 앞의 논문, p. 12.

2. 구조적 요인

통합장애요인의 구조적 요인은 남북관계, 남북한 내부요소 및 대외관계로 대별할 수 있다. 다시 남북관계는 2개 구성국과 적대적 의존관계(분단대결 및 적대행위)로, 남북한 내부요소는 지역적 정치지도력과 북한의 대량살상무기, 남남갈등으로, 대외관계는 대외관계의 충돌 및 주변강대국의 영향 등으로 각각 나누어 기술하려고 한다.

가. 남북관계

(1) 2개 구성국

대부분의 연방국가, 국가연합, 동맹 등은 다수의 구성단위체들로 구성되어 있다. 그런데 듀차섹이 지적한 대로 지배적인 2개 국가 또는 집단으로 구성된 연방제 국가(nation-state)는 있어도, 역사상 2개의 단일제국가가 평화적으로 연방제 국가를 형성한 적은 아직까지 없다.[77]

듀차섹은 지배적인 2개 국가나 집단으로 구성된 연방제 국가의 경우에는 구성단위체 간의 관계, 초국가기구 내에서의 대표성(연방의회 및 행정부), 정당의 지역적 분열 등 문제에 있어서 독특한 특성을 보인다고 지적한다. 그는 두 구성단위체 간에 영합게임(zero-sum game)의 성격을 띠면서 심각한 갈등과 불안정, 무력충돌 발생 등으로 인해 높은 실패율을 갖고 있다고 말한다. 남궁영도 남북 두 국가를 기본단위로 하는 연방제는 두 자치정부의 체제 대결적인 관점이 지속될 경우 이를 조정하고 중화할 수 있는 완충지대가 없기 때문에 적대적 대립이 반복되고 결국 연방제의 붕괴로 이어질 가능성이 높다고 지적한다.[78]

---

[77] Duchacek, "Comparative Federalism," p. 33.
[78] 남궁영, "남북정상회담과 통일방안의 새로운 접근: 연합제와 낮은 단계의 연방

듀차섹은 1988년 세계국가들 가운데 서로 다른 2개의 민족이나 언어의 지배적인 집단(bicommunal dyad)들에 의해 특정지역을 기반으로 하여 구성된 벨기에(네덜란드어 사용 플레밍족 56%, 불어 사용 왈룬족 32%), 캐나다(영어 45%, 불어 29%), 체코슬로바키아(체코족 64%, 슬라브족 32%), 말레이시아(말레이족 47%, 중국인 34%) 등 15개 국가들을 대상으로 이들의 특징과 2개 지배집단간의 관계의 유형, 가능한 국가결합 형태 등을 도출해 내었다.[79] 이들의 특징으로 비대칭성, 불균형의 불변성, 다수결주의에 입각한 의사결정의 부적합성, 영합게임 등을 제시하였다. 그리고 그는 상호 적대적인 이들 2개 집단을 결합시키는 요인들로는 2개의 지배집단에 속하지 않는 제3그룹(Nth Group)의 중개역할, 특정이념, 외부세력의 압력 등이라고 분석하였다.[80]

그는 이 두 개 집단 간의 관계로는 정면대결, 강제적 또는 자발적 동화(assimilation), 우월한 집단의 다른 집단에 대한 헤게모니적 지배, 쌍두머리(bicephalous)의 연방제 통합, 또는 협의체적 결합을 상정할 수 있다고 말한다. 그리고 협의체적 결합으로는 다시 2개의 지배집단이 다른 집단을 헤게모니적으로 지배하는 형태와 쿼터·가중·비례적 선거제도 등을 이용한 소수집단에 대한 계몽적 지배의 형태, 영토적으로 분리된 2개의 지배집단 간

제," 『한국정치학회보』, 제36집 1호.(한국정치학회, 2002), p. 504; 건국대학교 통일인문학연구단, 『통일의 기본가치와 인문적 비전』, 통일인문학연구총서 019(서울: 선인, 2015), p. 34 재인용.

79) Duchacek, "Dyadic Federations and Confederations," pp. 5-31.
80) 이옥연은 연방제도에서는 중앙·비중앙 간 수직적 관계뿐 아니라 비중앙 간 수평적 관계가 원활하게 유지되어야 공치와 자치의 균형점이 비로소 발견된다면서, 통일한국의 경우 비중앙 간 수평적 관계의 정상화를 위해 지역대표성을 지닌 상원의 역할을 보완해 줄 헌법 외 기구로서 '지역협의회'와 그 부속기구로서 헌법 외 자문기구의 구성 필요성을 주장한다. 이옥연, "연방제도 다양성과 통일한국 연방제도의 함의," pp. 73-78; 특정이념 문제와 관련 서울대 통일평화연구소의 통일한국의 체제에 대한 여론조사 결과, 37.9%가 남북한체제의 절충을 선택한 것은 주목할만하다. 남북한 체제의 절충은 남한체제로 단일화(44.9%)와 7% 정도의 차이에 불과하다. 박명규 외, 앞의 책, p. 66.

공통의 이익에 기초한 공동사업 추진 형태 등으로 나눌 수 있다고 한다.

그는 복수의 구성단위체들의 연방국가와 다른 2개 집단으로 구성된 연방국가들의 5가지의 조직적, 헌법적 이슈들로 ① 연방의회와 정당에서의 지역적 분열 ② 2개 집단 체계 내에서의 행정부 ③ 헌법 개정 ④ 2개의 현저한 비대칭적 구성단위체들의 연방 내에서의 경계 재분할 ⑤ 외부의 간섭 등을 지적한다.[81] 2개 집단으로 구성된 연방국가에서는 비대칭적 구성체들의 연방의회 내에서의 동등한 대표성 문제가 제기된다. 또한 정당이 지역적으로 이분화되는 경향이 있다. 남과 북이 5:5 비율로 동일의석의 상원을 실제로 구성한다고 하더라도 2개 구성국의 연방제는 다(多)구성국의 연방제와 달리 의사결정에서의 대립과 충돌을 완화시킬 장치가 없어 상원의 기능이 제대로 작동될 수 없는 근본적인 문제점을 안고 있다.[82] 결국 2개의 비대칭 구성국으로 된 연방제에서의 양원제는 성립이나 운영, 유지가 거의 불가능하다. 그런데 2개 구성단위체로 구성된 연방국가에서 비대칭적 구성단위체들의 평등성의 원리가 50:50의 동등비례 의석의 단원제 의회로 나타날 수 있는 지에 대한 의문이 제기될 수 있다. 역사적으로는 파키스탄에서 그 유일한 사례를 찾아볼 수 있다.[83] 영국으로부터 영연방의 자치령으로 독립(1947년)한 동서 파키스탄 연방은 1956년 동서 각각 75:75의 동등비례 의석의 단원제를 채택하였다. 그러나 군부 쿠데타 발생 등 정치적 불안정

---

81) Duchacek, "Dyadic Federations and Confederations," p. 18.
82) 이옥연은 통일한국의 상원이 지역단계 이익 대변기관으로 '효율적' 역할을 수행하려면, 분단체제의 남북한에 준하는 지역대표성보다 남북한을 구성하는 도 단위로 재구성된 지역대표성을 증진시키는 입법기관으로 정립할 필요가 있다고 주장한다. 이옥연, "연방제도 다양성과 통일한국 연방제도의 함의," pp. 75-76 각주 31); 손병권도 남한과 북한, 즉 2개 구성국으로 구성된 연방국가의 경우에는 두 지역정부의 대립으로 남과 북의 정당 간 대립이 심해져 의회가 남과 북으로 양극화되기 때문에 상원의 지역대표성 기능은 사실상 사라져 버리게 된다면서, 기존의 남북한의 도 행정단위를 중심으로 지역정부를 구성하고 이에 기반하여 상원의원을 선발하는 것이 바람직하다고 말한다. 손병권, "통일한국의 의회제도," p. 186.
83) Duchacek, "Dyadic Federations and Confederations," p. 19.

이 지속되는 가운데 1970년 가까스로 최초의 자유총선거를 실시하였지만, 뒤 이은 동서 파키스탄의 내분 및 이에 개입한 인도와의 전쟁으로 결국 파키스탄은 1971년 동파키스탄이 방글라데시로 분리독립을 선언함으로써 분열되고 말았다. 파키스탄 연방공화국은 현재는 양원제를 채택하고 있다. 민주주의의 경험이 없고 진정한 자유선거를 통해 단원제 의회가 제대로 운영된 적이 없었기 때문에 이러한 하나의 사례로부터 유용한 교훈을 얻어낼 수는 없다. 결국 2개 비대칭 구성국으로 이루어진 연방제에서의 의회는 양원제나 단원제나 모두 성립이나 운영, 유지가 어렵기 때문에 남과 북, 2개 국가로 구성된 연방제는 존립자체가 어렵다는 것을 알 수 있다.

연방 행정수반의 경우도 2개 집단을 대표하는 지도자들의 평등성으로 인해 중요 국가문제들에 대한 합의가 매우 어렵다. 사이프러스의 경우, 다수계인 그리스계가 대통령, 소수계인 터키계가 부통령을 각각 맡고 있는데, 연방헌법이 대외관계·국방·치안 등에 관한 법에 대한 평등한 상호 거부권(veto)을 부여하고 있기 때문에 국가통치에 어려움을 주고 있다. 또한 사이프러스 헌법은 그리스·터키계의 현저한 비대칭성을 감안하여 경찰은 7:3, 군은 6:4의 비율로 각각 배정하고 있으며, 최고재판소는 동등한 비율의 대법관으로 구성하도록 규정하고 있다.

헌법개정에 있어서 연방국가들은 일반적으로 다수결주의를 채택하고 있으며, 어떤 국가들은 연방적(권력배분에 영향을 주는 사안) 헌법개정과 비연방적인 것을 구분하여, 연방적 헌법개정의 경우에는 구성단위체들의 2/3 비준을 의무하고 있는 경우도 있다. 2개 집단의 연방국가의 경우에는 합의에 의해서만 헌법개정이 이루어질 수밖에 없으므로 헌법개정도 매우 어려울 것이다.

현저하게 비대칭적인 2개 구성단위체들로 이루어진 연방국가는 큰 구성단위체를 분할하여 세방화하여 세력을 축소시키거나(dwarfing a giant), 영토적/분산적(territorial/diasporic) 배분화, 즉 일부는 영토적 경계 안에 살도록 하되 나머지는 다른 지역에 분산시킬 수 있다. 분산된 그룹은 완충지대(buffer) 또는 민족들이 섞여있는 "볼모"(hostage) 거주지로서 지배적인 구성체에 대한 경종시스템 역할을 할 수 있다.84) 티토는 크로아티아계, 슬로베니아계, 세르비아계로 구성된 유고의 세르비아지역을 분할하였다. 나이지리아 연방은 1954-1963년간 3개 지역(Regions)으로 나뉘어 있었으나, 1963년에 4개 구성주로, 이후 점차로 그 수를 늘려 현재는 30개 주와 하나의 준주(Territory)로 되어 있다.85)

한반도의 경우도 연방제 통합이 추진될 경우 남과 북 두 개의 구성국으로 이루어질 것이다. 그런데 2개 구성국으로 형성된 연방제 국가가 매우 불안정할 수 있다는 점을 고려하여 남북이 통합되기 전에 남한지역을 먼저 분화시켜 구성단위체를 늘려 연방제를 실시한 연후에 차후 안정적인 남북연방제 통합을 추진하려는 방안들이 제기되기도 하였다.86) 그렇지만 이러한 방식에는 몇 가지 문제점이 있다. 우선 연방체를 형성하는 초기에 협상

---

84) *Ibid.*, pp. 22-23.
85) 스위스(Swiss Confederation)는 3개의 구성단위체의 연합에서 출발하여 현재 26개의 다수의 칸톤(이중 6개는 한 개의 칸톤에서 둘로 나뉜 반(半) 칸톤 demi-canton)으로 구성되어 있으나, 대부분 기존의 칸톤들을 분리시킨 것이 아니라, 주변의 칸톤들을 추가로 가입시켜 그 수가 늘어났다. 초기에 4개 구성주로 출발한 캐나다의 경우도 점차 가입 주를 늘려 현재 10개 주와 3개 준주로 구성되어 있다.
86) 성경륭과 윤황은 통일코리아의 "대한연방공화국"안으로 한반도의 지역구분에 기초하여 1 수도지역 정부와 3 남부·중부·북부 지역정부의 '4지역정부 연방체제' 구상방안과 남과 북의 행정구역에 기초하여 1 수도지방정부, 13도 지방정부의 '14도 연방체제' 구상방안을 제시한다. 이들은 심지어 우선 남한지역에서부터 낮은 단계의 연방적 국가형태를 실행해 보는 구상도 제시한다. 성경륭, 윤황, 앞의 논문, pp. 43-72; 자유선진당도 독일의 통일 경험을 살려 서독의 경우처럼 남한을 먼저 6-7개의 권역으로 나누어 각 지방정부를 강소국 수준으로 육성하는 강소국 연방제를 실시하여, 이후 북한과의 연방제 통일과정에서 통일의 충격을 흡수할 수 있도록 대비하는 것이 필요하다고 주장했다. 자유선진당, 『'강소국연방제' 어떻게 추진할 것인가?』, 자유선진당 자유정책연구원 주최 세미나 자료(2009.6.3), pp. 1-72; 최형철, 『완전한 지방분권을 위한 대안: 강소국연방제』, 2010년 국회 연구용역 과제 보고서(국회사무처, 2010년 6월), pp. 1-27.

의 주체가 너무 많을 경우에는 협상을 통한 합의과정이 상대적으로 매우 어렵게 됨으로써 통합 자체가 이루어지지 못할 가능성이 크다.[87] 매우 민감한 합의과정과 복잡한 거버넌스 구축을 필요로 하는 연방제 경험이 없는 남북한으로서는 일단 남한과 북한이라는 두 구성단위체로 통합을 추진해 나가는 것이 바람직하다. 또한 연방제 국가는 구심력과 원심력이 상호 작용하는 가운데 항상 변화하는 과정을 겪기 때문에 때로 강한 구심력의 작용으로 통합성이 커지는 경향도 있지만, 역으로 원심력이 커질 경우에는 분열될 위험성이 있다. 다시 말해 상황변화에 따라서는 세방화로 인해 구성단위체의 자치성이 커짐과 동시에 중앙의 통합력이 현저하게 약화될 경우에는 연방체가 해체될 수도 있다.[88] 남남갈등이 구조화되어 있는 남한 내에서 연방의 구성단위체를 잘못 세분화하려고 할 경우에는 더 큰 분열이 생겨날 수 있는 위험성이 있다. 따라서 남한이 남북연방제 통합을 지향할 경우에는 통합 전 세방화를 통한 연방제를 도입하기보다는 단일제 국가 틀 내에서 중앙의 권력을 지방자치체에 더욱 많이 위임한 지방분권제를 강화함으로써 중앙과 지방 간 권력분점을 통한 협의체민주주의 경험을 축적시켜나가는 방식으로 연방민주주의의 정신을 길러나가는 것이 바람직하다. 한편, 남과 북, 2개 구성국으로 연방국가를 형성한 이후에 지역정부를 세방화하는 문제도 상당수의 학자들에 의해 제기되고 있지만, 이 또한 분열의 같은 위험성을 내포하고 있다.[89] 연방제도의 다양성은 많은 정치적 실험의

---

87) Hicks, op. cit., p. 176.
88) 제5장, 제3절, 4. 연방제의 퇴행 참조.
89) 김대중은 3단계 연방제에서 독일과 미국과 같은 세분화된 연방제를 제시했다. 아태평화재단, 앞의 책, pp. 21, 27; 민주평화통일자문회의 사무처는 거시연방인 남북연방이 안정적이지 못하기 때문에 중위연방제가 바람직하다면서, 중위연방제의 시안으로서 남과 북의 10개주로 구성되는 연방을 상정하였다. 민주평화통일자문회의 사무처, 앞의 책, pp. 34-5; 단계적 연방제 통일방안을 제시한 최양근은 제3단계 세부화된 연방에서 남한 6개 정부, 북한 6개 정부, 공동으로 강원도 1, 연방수도 1 등 총 14개 지역정부 구성을 제안한다. 최양근, 『한반도 통일연방국가 연구』, pp. 383-385; 이옥연은 분단체제의 경험을 감안하여 남북한 대신 남한

기회들을 제공해 주지만, 한반도에서의 세방화는 매우 위험한 정치적 실험이 될 것이다.

상호의존의 세계화 시대에 살고 있는 오늘날 국제적 연관성이 없는 국내문제는 거의 없다. 대외관계 면에 있어서 2개 구성단위체로 이루어진 연방국가의 경우에는 여러 구성단위체로 이루어진 연방에 비해 긴장과 갈등이 상대적으로 더욱 자주 발생하기 때문에 내부분쟁은 항상 외부세력의 관심과 간섭을 불러일으켜 왔다. 2개 구성단위체로 이루어진 연방국가 내의 구성단위체들은 일반적으로 외국에 있는 "혈족"(blood relatives), 즉 압력단체나 국가들과 중요한 연계를 맺고 있다.90) 외국인들이 간섭할 의도가 없더라도 외국의 개입에 대한 두려움이나 바램, 즉 "유령 개입"(phantom intervention)이 정치현장에 영향을 미친다. 남한과 북한이 각각 미국, 중국과 "혈맹"관계를 맺고 있는 현실을 감안할 때, 남북통합과 같은 한반도 문제의 '한반도화'는 그리 쉬운 일이 아님을 알 수 있다. 외부세력의 한반도 개입이 남북한의 통합에 부정적인 영향을 미치지 않도록 잘 관리해 나가는 것이 중요하다.

듀차섹은 2개의 지배집단으로 구성된 연방제(연방국가)는 영토적 권력배분, 다원주의적 민주주의 체제(두 집단 간 및 집단 내), 하나의 복합국가를 설립 또는 유지하려는 의지, 이중 다수결주의에 의한 의사결정 등 4가지 특

과 북한을 구성하는 도 단위를 근간으로 연방제도를 구성할 것을 제안한다. 이옥연, "연방제도 다양성과 통일한국 연방제도의 함의," p. 77; 조민은 통일코리아의 국가형태로 10개 이상의 다양한 지역정부를 포섭하는 분권형의 '한반도형 다(多)연방제국가' 구상 필요성을 제시한다. 조민, "통일방안의 재검토와 '연방제 프로젝트'," pp. 174-175; 이상우는 남과 북의 지역자치정부로 구성되는 연방을 10년간 실시한 후, 남과 북을 각각 4개의 지역으로 나누어 총 8개 주를 하나의 연방으로 묶는 방안을 제시한다. 이상우, 앞의 논문, p. 55; 정용길은 통일한국의 국가형태는 한반도 내의 심한 지역감정까지 고려하여 4-5 또는 5-6개의 주정부를 갖는 연방제를 구상해 볼 수도 있다고 주장한다. 정용길, "남북한 통일정부 구성을 위한 단계적 접근방법", p. 5.

90) 듀차섹은 그리스, 터키의 사이프러스 개입, 인도의 스리랑카 타미르 지원, 영국의 북아일랜드 아이레 지원, 아랍국가들의 이스라엘 개입, 인도의 동파키스탄 군사개입 등을 지적한다. Duchacek, "Dyadic Federations and Confederations," pp. 24-25.

징이 있어야 고려될 수 있다고 말한다. 그는 2개의 지배집단으로 구성된 국가연합 유형의 특징은 초국가기구를 창설하지 않으려는 의지와 다수결주의가 아닌 합의(또는 거부권)에 의한 의사결정이라고 한다. 지금까지 나타난 증거들에 따르면 2개 집단의 갈등과 협력을 관리할 수 있는 국가유형으로는 "국가연합이나 국가연합적 요소가 가미된 연방제"(a confederal framework or federalism with confederal ingredients)가 적합한 것 같다고 한다.91) 그러나 이것도 남북통합의 경우에는 북한의 체제변화가 선행되어야만 추진을 검토해 볼 수 있는 일이다.92)

듀차섹은 실제로 갈등을 겪고 있거나 잠재적인 갈등이 예상되는 두 개의 비대칭적, 적대적 집단이 상호 평화나 번영을 누리기 위해서는 "국가연합적

---

91) *Ibid.*, p. 31; 최완규도 통일의 현실화를 위해 통일은 민족 공영·공존의 정신을 바탕으로 한 민족 공동시장 경제공동체와 안보공동체를 공시적으로 추구하면서 궁극적으로는 국가연합 정도를 수립하는 것으로 축소시켜야 한다면서 남북한 통합의 최대목표는 높은 단계의 국가연합이라고 주장한다. 최완규, "햇볕정책의 국내정치적 제약요인 분석", 『동북아연구』, 제8권(2003년), pp. 18, 135; 최진도 현재의 남북한 관계에서 보면 통일의 최종단계의 형태를 지향하는 통일방안보다는 그 전단계의 과정으로서 통일방안을 강구하는 것이 보다 현실적이고 합리적이라 생각된다면서, 국가연합은 남북한이 지향할 좋은 대안이라고 주장한다. 최진, 앞의 논문, p. 9; 양길현은 연합-낮은 단계의 연방이 단순히 과도기적 내지는 초보적 통일의 단계로만이 아니라 장기적인 평화공존 자리로 자리 잡을 수 있다고 주장한다. 양길현, 앞의 논문, pp. 15-16; 구갑우와 박건영은 정치군사적 주권은 유지하면서 경제적 주권을 부분적으로 이양하며 남북한 경제체제를 절충하는 "다원적 안보공동체 더하기 경제적 국가연합", 즉 1민족 1.5국가(0.75국가 + 0.75국가) 형태의 통일국가 모색의 필요성을 주장한다. 구갑우, 박건영, "자유주의 입장에서 본 남북관계", 『2000년도 한국정치학회 추계학술회의』(한국정치학회, 2000), p. 15.
92) 이옥연은 통일한국이 현실적으로 채택할 수 있는 유형은 분권연합(Constitutionally Decentralized Union), 연합(Confederation), 연방(Federation)에 한정된다면서 그 장단점을 지적한다. 또한 그는 연합을 근간으로 하는 연방주의 원칙이라도 선거를 통해 통치위임을 부여받아야 진정한 통치를 가능하게 하는 조세권한의 정당성이 구축된다면서, 통일한국이 연합으로 연방제를 구현한다면 자유민주주의 헌정국가 개념에 토대를 두는 합의에 대한 신뢰가 궁극적으로 조성될 필요가 있다고 지적한다. 이옥연, "연방제도 다양성과 통일한국 연방제도의 함의," pp. 72-77.

-협의체적으로 수정된 연방제"(the confederal-consociational modification of federalism)가 바람직하다고 한다.93) 그는 국가연합적 비(非)다수결주의 방식에 따라 타협과 합의에 의해 아주 조금씩 점진적으로 이행해 나가는 방법 외에 또 다른 방법이 있을지 의문이라고 말한다. 홍기준은 '협의민주주의'는 서구의 다원사회에서 다수결 민주주주의의 폐단과 사회적 분열구조를 극복하기 위해 방안으로 제시된 것으로서, 갈등과 분열의 폐해가 크고 사회통합과 상이한 문화 간의 평화공존에 대한 열망이 강한 상황에서 정치세력과 이해당사자로 하여금 협상과 타협을 모색하도록 함으로써 분절된 세력 간의 공존공영을 가능하게 해준다고 말한다.94) 민주평화통일자문회의 사무처는 통일한국이 지역적, 이데올로기적, 계급·계층적인 분절적 균열구조가 형성되어 있는 다원주의사회가 될 것이라고 전망하면서, 통일한국의 정치제도로서 연방주의(중앙정부와 지방정부 간 권력분점)와 협의주의(중앙정부 차원에서의 권력분점)에 기초한 헌정제도를 만들 것을 제안하였다.95) 이러한 분권형 헌정제도는 분단체제의 지속으로 형성된 고착화된 갈등구조를 해소하고 지역화합과 민족통합을 촉진할 뿐만 아니라, 중앙집권적 국가에 의해서 억눌려 왔던 시민사회를 번성케 하고, 통일한국 경제의 효율성과 경쟁력을 높여줄 수 있는 제도적 틀을 제공할 것으로 기대된다는 것이다. 협의체주의 이론의 권위자인 라이파트(A. Lijphart)는 협의체민주주의(consociational democracy)란 대연정, 자치, 비례성, 소수계 비토권 등의 4가지 기본적 특징을 지닌 비다수결주의의 권력분점과 공유체제로서, 분절된(fragmented) 정치문화를 가진 민주주의국가를 안정된 민주주의국가로 변환시키도록 고안된 엘리트 카르텔에 의한 정부를 의미한다고 말한

---

93) Duchacek, "Dyadic Federations and Confederations," p. 31.
94) 홍기준, "벨기에의 정치통합: 협의적 연방주의 사례연구,"『유럽연구』, 제23호(한국유럽학회, 2006 여름), pp. 117-118.
95) 민주평화통일자문회의 사무처, 앞의 책, pp. 30-38 참조.

다.96) 그런데 그는 협의체주의를 위한 노력이 반드시 성공하는 것은 아니라면서, 협의체적 설계가 사이프러스와 나이지리아에서 실패했으며 우루과이의 경우는 스위스 스타일의 협의체제를 포기했다고 말한다. 그는 인도 등의 협의체민주주의의 사례들의 권력분점 체제에 대한 연구분석을 통해 협의체민주주의에 우호적(촉진적) 또는 장애적인 배경요소들(background factors)을 중요도 순으로 아래 9개 항목으로 제시했다. ① 분절사회에서의 권력공유에 가장 심각한 장애는 강고한 다수(majority)(인종적, 종교적)의 존재(일례: 사이프러스의 협의체민주주의 실패원인) ② 분절사회의 그룹들(지역, 언어, 인종, 종교 등) 간의 커다란 사회경제적 차이 ③ 그룹들이 너무 많으면, 이들 간 협상이 너무 어렵고 복잡함(일례: 인도의 14개 언어 집단) ④ 그룹들이 거의 크기가 같으면, 이들 간 힘의 균형이 존재(일례: 인도의 경우 특별한 지배그룹이 없이 수많은 소수계로 분리되어 있기 때문에 대체로 힘의 균형을 이룸) ⑤ 전체인구가 상대적으로 작으면, 의사결정 과정이 덜 복잡함 ⑥ 외부적인 위험들(외국과의 전쟁 등)이 내부적 단결을 증진시킴 ⑦ 모두에게 영향을 미치는 전체적인(overarching) 충성심이 개별적인 특정한(particular) 충성심의 힘을 감소시킴(일례: 독립 전 인도의 민족주의) ⑧ 그룹들이 지역적으로 집중되어 있다면, 연방주의가 그룹자치를 증진시키기 위해 사용될 수 있음(일례: 인도의 경우 종교적으로는 영토적으로 섞여있지만 언어적으로는 영토적으로 밀집되어 나뉘어 있어 매우 성공적인 언어적 연방주의를 실현) ⑨ 타협과 수용의 전통들이 협의체주의(consociationalism)을 발전시킴(일례: 인도국민의회는 합의에 기초하여 운영). 인도의 경우, 상기 9개 조건들 가운데 가장 중요한 ①② 조건을 포함하여 7-8개가 우호적이며,

---

96) 라이파트(A. Lijphart)는 민주주의 국가들을 협의체와 연방제 기준에 따라, 협의체 연방제 국가로 오스트리아, 말레이시아, 스위스를, 협의체 반(半)연방제 국가로 벨기에, 네덜란드, 안티리스열도를, 반(半)협의체 연방제 국가로 캐나다, 인도, 나이지리아를 각각 분류한다. Arendt Lijphart, "Consociation and Federation," *Canadian Journal of Political Science*, 12(3)(1979), p. 513.

스위스와 네덜란드 국가들만이 이에 필적할 수 있는 수준으로 나타났다.[97] 또한 그는 스위스, 오스트리아, 레바논 등의 성공적인 협의체민주주의국가들의 사례를 검토해 보면, 협의체민주주의 국가의 형성과 지속적인 유지에 우호적인 수많은 조건들을 보여주고 있다면서, 이러한 조건들은 엘리트 수준에서의 상호 하위문화적 관계, 대중 수준에서의 상호 하위문화적 관계, 그리고 각 하위문화 내에서의 엘리트와 대중 간의 관계들과 관련되어 있다고 말한다.[98] 남북한의 경우, 가장 중요한 ①②조건들을 포함하여 협의체민주주의에 우호적인 요소는 거의 없다고 할 수 있다.

그런데 국가연합과 협의체민주주의 경우, 각 구성국이 모든 주요 정책결정에서 상호 거부권을 갖고 있기 때문에 문제가 더욱 심각해서 경색과 교착 상태가 다반사로 발생함으로써 좌절감이 심각하게 누적되는 부정적 현상이 나타나기도 한다. 이들은 모두 다 불안정한 속성을 갖고 있어 설령 남북 간에 어렵게 국가연합적 협의체적 연방제를 형성한다 하더라도 장기적인 방식이 될지는 의문이다.[99] 3자결합의 경우에도 마찬가지로 특별한 어려움을 겪는 것으로 나타나고 있다. 그 이유는 각 구성국들이 다른 두 구성

---

[97] Arendt Lijphart, *Thinking about Democracy: Power Sharing and Majority Rule in Theory and Practice* (London and New York: Routledge, 2008), pp. 51-52.
[98] *Ibid.*, pp. 31-32.
[99] 홍기준은 협의민주주의에 대한 이론적 비판으로서 의사결정의 비효율성, 타협의 어려움, 분리이탈 가능성, 민족갈등의 증폭 가능성 등에 따른 실패 가능성에 대한 지적들이 있다고 말한다. 홍기준, 앞의 논문, pp. 118-119; 셀웨이(J. Selway)와 템플먼(K. Templeman)도 비례대표제와 내각책임제, 연방주의의 패키지로 구성된 협의주의 이론은 이론적으로나 경험적으로나 갈등감소 효과가 과장되어 있다고 주장한다. 이들은 오히려 비례대표제는 극단주의자들의 정당과 원심적 선거전략을 추구하게 만들고 어려운 문제에 직면하여 정부의 마비를 초래할 수 있으며, 내각제 보다 대통령제가 더 안정적이며, 연방제가 구성민족의 분리이탈을 증가시키고, 민족그룹들이 영토적으로 분리되어 있지 않고 지역적으로 분산되어 있는 연방제의 경우는 영토분쟁 등 발칸식 갈등을 촉진할 수 있다고 말한다. Joel Selway and Kharis Templeman, "The Myth of Consociationalism: Conflict Reduction in Divided Societies," *Comparative Political Studies*, vol. 45 no. 12(December 2012), pp. 1542-1571.

국들의 연합이나 어느 한 구성국의 헤게모니로 인해 자신의 입지가 상대적으로 약화될 수 있다는 두려움을 갖기 때문이다.

왓츠는 이러한 갈등들은 아래 3가지 방식으로 해결되었다고 말한다.100) 첫째, 구성국을 더 분리하여 여러 개로 만드는 것이다. 둘째, 연방을 해체하는 경우이다. 마지막으로 더 광역의 기구로 흡수되는 경우이다. 국가연합적 성격의 베네룩스 3국은 더욱 큰 EU 안으로 효율적으로 흡수되었다. 연방국가로의 통일한국의 경우도 세방화보다는 왓츠가 제시한 3번째 방안처럼, 더욱 큰 광역의 동북아 또는 동아시아 지역기구로 편입되는 것이 안전한 방식이 될 수 있다. 독일이 통일되기 직전에 서독측이 내놓은 3단계 통일안에도 통일독일의 유럽공동체 편입을 통한 발전구상이 제시된바 있다.101) 그러나 역사적, 영토적, 경제적, 문화적, 인종적 이해관계가 복잡하게 얽혀있는 동아시아지역에서 여사한 다자안보협력기구의 창설에 대한 전망은 그리 밝지 않다.

지배적인 2개 구성단위체의 불안정한 통합사례로는 체코슬로바키아, 캐나다, 벨기에 등을 들 수 있다. 체코슬로바키아는 체코의 우세민족과 슬로바키아의 열세민족의 통합국가로 분열과 재통합을 거듭하며 극심한 갈등을 빚어오다가 결국 이를 극복하지 못하고 체코와 슬로바키아로 각각 독립하였다.102) 캐나다는 다수계 영어권의 주들과 소수계 불어권(퀘벡 주)이, 벨기에는 네델란드어권과 불어권이 어렵게 통합을 달성하여 유지해 오고 있으나, 분열상이 지속되면서 매우 불안정한 모습을 보이고 있다.103)

---

100) Watts, "Comparing Forms of Federal Partnerships," pp. 246-247.
101) 서독이 통일 전 대내외에 통일독일의 EU 가입을 천명한 것은 2국 통일의 불안정성에 기인하기 보다는 통일로 인한 독일의 파워증가가 유럽 내 세력균형을 깨뜨릴 것을 두려워하는 유럽국가들의 우려를 불식시키기 위한 것이었다.
102) 김신규, "체코-슬로바키아, 슬로바키아-헝가리 갈등양상의 원인과 전망",『동유럽발칸학』, 제4권 제1호(동유럽발칸학회, 2002), pp. 314-343; 박정원, "민족주의와 사회주의 연방의 해체: 체코슬로바키아 사례",『국제정치논총』, 제38집 제2호(1998), p. 286.

이상의 논의를 종합해 볼 때, 통일한국의 연방제 통합에 있어서 남과 북의 2개 구성국이라는 구조적 요인은 연방제의 형성과 유지에 커다란 장애요인이 아닐 수 없다. 남과 북은 연방국가 보다는 낮은 수준의 국가연합 형태의 협의체국가로의 통합을 추진하는 것이 보다 현실성이 있다. 그럼에도 불구하고 이러한 국가연합적 통합의 경우에도 국가연합의 본래적인 특성상 상당한 정도의 불안정성의 위험은 내재되어 있다.

(2) 적대적 의존관계

(가) 분단 대결

남·북한은 제2차 세계대전에서의 연합군의 승리로 일제의 압제로부터 해방되었으나, 냉전시대의 양극체제 하에서 이념적으로 대립하던 중 미국과 소련 등 강대국들에 의해 남북으로 분단되고 말았다. 남과 북에 각기 다른 정부를 세운 남한과 북한은 상대방을 부정하며 자신만이 한반도에서 유일한 합법정부임을 주장하였다. 이어 북한의 무력침공에 의한 통일시도는 남과 북에 커다란 상처만을 남긴 채 불안정한 정전체제 아래서 서로 상대방에 대해 적개심을 품고 불신하며 대립, 반목하는 적대적 관계를 심화시켰다. 남과 북은 각종 첨단무기와 병력(남한 64만 명, 북한 120만 명)으로 무장한 채 군사분계선을 중심으로 양쪽에 대치중에 있다. 이러한 분단상황 아래서 상대를 적으로 간주한 남과 북은 적대적인 일방적 행위가 상대방에게 대칭적 반작용을 일으키면서 상호 상승작용을 일으키는 소위 "거울영상효과"(mirror image effect)를 통해 상호 대결과 경쟁의 길로 나아갔다.[104]

남북분단의 구조적 성격과 관련하여 이종석은 남북한이 서로 상대방과

---

103) 홍재우, "권력 공유의 실험과 위험: 벨기에 복합연방제의 패러독스,"『한국정당학회보』, 제9권 제2호, 통권 17호(한국정당학회, 2010), p. 270.
104) 이종석, 앞의 책, pp. 31-32.

의 적당한 긴장과 대결국면 조성을 통해서 이를 대내적 단결과 통합, 혹은 정권안정화에 이용하는 "적대적 의존관계"를 갖고 있다고 주장한다.[105] 반면, 박명림은 남북관계를 두 행위자가 역사 특수적인 질서를 구성하고 상호작용할 뿐만 아니라, 이 구성된 전체질서가 행위자를 다시 제약하는 "대쌍관계 동학"의 성격을 가진다고 말한다.[106] 이에 대해 백낙청은 한반도의 분단구조를 자본주의 세계체제의 역사 속에서 특정한 시기와 동아시아라는 특정한 지역에 자리 잡은 독특한 하위체제인 "분단체제"로 규정하고, 분단체제의 특징으로 반민중성, 반민주성, 비자주성을 주장한다.[107]

  남과 북이 적대적 의존관계 속에서 더욱 더 상호 적대감을 키워가는 가운데 한반도의 분단은 더욱 고착화되어 가고 있다. 한국은 헌법상(제3조 영토조항) 대한민국의 영토를 북한을 포함한 한반도 전역으로 확대하고 있고, 이를 근거로 국가보안법에 의해 북한을 반국가단체로 규정해 놓고 있다. 한국의 군은 북한을 주적(主敵)으로 규정해 놓고 있다. 그리고 반공법, 국가보안법 등으로 친북활동을 엄격하게 처벌하는 제도적 장치들도 구축해 놓았다. 마찬가지로 북한도 노동당 규약 등에 혁명을 통한 남한의 해방을 당-국가체제의 목표로 정해 놓고, 주체사상과 선군정치의 기치 아래 세습적 수령독재체제를 유지하면서 남한과의 적대적 대결자세를 견지해오고 있다. 상대방의 존재 자체를 부인하는 이러한 남과 북의 법제들로 인해 분단대결의 적대성이 제도화, 구조화되어 있다. 탈냉전의 국제적 환경 속에서도 한반도에서의 냉전상태는 여전히 진행형이며, 남과 북의 한반도에서의 군사적 긴장과 대결은 날로 증폭되고 있다. 남과 북이 상생할 수 있는 연방제의 도입을 위해서는 무엇보다도 상대에게 적대적인 법제들이 먼저 개폐되어

---

105) 위의 책.
106) 박명림, "분단질서의 구조와 변화: 적대와 의존의 대쌍관계동학, 1945-1995", 『국가전략』, 3(1)(세종연구소, 1997.2), pp. 41-79.
107) 백낙청, 『분단체제 변혁의 공부길』(서울: 창작과 비평사, 1994), pp. 13-48 참조.

야 한다. 그러나 북한을 반국가단체로 규정하고 있는 한국의 헌법 제3조 영토조항을 민주적 절차에 의해 개폐하는 일은 정치지도자들의 결단과 헌법 개폐에 반대하는 국민들에 대한 설득을 통한 국민동의의 획득, 위헌성 문제에 대한 심사, 국민투표 등 수많은 난관들을 모두 극복해야 가능한 것으로서, 이념적 남남갈등과 지역주의가 팽배한 한국의 정치문화 속에서 그 실현 가능성이 의문이다. 남한혁명을 목표로 규정한 북한의 노동당 규약을 개폐하는 일도 마찬가지로 어렵다.

한반도에서 정전체제를 대체할 평화체제 구축도 그리 간단하지 않다. 평화체제 구축은 평화협정이 체결되어야 가능한 데, 북한의 평화체제구축 요구에 대해 한국과 미국은 평화협정 체결을 위해서는 북핵문제 해결, 정치·군사적 신뢰구축 등이 먼저 선행되어야 할 것을 요구하고 있다. 북한 전문가들은 남북관계의 진전이 어려운 가장 근본적인 문제점의 이면에는 힘의 우열관계에 있는 현실과 힘의 관점에 의거한 현실주의 의식이 깊숙이 자리 잡고 있음을 지적한다. 그리고 정전체제의 군사적 대치상황을 해소하고 남북의 정치적 대립을 완화시키며 나아가 북핵문제 해결과 북미정상화를 이뤄내 남한내부의 염북(廉北)·혐북(嫌北) 의식과 북한내부의 피포위 의식을 해소해 낼 수 있는 "포괄적 평화체제"의 선순환구조를 만들어서 남북관계를 제도화시키는 것이 필요하다고 말한다.[108] 그러나 한반도에서의 평화체제 구축 문제가 비핵화 문제와 연동되어 있는 상황에서 북한이 핵보유의 영구화 의지를 대내외에 천명하고 있어 이 둘은 상호 악순환적 관계구조의 덫에 걸려있다. 또한 평화협정 체결 및 평화체제 구축은 관련당사국들 간의 평화협정의 형식(당사자 문제)과 내용을 둘러싼 복잡한 이해관계와 입장차이, 수많은 절차적 이행과정과 검증 등의 내재적인 문제들, 그리고 비핵화,

---

[108] 김근식, "남북관계의 제도화를 위한 근본적 접근: 포괄적 평화," 김영재, 최진욱, 박인휘 편, 『국제학술회의: 한반도 평화통일 어떻게 만들 것인가?』(통일연구원, 2014), pp. 309-329.

통일, 동북아에서의 강대국 간 힘의 전이 등 민감한 이슈들과 연계된 외적 장애 등으로 인해 그 실현 가능성이 매우 낮다.

(나) 적대행위

6·25전쟁 이후 최근까지 북한의 대남도발은 지상·해상·공중으로부터의 다양한 침투(1,640여건) 및 국지도발(1,020여건)의 형태로 지속적으로 이루어져 왔다.[109] 북한의 도발은 군사적인 직접적 도발뿐만 아니라, 간접적·심리적 도발 등의 형태로도 다양하게 전개되어 왔다. 그리고 도발시기도 남북한 관계가 좋거나 나쁘거나를 가리지 않고 끊임없이 주기적으로 지속되어 왔다. 주요 도발형태를 보면, 1950년대부터 1960년대까지는 주로 남한 내 혁명기지 건설을 위한 간첩 침투, 청와대 기습 등 요인암살 등을 위한 게릴라·잠수함 침투, 해군함정 피격, 민간항공기·정찰기 및 승객 납치, 억류 등의 도발을 자행했다. 그런데 이후에도 지속적인 무장간첩 침투, 박정희·전두환 대통령 등 요인암살 기도, 대남땅굴 굴착, 판문점 도끼만행사건, KAL기 폭파 등 다양한 형태로 도발을 감행해왔다. 특히 이명박 정부(2008.2)가 들어선 이후 김대중·노무현 정부와 달리 대북강경노선을 취하게 되자, 북한은 대남강경책으로 선회하였다. 금강산관광객 피격(2008.7), 개성공단근로자 억류(2009.3), 디도스 사이버공격, 동해와 서해에서의 북방한계선 침범, 대청해전(2009.11), 천안함 폭침(2010.3), 연평도 포격(2010.11), 서해상 포사격(2010.1, 2014.4), 목함지뢰 매설, 지속적인 각종 미사일 시험발사, 핵실험(2009.5월 2차, 2013.2월 3차, 2016.1월 4차) 등 다양한 도발을 통해 한반도에서의 긴장을 고조시키고 있다.

---

[109] 김성우, "북한의 대남 도발 사례분석," 『융합보안 논문지』, 제14권 제3호(한국융합보안학회, 2014.5.30), pp. 79-88 참조; 북한의 대남테러 조직 및 테러·도발사례에 대해서는 김광진, "북한의 대남테러 조직 및 테러전망,"『새로운 테러위협과 국가안보』, 국가안보전략연구원·이스라엘 국제대테러연구소 공동 국제학술회의(2016.6.23), pp. 74-98 참조.

북한이 지속적으로 도발을 자행하는 이유는 남한 및 북한 내부요인, 남북관계 요인, 북미관계 요인, 북중관계 요인 등이 북한 내부의 의사결정체에 복합적으로 작용하고 있기 때문이다. 북한은 다양한 도발을 통해 남한 내 혼란을 통한 남남갈등의 조성과 한미동맹의 분열, 그리고 이에 따른 남한국력의 약화, 북한 내 세습독재체제의 공고화 및 내부결속 강화, 미국과 남한의 적대적인 대북정책의 전환 유도, 경제적 원조 등 국제적 지원획득을 위한 협상력 제고, 북중·북미관계에서의 북한의 주체성과 존재감 과시 등 다방면에 걸쳐 국가이익을 달성하려고 노력하고 있는 것으로 보인다.

북한의 이러한 도발은 남한과 미국의 즉각적인 대응을 불러일으키고, 이러한 대응은 또 다시 북한의 또 다른 대응을 불러일으켜 결국 상호대립의 악순환을 낳고 있다. 최근 한국은 5·24조치(2010), 개성공단폐쇄(2016.2) 등으로 대북교류를 중단시키고 유엔 및 국제사회와의 긴밀한 공조를 통해 강력한 대북제재와 압박으로 북한의 핵포기와 태도변화를 유도하기 위한 노력을 경주하고 있다. 이에 대응하여 북한은 남한과 미국 등이 자신들에게 적대적 행위를 자행하고 있다고 주장하면서, 한반도에서의 각종 군사연습 중지, 대북제재 해제, 대북전단 살포 및 대북 확성기 방송 중지 등을 요구하고 있다. 이러한 악순환의 고리는 도발의 원인과 결과, 그리고 책임의 주체에 대한 판별을 어렵게 함으로써 남과 북으로 하여금 언제나 문제를 상대방의 탓으로 돌리게 만드는 구조를 제공해왔다. 이로 인해 남북한 간의 불신과 오해, 상호 불인정, 긴장과 대결 등 적대성은 날로 증폭되고 있다.

이같은 북한의 무력도발과 대응의 악순환의 고리는 그 원인적 요소들을 앞으로도 개선하기가 쉽지 않은 점에 비추어 볼 때, 앞으로도 이제까지와 다름없이 계속 이어질 것으로 보인다. 이는 남·북한 간 적대행위가 연방주의 정신을 잠식시킴으로써 남북 간 연방제 통합의 장애요인으로 계속 작용할 것임을 시사해준다. 강성윤은 현재의 적대적인 남북관계에서 당장 연방 통합을 목표로 하기보다는 평화적 공존관계의 형성으로부터 시작되는 단계적 모델로서 연방주의 통합이론이 검토될 필요성이 있다고 주장한다.110) 김근식도 남북관계는 신혼기도 파경기도 아닌 편안하고 안정된 중년부부와 같이 담담한 것이어야 한다면서, 평화적이고 상대방을 존중하고 인정하며 최소한의 신뢰의 끈을 유지해야 더디지만 조금씩 남북관계가 나아질 수 있다고 주장한다.111)

나. 남북한 내부 요소

(1) 지역적 정치지도력

왓츠는 강고한 지역적 기반을 가진 지역적 정치지도력의 존재를 연방제의 형성과 유지의 장애요인으로 지적한다. 그 이유는 힘의 균형이 지방의 자치, 즉 원심력 쪽으로 너무 많이 쏠리게 되기 때문이다.

이러한 지역적 정치지도력에서 문제가 되는 것은 남한보다는 북한의 수령독재체제라고 할 수 있다. 수령 중심의 유일영도체계 하에 전체주의적 당-국가체제로 운영되고 있는 북한의 지역적 정치지도력은 지나치게 강고하다. 김정은 체제의 안정성 여부의 문제에 대해서는 다양한 분석들이 쏟아지고 있지만, 대체로 안정성을 유지하고 있다. 김정은은 김일성-김정일주의를 전면화하고 김정일 애국주의를 내세워 세습의 정당성을 확고히 하였다. 집권 2년 만에 제1비서, 국방위원회 제1위원장, 최고사령관으로서 당, 국가기구, 군대라는 북한 3대 권력기구의 정점에 자신의 위상을 세웠으며, 2016년 5월 제7차당대회에서 노동당 위원장으로 추대되었다. 정치부문에서는 당 중심의 지도체제를 강화하고 권력엘리트들에 대한 과감하고 신속한 구조조정을 단행하여 자신이 선택한 세력을 재배치했다. 군사부문에서는 기존의 선군정치를 이어가면서 핵무력 건설과 각종 재래식 무기의 개발에

---
110) 강성윤, "연방주의 통합이론에 관한 연구," p. 199.
111) 김근식, "남북관계의 제도화를 위한 근본적 접근," pp. 327-329.

매진하고 있다. 경제부문에서는 '우리식 경제관리체계'를 시도하면서 물가 안정과 배급확대를 위해 노력하고 있으며, 외자유치와 노동력 송출 정책을 통해 인민들의 생활 향상을 도모하는 등 인민친화적인 대중성을 추구하고 있다.

김정은 체제는 북한체제가 늘 그래왔듯이 주민들의 자발적 지지보다는 공포정치에 의존하고 있고 취약한 경제기반 위에 서있기 때문에 다소 불안정한 측면도 있다. 그럼에도 불구하고 현재 북한 내에는 당·군·정 엘리트나 주민들 사이에 조직적인 불만이나 저항의 조짐은 나타나지 않고 있다. 통제기제에 이상 징후가 없는 점을 감안할 때, 김정은의 지역적 정치지도력은 흔들림 없이 당분간 강고한 상태로 이어갈 것으로 보인다.

이러한 북한의 전체주의적 독재체제와 초법적인 지도자의 막강한 권력행사는 자유민주주의적 법치와 대화와 타협에 기반을 둔 연방제와는 상합할 수가 없다. 연방제 통합시 중앙정부와 지역정부 간의 수직적 권력배분 및 협력관계, 남과 북의 지역정부 간 수평적 권력배분 및 협력관계 등이 제대로 형성, 유지될 수 있을지도 의문이다. 북한 지도자의 강고한 지역적 정치력은 연방제 통합에 커다란 장애요인중 하나임에 틀림없다.

(2) 북한의 대량살상무기 개발 추진 문제

북한은 국제통제체제에서 벗어나 핵과 미사일 프로그램을 지속적으로 개발해오고 있다. 북한은 자신들의 핵·미사일 개발의 이유에 대해 그 책임을 미국에 전가하면서, 미국의 핵위협에 따른 자위적 조치의 일환이라고 주장한다.[112] 또한 한반도의 핵문제는 미국이 남쪽에 핵무기를 끌어들임으

---

112) 북한이 핵무기를 개발하고 있는 동기에 대해 서동구는 세이건(Scott Sagan)의 분석모델을 원용하여 안보모델(미국의 핵정책과 대북적대시 정책에 대항하기 위한 억지력 차원), 국내정치모델(김씨 3대 체제수호라는 국내정치적 필요) 및 국제규범/지위모델(국제사회로부터 '사실상 핵능력국' 지위 획득) 등 3가지의 동기들이 복합적으로 작용하고 있다고 주장한다. 서동구, "북핵의 국제정치와 한국

로써 생긴 문제이기 때문이므로 핵문제는 미국이 직접 해결해야 한다고 주장한다. 물론 이에 대해 미국과 한국은 근거없는 주장이라며 일축하고 있다. 북한의 대량살상무기 개발은 미국뿐만 아니라 한국과 세계를 위협함으로써 심각한 우려의 대상이 되고 있다.

체제경쟁을 통해 서로 상대방을 우월한 힘에 의해 흡수하려는 통일전략을 추진하고 있는 남과 북으로서는 상대방의 힘이 커지는 것에 대해 민감하지 않을 수 없다. 특히 한국의 눈부신 경제적 성장으로 인해 그 격차가 크게 벌어져 한국으로부터의 흡수통일의 두려움을 가지고 있는 북한으로서는 무력의 힘에 의한 체제수호에 강한 의지를 갖고 있다. 군사력 면에서 주로 재래식 무기에 의존하고 있는 한국은 세계최강의 핵·미사일 등 최첨단 무력을 가진 미국과 동맹관계를 유지하면서 그의 군사적 지원을 받고 있다. 이러한 군사·안보적 상황에서 북한은 어려운 경제사정에도 불구하고 미사일과 핵무기 개발을 통해 자신의 안보불안을 해소하지 않을 수 없는 딜레마에 처해 있다.

1993년 가시화된 제1차 핵위기는 1994년 미북제네바합의로 일단락되었지만, 2002년 재등장한 제2차 핵위기는 2005년 2월 북한의 6자회담 무기중단과 핵보유선언으로 귀결되었다. 천신만고 끝에 그 해결책으로 제시된 9·19공동성명과 그 이행로드맵인 2·13합의는 제대로 작동되지도 못하였다. 북핵문제의 유일한 해결방도로서의 관련국 다자협의체인 6자회담도 진전과 후퇴를 거듭하다가, 서로 다른 이해와 입장 차이로 인해 별다른 성과도 없이 끝내 2008년 12월 북경에서의 수석대표회의를 마지막으로 중단되고 말았다.[113] 김정은 정권은 2003년 경제·핵무력 병진노선을 채택하고 핵·미

의 딜레마," 『통일정책연구』, 제23권 2호(2014), pp. 88-89.
113) 서동구는 미·중·일·러의 동아시아 정책과 북핵전략을 둘러싼 서로 다른 입장 차이에 관해 미국은 세력재균형 정책을 바탕으로 인내전략, 중국은 세력팽창 정책을 바탕으로 분산전략, 일본은 적극적인 기회주의를 바탕으로 우회전략, 러시아는 적극적인 실용주의를 바탕으로 이중전략을 구사하고 있다고 평가하면서,

사일 실험 등을 통해 핵무기의 소형화·다종화와 SLBM, ICBM 등 투발수단의 다양화 등 기술개발에 박차를 가하고 있다. 북한은 2012년 4월 13일 개정된 사회주의헌법 서문에 핵보유국임을 명문화하였으며, 최근에는 핵보유의 영구화를 대내외에 천명하고 "동방의 핵대국"을 자처하고 나섰다. 2016년 1월에는 북한이 제4차 핵실험을 감행함에 따라 한국과 미국을 포함한 유엔과 국제사회는 북한에 대해 전례없는 고강도의 대북제재를 통해 북한의 비핵화를 압박하고 있다.

북한은 그간 비핵화의 조건으로 미국의 대북 적대시정책 포기, 미북 간 외교관계 수립, 북미 평화협정을 포함한 한반도 평화체제 구축, 주한미군 철수, 경제지원 등 각종 요구들을 제기해 왔다. 북한은 2016년 7월 6일 정부 대변인 성명을 통해 "미국과 남조선 당국이 조선반도 비핵화에 일말의 관심이라도 있다면 우리의 원칙적 요구부터 받아들여야 할 것"이라면서 ① 남조선에서의 미국 핵무기 공개 ② 남조선에서 모든 핵무기와 핵기지 폐쇄 및 검증 ③ 미국이 조선반도와 주변에 핵 타격수단을 끌어들이지 않겠다는 담보 ④ 어떤 경우에도 북한에 대한 핵 위협을 하거나 핵을 사용하지 않겠다는 확약 ⑤ 남조선에서의 미군의 철수 선포 등을 요구했다.[114] 그러나 한미의 입장에서는 북핵문제가 먼저 해결되어야 미북 간 외교관계 수립 문제도 한반도 평화체제 구축 문제도 논의될 수 있다는 입장을 견지하고 있다. 북한은 앞으로 핵·미사일 프로그램의 개발이 더욱 진척됨에 따라 더 많은 요구들을 추가해 나갈 것이며, 핵보유의 영구화를 천명한 이상, 앞으로 비핵화 협상 요구에는 응하지 않을 것으로 예상된다. 이것은 시간이 흘러감에 따라 북핵문제 해결을 위한 남한과 미국 측의 부담이 더욱 커지게 되고,

---

남한의 핵 딜레마와 동맹 딜레마에 부정적인 영향을 주고 있다고 주장한다. 서동구, 위의 논문, pp. 85-113 참조.
114) http://www.yonhapnews.co.kr/northkorea/2016/07/07/1801000000AKR20160707117500014.HTML (검색일: 2016.7.7).

그 만큼 더 북핵문제 해결이 어렵게 될 것임을 의미한다.

문제는 북핵문제가 통일문제와 관련하여 남북관계의 주요 장애요인으로 작용하고 있다는 점이다. 박근혜 정부는 북핵문제와 남북관계를 어떠한 형태로든지 연계해야 한다는 입장을 갖고 있다. 즉 북핵문제에 대한 근본적 해결 없는 남북 간 교류나 협력은 무의미하다는 입장이다. 따라서 북한이 북핵문제에 대해 전향적인 태도를 보이지 않는 한, 남북 간 신뢰형성이 어려워 대화와 협상을 통한 남북통합문제에 대한 어떠한 논의도 사실상 기대하기 어렵다. 남한 내의 진보와 보수 진영의 논리를 넘어 북한의 핵보유 영구화 의지가 남북통합을 어렵게 만드는 요인임에는 틀림없다. 북핵문제 해결에 대한 비관적 분위기가 지배적임을 감안할 때 북핵문제는 남북통합을 막는 강한 분화요인으로 계속 작용할 것으로 보인다.

북핵문제는 남북한만의 문제가 아니라, 미·중·일·러 등 주변 강대국들의 이익과 상호관계에도 부정적인 영향을 미치고 있다. 최근 중국은 남한 내 사드배치가 자신들의 안보이익을 심대하게 위협하고 있다면서 사드배치의 가속화 중단을 요구하며 강력히 반발하고 있다. 이에 대해 한국정부는 사드배치가 북한의 핵·미사일 위협으로부터 국가의 안위와 국민의 생명을 지키기 위한 주권적이고 자위적인 방어조치라고 반박하고, 사드배치를 계획대로 추진하겠다는 입장을 견지하고 있다. 북한의 비핵화를 유도하기 위한 강력한 대북제재가 효력을 발휘하기 위해서는 중국의 적극적인 협조가 필수적이다. 그런데 사드배치문제로 인해 중국의 협조를 견인해 내기가 어려워졌다. 남한 내 사드배치 추진 자체는 북한의 비핵화를 위해 중국을 압박할 수 있는 유용한 카드로서 활용할 수 있겠지만, 실제로 사드를 배치할 경우에는 중국의 반발을 불러일으켜 오히려 남한의 군사안보적 이익을 해치는 역효과를 낳을 수밖에 없다. 따라서 북한 비핵화를 지향하고 있는 남한으로서는 사드의 실제적 배치를 서두르기 보다는 중국으로 하여금 북한 비핵화에 적극 동참할 수 있도록 압박하는 카드로 계속 남겨두는 것이 바람직하다.

또한 북한의 핵문제는 주변 강대국의 한반도 문제에 대한 개입을 정당화시키는 빌미가 되고 있다. 통일문제에 있어서 외세의 개입을 반대하며 "주체사상"과 "자주"를 강조하고 있는 북한이 핵개발에 집착함으로써 역으로 스스로 외세의 개입을 자초하고 있는 것은 아이러니가 아닐 수 없다. 만약에 북한 내에 핵을 통제할 수 없을 정도의 급변사태가 발생할 경우에는 주변 강대국들은 남북한 통일문제 보다는 북핵문제의 시급한 처리에 더 관심을 둘 것이다. 이럴 경우에는 북핵문제가 이해관계를 서로 달리하는 주변 강대국들의 즉각적인 개입을 불러옴으로써 '한반도 문제의 한반도화'는 매우 어렵게 될 것이다. 북핵문제 처리를 둘러싼 이해당사국들 간의 상호갈등이 증폭될 것이며, 이 같이 혼란한 상황 속에서 한반도 통일문제를 남과 북이 주도적으로 이끌어 갈 수 없고, 주변국들의 관심과 일치된 협조와 지지를 이끌어 내는 것도 극히 어려울 것이다. 북핵문제는 남북한이 통일과정에 들어가기 전에 필히 시급히 해결되어야 하는 주요 장애요인의 하나다. 핵보유가 한반도를 지키는 "민족 공동의 보검"이라는 북한의 주장과 달리 북핵은 오히려 통일의 주요 장애물중 하나이다.[115]

한편, 주변 강대국들은 통일한국이 국제적 규범을 준수하고 자신들의 이익을 해치지 않을 것이라는 확신이 있을 경우에만 한반도의 통일을 지지할 것으로 보인다. 주변 강대국들은 통일한국이 대규모의 재래식 무기와 함께 핵을 보유한 군사강국으로 부상하여 동북아의 역내평화와 세계의 안보질서의 균형에 불안정을 초래하는 것을 결코 용납하지 않을 것이다. 통일한국이 핵무기를 보유하게 된다면, 주변국들의 군비경쟁은 물론, 일본 등의 핵무기 개발과 보유를 촉진시키게 될 것이다. 이는 곧 북핵 문제의 우선적 해결 없이는 주변 강대국들로부터 남북한의 통합을 위한 협조와 지원을 받

---

[115] 강성윤, "통일한국을 그리다," 박순성 편저, 『통일논쟁: 12가지 쟁점, 새로운 모색』, 북한연구학회 연구총서 5(서울: 한울, 2015), p. 83.

아낼 수 없다는 것을 의미한다.

(3) 남남 갈등

연방제 국가의 형성이나 유지에 있어서 실패요인의 하나는 내부의 분열이다. 연방제는 단순한 헌법적 제도가 아닌 전체사회의 동의에 기초한다. 따라서 장기간에 걸친 시민사회 내의 대화를 통한 동의의 절차가 필수적이다. 통일의 목표와 통일방식, 통합과정, 통일 관련 각종 정책결정 등에 대한 국민의 지지가 있어야 통일정책의 정통성과 정당성을 부여받을 수 있다. 그리고 그에 따라 정책추진 과정에서 발생하는 정치적 부담이나 경제적 비용을 최소화할 수 있고 통합추진을 통해 한국사회의 질적 변화도 추동해 낼 수 있다. 모레노(Luis Moreno)는 1970년대의 스페인의 지방분권적 연방화는 "피지배자에 의해 표현된 정치적 의지"의 산물이었다고 주장한다.116) 이러한 시민사회의 참여와 동의를 제대로 이끌어내지 못한 채 소수 정치지도자의 결단에 의해 이루어진 통합의 제도적 설계는 결국 실패로 귀결될 수밖에 없다. 연방 내 다양한 단체들의 가치체계가 현저하게 다를 경우에는 내전이 발생할 수도 있다. 1860년대 미국의 남북전쟁은 남과 북의 서로 다른 충돌하는 가치와 경제체제 때문에 일어났다.117) 예멘의 경우는 북의 자본주의체제와 남의 사회주의체제를 넘어 정치지도자들의 합의에 따라 단일제 국가로 통합을 이루어냈으나, 결국 사회전반의 합의를 불행하게도 끝내 이끌어내지 못함으로써 그 갈등이 내전으로 비화되고 말았다.

한반도에서 분단체제는 남과 북 각각 내부에 분단으로부터 이익을 얻는 층과 불이익을 받는 층을 형성시켜 상호 이익의 모순에 따른 갈등과 분열의 기반이 되고 있다. 수령유일영도의 독재체제 아래에서 시민사회가 전혀

---

116) Luis Moreno, *The Federalization of Spain* (London: Frank Cass, 2001), p. 2.
117) Steven D. Roper, "Federalization and Constitution-Making as an Instrument of Conflict Resolution," *Democratizatsiya*, 12(4)(Fall 2004), p. 529.

형성되어 있지 않은 북한의 경우에는 강제와 탄압, 세뇌교육과 선전선동을 통한 자발적 동의의 유도 등에 의해 형성된 특유의 획일적인 북한식 사회주의의 정치문화로 인해 내부에 다른 이견(異見)의 존재가 허용되지 않는다. 적어도 표면상으로는 수령의 의지와 북한주민들의 의지는 하나로 동일하다.

반면, 남한의 경우는 북한에 비해 상대적으로 시민사회가 발달되어 있기 때문에 통일추진과정에 시민사회의 적극적인 참여가 요구될 수밖에 없다. 자유민주주의체제 하에서는 표현의 자유가 허용되어 있기 때문에 대북정책, 통일정책 등을 둘러싸고 여러 가지 개인적인 정치적 이견들과 집단적 견해들이 나타나고 충돌하는 양상을 보인다. 민주사회에서 이러한 다양성은 어쩌면 당연하고 바람직하다고 볼 수도 있지만, 시민사회의 다양한 목소리들을 조정하여 통합하는 일은 쉽지 않을 것이다.

문제는 대북관과 대북정책, 즉 통일의 목표, 추진방식, 통일의 단계적 형태, 북한과의 관계 등에 있어서 보수와 진보 진영 간의 첨예한 의견대립이 거의 타협이 불가능한 심각한 수준으로 전개되고 있다는 것이다.[118] 상대를 거의 '적대시'하는 이러한 구조적 수준의 불관용의 비타협적인 남남갈등은 연방제 국가 형성과 유지에 커다란 장애요인으로 작용하고 있다. 남한 내에서 보수진영이 집권하는 경우에는 진보진영의 통일정책이나 대북정책을 거의 부정하는 정책을 추진하고, 진보진영이 집권할 경우에는 보수진영의 통일정책, 대북정책을 다시 부정하는 식의 극단적인 현상이 나타나고 있다. 어떤 특정한 카리스마 있는 정치지도자가 그 지도력에 의해 연방제 통합의 토대를 어렵게 마련해 놓더라도 이러한 기초는 얼마 지나지 않아 쉽게 반대세력에 의해 무너져 버릴 것이다. 정치적 대립과 분열 현상은 결국 통일문제에 대한 일관성 있는 정책의 추진이나 통일된 의견의 결집을

---

118) 통일연구원의 국민의식 조사결과, 대북관련 남남갈등이 심각하다고 대답한 응답자는 70.8%를 차지하였다. 박종철 외, 앞의 책, p. 33.

불가능하게 함으로써 통일의 추동력과 대북협상력의 약화로 귀결될 수밖에 없다.

또한 이러한 남한 내의 분열양상은 북한의 통일전선전략에 이용당하기 쉬운 정치적, 사회적 환경을 제공해 준다. 북한은 그간 남북한 간 연방제 통일 문제에 대한 협상방식으로 정치협상회의, 대민족회의 등을 주장해왔으며, 남한정부를 배제하고 남한의 종북, 친북 또는 진보세력들과의 통일전선 구축을 통한 "남조선혁명"에 의한 통일을 추진해왔다. 남한 내부세력 간의 분열에 더하여 북한의 불순한 의도가 개입됨으로써 생겨나는 남남갈등의 악화, 그리고 이에 따른 남북갈등의 악순환이라는 이러한 극심한 적대적이고 분열적인 환경에서는 대화와 타협에 의한 연방제로의 통합은 거의 기대하기 어렵다.

조민은 분권화를 지향하는 연방제를 도입할 경우 남한사회의 구조적 정치균열 요인인 지역갈등 문제를 해소시킬 수 있다면서, 연방제가 악순환의 균열구조를 극복할 수 있는 국가체제 개조방안이라고 주장한다.[119] 그렇지만 이는 순서가 뒤바뀐 것으로서, 남남갈등이 어느 정도는 해소되어야 연방제 통합도 생겨날 수 있다. 박종철은 남남갈등의 다층성과 복합성에 주목하면서, 이를 해소하기 위해서는 정부와 시민사회 간 새로운 관계를 구축할 제도혁신과 이에 기반을 둔 거버넌스 형성이 필요하다고 지적한다.[120] 김근식은 남남갈등은 과거와 다른 시대적 상황에서 필연적으로 발생하는 과도기적 산물로서 그 자체를 부정적으로만 치부하는 것은 옳지 않다고 말한다.[121] 그럼에도 불구하고 그는 남남갈등의 원인을 국제정세의 구조적 차원, 국내정치적 차원, 문화적 차원으로 구분하고, "남남갈등을 해소하기

---

119) 조 민, "통일방안의 재검토와 '연방제 프로젝트'," pp. 178-179.
120) 박종철, "남남갈등과 통일담론의 지평," 박순성 편저, 『통일논쟁: 12가지 쟁점, 새로운 모색』, 북한연구학회 연구총서 5(서울: 한울, 2015), pp. 59-76.
121) 김근식, "연합과 연방: 통일방안의 폐쇄성과 통일과정의 개방성," 『한국과 국제정치』, 제19권 4호 통권 43호(경남대학교 극동문제연구소, 2003 겨울), pp. 156-157.

위해서는 비가역적인 탈냉전적 질서로 정세구조의 물질적 토대가 변화하고, 더 이상 정쟁의 도구로 대북정책을 활용하지 않는 정치권의 근본변화가 이뤄지고, 아울러 우리사회 전반에 관용의 문화가 탄탄하게 뿌리내리는 일이 필요하다"고 지적한다.122) 또한 그는 합리적이고 원칙적인 입장을 견지하는 '정론그룹', 즉 극단적인 친북주의와 맹목적인 반북주의의 양극단의 과잉대표성을 막아내고 합리적 공론화를 이끌어 갈 수 있는 합리적 보수와 합리적 진보의 역할의 중요성을 강조한다.123) 현재의 남한 내 상황을 살펴보면, 남남갈등은 그 문제의 심각성에도 불구하고 갈등관리체제가 존재하지 않는 가운데 과도기적 단계를 넘어 보수와 진보 간의 서로 다른 이념적 성향과 지역주의가 복합적으로 작용하여 그 골이 더욱 깊어만 가는 양상을 보이고 있다.

다. 대외관계

(1) 대외관계의 충돌: 북중동맹, 한미동맹 및 주한미군 철수 문제

왓츠는 구성국 간의 대외관계의 충돌을 연방제의 분화요인, 실패요인으로 지적한다. 북한은 중국과 북중동맹(1961.7.11)을, 한국은 미국과 한미동맹(1954.11.18)을 체결하고 상호협력을 하고 있다. 북중동맹은 한반도에 전쟁 발발시 '자동개입조항'이 있는데 반해, 한미동맹에는 이러한 자동개입조항이 없다. 6·25전쟁을 경험한 북한과 남한은 각각 중국, 미국과 혈맹관계로 결속되어 있다.124)

---

122) 김근식, 『대북포용정책의 진화를 위하여』(서울: 한울, 2011), pp. 110-122.
123) 위의 책, pp. 130-132.
124) 이종석은 북한과 중국과의 관계는 전통적인 혈맹관계에서 전략적인 협력관계로의 재조정 과정에 있다면서, 실용주의와 전통적인 동맹관계의 관성이 뒤얽히는 양상을 보이면서 상당기간 안정성을 유지할 것으로 전망한다. 이종석, 앞의 책, pp. 365-369.

문제는 북한이 한국의 혈맹인 미국을 적으로 간주하고 있다는 점이다. 북한은 한반도 분단의 근본원인을 외세인 미국으로, 분단체제를 외세의 지배체제로 각각 규정하고 있다. "오늘까지 존속되고있는 미군의 이남강점과 이남지배야말로 ≪한≫반도분열의 력사적 및 현실적근원인 것이다. 이로부터 미군의 이남 강점과 미국의 이남에 대한 지배라는 분렬의 근원을 청산함이 없이는 통일이란 있을 수 없는 것이다."[125] "우리 민족에게 있어서는 미국이 통일운동에서 기본투쟁대상으로 되는 외세이다. 미국에 의해 우리 국토와 민족의 분렬이 시작되었고 분렬체제가 구축되었으며 분렬이 지속되여왔다."[126] 또한 북한은 조국통일 3대원칙에서 "조국통일은 외세에 의존하거나 외세의 간섭을 받음이 없이 자주적으로 실현해야 한다"고 규정하고, 이러한 외세 배격의 자주 원칙이 조국통일 3대원칙 가운데 가장 핵심적인 원칙이라고 주장한다. 북한은 6·15공동선언 제1항 "북과 남은 나라의 통일문제를 그 주인인 우리민족끼리 서로 힘을 합쳐 '자주적'으로 해결해나가기로 하였다"에서의 '자주적'의 의미를 미국이라는 외세의 배격, 즉 "민족자주"의 개념으로 설명하고 있다.[127]

북한은 연방제의 선결조건으로 주한미군 철수를 주장해 왔다. "주≪한≫미군을 철거시키는 것은 조국통일문제를 해결하는데서 가장 본질적이며 필수적인 과제"라고 말한다.[128] 또한 북한은 고려민주연방국화국 창립방안 10대 시정방침을 통해 연방제국가의 자주성과 대외관계의 정리를 내세우면서, 연방제 국가의 대외관계 기본정책은 자주적 비동맹 중립노선이어야 한다고 주장한다.[129] "고려연방제가 선언한 련방국가의 비동맹 중립은 오늘에 있어서도 통일의 기본 장애물인 미국의 남≪한≫에 대한 정치, 군사적

---

125) 김혜연, 앞의 책, p. 201.
126) 위의 책, p. 22.
127) 위의 책, pp. 217-218.
128) 최기환, 『6·15시대와 민족공조』(평양: 평양출판사, 2004), p. 178.
129) 장 석, 앞의 책, pp. 361-367.

지배와 간섭을 배제할 주요한 근거의 하나로 기능할 것이다"라고 주장하고 있다.[130] 이러한 노선은 남과 북이 연방제 통합을 추진할 경우 한미동맹이 해체되어야 함을 의미한다. 그러나 남한 내에서는 통일한국이 미국과 혈맹관계를 끊고 중립국이 되어야 한다는 생각을 지지하는 사람은 그리 많지 않다.

북한의 군사적 위협이 상존하는 정전상태의 대치적 상황 속에서 한미동맹을 안보의 한 축으로 유지하고 있는 남한으로서는 한미동맹의 해체나 주한미군 철수를 쉽게 받아들일 수는 없다. 북한은 연례적으로 이루어지고 있는 한미 합동군사훈련에 대해서도 매우 민감하게 반응하고 있다. 남한 내에서도 한미동맹의 변화 문제는 매우 민감한 문제로서 국내외적 안보상황의 변화에 따라 보수와 진보 세력 간 시각 차이를 드러내고 있지만, 한미동맹의 전환을 넘는 동맹해체 수준의 논의는 거의 찾아볼 수 없다. 미국도 공식적으로는 한반도의 평화적 통일을 지지하고 있으나, 이로 인해 주한미군이 철수되고 한미동맹이 약화 또는 변질될 가능성을 우려하고 있다. 또한 통일한국이 중국으로 경사될 가능성에 대해서도 우려하고 있다. 이같은 미국의 우려가 사라지지 않는 한 미국으로부터 한반도의 통일을 실질적으로 지지받는 것은 매우 어려울 것이다.

북한이 남한의 혈맹국인 미국과 적대관계를 해소하지 못하고 있는데 반해, 남한은 북한과 혈맹관계를 맺고 있는 중국과 1992년 8월 수교 이후 경제적 교류협력의 증진 등 매우 우호적인 관계를 유지해 오고 있다. 그럼에도 불구하고 북핵문제 및 대북지원과 관련한 중국의 역할에 대해서는 남한 내에 다소 불만족한 목소리들이 있다. 중국의 북한에 대한 에너지, 식량 등의 지속적인 지원 때문에 북핵문제에 대한 대북경제제재 효과가 반감되고 북한 독재정권이 붕괴되지 않고 유지되고 있다는 분위기가 지배적이다. 중

---

130) 위의 책, p. 378.

국이 북한에 대해 한국과 미국 등 국제사회가 원하는 수준에 합당한 단호한 조치를 취할 수 있기를 원하고 있다. 중국은 북핵문제 해결을 위한 유엔 및 국제사회의 대북제재에 동참하고 있지만, 북한이 붕괴할 정도의 강경한 제재는 바람직하지 않다는 입장을 분명히 하고 있다. 이 점에 대해서는 러시아도 마찬가지다.

(2) 주변 강대국의 영향: 미중관계 및 동북아 안보환경

한반도의 안보는 국제정세와 동북아 안보환경의 구조적 제약을 받고 있다. 한반도와 동북아지역의 평화는 분리될 수 없으며, 상호 간주관적인 구성적 관계를 갖고 있다. 이수훈은 동북아지역은 현재 헤게모니 이행기라는 독특한 시간대, 전략적 공간, 치열한 권력경쟁을 3대 특징으로 보여주고 있다고 말한다. 그 결과 동북아 지역질서의 재구조화는 불가피한 현실이 되었고 한반도는 그 속의 하위단위로서 심대한 파장을 피할 수 없게 되었다고 진단한다.131) 화평굴기, 신형대국 전략을 앞세운 중국의 부상은 미국의 재균형전략에 의한 견제를 유발시킴으로써 동북아 안보지형의 불안정성을 증대시키고 있다. 동북아에서 주변국들 간에 도서영유권 분쟁, 대륙붕 문제 등으로 이해관계가 첨예하고 대립되고 있어 긴장과 충돌이 늘 계속되고 있다. 또한 역으로 북핵문제가 동북아에서의 안정을 깨트리고 중미 간 갈등의 원인을 제공하고 있으며, 이러한 한반도 주변의 비우호적인 환경은 또다시 북한의 핵문제나 체제변화 문제 등의 해결에 부정적으로 작용함으로써 결과적으로 남북 간의 통합에 부정적인 영향을 미치는 악순환의 구조를 만들어 내고 있다.

미중 간의 경쟁적 또는 적대적 관계는 이들과 각각 동맹관계를 맺고 있는 북한과 남한의 관계에 직·간접적인 영향을 미침으로써 남북관계를 경

---

131) 이수훈, "동북아 질서의 재구조화와 한반도 평화," 『입법과 정책』, 제5권 제1호 (2013년 6월), pp. 47-60 참조.

쟁적 또는 적대적 관계로 규정짓게 만든다. 국제적인 탈냉전의 안보환경 변화에도 불구하고 한반도에는 여전히 냉전적 구조가 온존함으로써 남한 내에 반북, 보수 세력과 친북, 진보 세력 간의 남남갈등을 심화시키는 구조적 요인으로 작용하고 있다.

그런데 남북 간 통합추진의 2개 구성단위체간 통합의 경우에 특히 주변국의 영향력이 통합의 주요변수로 작용하는 사례들을 볼 수 있다. 주변 외부세력들이 대상국내 세력과의 연계를 통한 이해관계에 따라 통합을 방해하거나 협조하는 사례는 쉽게 발견된다. 예멘의 경우, 소련, 사우디아라비아 등이 남북예멘 통일과정에 직접 개입하여 방해함으로써 통일추진이 좌절된 경험을 갖고 있다. 외부세력의 도움으로 통일을 이루었다가 재분열되고, 사우디아라비아 등 외부세력이 다시 개입하는 식의 복잡한 양상이 반복적으로 일어나고 있다. 독일의 경우는 이른바 제2차 세계대전 연합국이 독일통일에 대한 유보권을 가지고 있었음에도 불구하고 독일통일 과정에 정도의 차이는 있었지만 서독의 적극적인 대 주변국외교로 인해 협조적인 입장을 취하였다. 양 독일 간 통일문제 관한 합의는 연합국의 승인 내지 통제를 거쳐야만 완전한 효력을 발휘할 수 있었지만, 이른 바 '2+4 조약'에서 미·영·불·소 4대국은 독일통일을 최종적으로 승인하였던 것이다. 여기서 통일 이후 유럽에서 통일독일이 차지하는 정치, 경제, 사회 내지 군사적 위치를 고려하여 유럽통합에 긍정적인 방향으로 통일독일의 지위를 규정하고, 이에 대해 4대국이 합의 내지 동의한 것은 독일통일에 대한 협력과 지원을 한 것으로 볼 수 있다.[132]

중국은 책임대국으로의 정체성 인식에 대한 변화는 제한적이지만 한반도 통일문제에 대한 중국의 인식과 태도 변화에 영향을 미치고 있다.[133] 중

---

132) 장명봉, 『분단국가의 통일과 헌법』, pp. 179-180.
133) 이정남, "중국의 대한반도정책의 딜레마: 전환과 지속의 갈림길에서," 『한국과 국제정치』, 제31권 제3호 통권 90호(2015 가을), pp. 143-68 참조.

국은 공식적으로는 한반도의 자주적 평화통일을 지지하는 입장을 표명해 왔다. 그렇지만 한반도 통일은 통일한국이 세계의 일원으로서 어떠한 역할을 할 것인지와 이에 대한 주변 강대국들의 현실적인 전략적 이해 판단에 따라 영향을 받게 될 것이다. 분단된 한반도는 그간 주변 강대국들 사이의 완충지대 역할을 해왔다. 따라서 이들 국가들은 한반도의 통일 추진으로 급격한 정세변화나 한반도에 불안정성이 커지는 것을 원하지 않고 있다. 북한이 핵·미사일개발 프로그램을 지속적으로 추진함으로써 중국 내에 북한부담론이 등장하고 북중관계에도 부정적인 영향을 주고 있는 사실이지만, 중국에게 있어서 완충장치로서의 북한의 중요성은 변할 수 없다. 또한 면적과 인구가 거의 두 배로 커지게 되는 강중국(强中國)으로서의 통일한국은 필연적으로 동북아에서의 새로운 힘의 균형을 요구하게 될 것이며, 이로 인해 지역 내 강대국 간 역학관계에도 영향을 미칠 수밖에 없을 것이다. 동북아질서의 현상변경을 의미하는 한반도의 통일문제는 강대국의 이해관계를 자극함으로써 그들의 개입을 초래하게 될 것이며, 역으로 동북아 지역질서의 향배에 따라 한반도 분단현실은 물론이고 통일의 미래가 좌우될 것이다.[134]

한반도의 통일방식에 대해 중국과 미국 간에 공통된 합의가 없는 것도 장애요인중 하나다. 미국은 굳건한 한미동맹을 기초로 남한의 주도에 의해 자유민주주의 시장경제 체제로 통일이 이루어지는 것을 지지하고 있다. 그러나 중국은 한미동맹 체제가 굳건히 유지되는 가운데 남한이 북한을 흡수통일하는 형식의 통일에 대해서는 사실상 거부하는 입장을 보이고 있다. 중국이 통일을 지지하는 조건은 중국에 우호적일 것, 한반도에 미군이 주둔하지 않을 것, 일본과 적절한 거리를 유지할 것 등으로 요약된다.[135] 주

---

[134] 손기웅 외, 『'행복한 통일'로 가는 남북 및 동북아공동체 형성을 위한 통합정책』, KINU 연구총서 14-05(통일연구원, 2014), p. 87.
[135] 권양주, 앞의 책, p. 111; You Ji, "궁극적인 한반도 통일을 향한 경로 관리: 중국

변 강대국들은 통일한국이 일방향으로 밀착됨으로써 동북아에서의 힘의 균형이 깨질 가능성을 우려한다. 따라서 중국은 남한체제의 단방제 흡수통일 보다는 아마도 연방제적 통합을 지지할 것으로 보인다. 그러나 미국이 단방제 대신에 북한의 실체적 존재를 전제로 한 한반도의 연방제 통합을 원할 지는 미지수다. 미국과 중국이 한반도의 통일문제는 기본적으로 남·북한 간의 문제라면서 한반도 통일문제에 대한 미중 간의 협의 필요성에 매우 소극적인 태도를 보이고 있는 점을 감안할 때, 한반도 통일에 대한 이들의 의견 합의는 가까운 장래에 이루어질 것으로 보이지는 않는다.

한국은 동북아에서의 안정적 질서유지가 한반도의 분단관리 및 통일에 기여할 수 있는 필수조건임을 인식하고, 동북아에서의 다자주의적 협력의 필요성에 따라 그간 유럽안보협력회의(CSCE) 형식의 동북아안보협력체 구상이나 '헬싱키 프로세스'를 모델로 하는 '동북아평화협력구상' 등을 제안해 왔다.[136] 그렇지만 역사적, 영토적, 문화적, 인종적 이해관계가 복잡하게 얽혀있는 동북아에서 역내에서의 경제적 협력 수준을 넘어 아시안 패러독스의 모순을 극복해 낼 수 있는 다자적 안보협력대화의 활성화나 안보협력기구의 창설은 그리 쉽지 않아 보인다.

3. 제도적 요인

통합 장애요인 가운데 제도적 요인으로는 남북한 간의 비대칭성 심화, 이체제에 따른 이질화, 그리고 연방민주주의의 부재 등을 들 수 있다.

적 방법," 『한반도 통일과 동북아 4국의 입장과 역할』(통일연구원, 2011), p. 85.
136) 김갑식은 동(북)아시아의 평화와 안정을 위해서는 양자동맹을 병행·보좌하는 다자기구의 창설, 양국관계에 다자관계를 동시에 포괄할 수 있는 이중적 협력관계 구축, 양·다자협력의 틀 모색 등 점진적이고 현실적인 방안이 강구되어야 한다고 지적한다. 김갑식, 앞의 논문, p. 49.

가. 남·북한 간의 비대칭성 심화

　남과 북 간에는 정치, 군사, 경제, 사회, 문화 등 모든 면에서 비대칭성, 즉 비동질성과 불균형이 날로 커지고 있다. 우선 체제 면에서 북한은 당-국가체제의 세습적 수령독재체제를 근간으로 계획경제체제를 유지하고 있는 반면, 남한은 자유민주주의 시장경제체제를 유지하고 있다. 경제적 격차도 날로 커져 남과 북의 GNP 격차는 40배를 상회하고 있다. 현대경제연구원은 국가의 경제성장과 보건지표 사이의 상관관계를 이용하여 북한의 소득수준을 추정하는 'HRI 북한 GDP 추정 모형'을 이용하여 산출한 결과, 2013년 북한의 1인당 명목 GDP는 854달러로 남한의 2만 3,838달러에 비해 3.6% 수준에 불과한 것으로 추정하였다. 북한의 1인당 소득수준과 산업구조는 남한의 1970년대 수준과 유사하며, 만성적인 식량부족을 겪고 있는 것으로 평가했다.[137] 반면 남한은 자본주의 시장경제에 입각한 자유민주주의를 성공적으로 발전시켜 OECD 국가의 일원으로서 세계 국가경쟁력 면에서 26위(2014 WEI 보고서)를 차지하고 있으며 세계 10위를 내다보는 국력을 보유하고 국제무대에서 선진국들과 어깨를 나란히 하는 수준으로까지 성장했다. 군사부문에서도 북한은 핵·미사일 등 대량살상무기의 지속적인 개발을 통해 남한은 물론, 한반도 주변과 미국 등 국제사회에 위협을 가하고 있다. 반면 남한의 경우는 재래식 무기들을 중심으로 첨단기술을 이용한 역량증강에 역점을 두고 있다. 핵무기의 경우는 국제·사회의 규범이나 한미 간 약정 등에 의해 핵개발을 전혀 하지 못하고 미국의 핵우산에만 의존하고 있는 실정이며, 미사일개발은 미사일기술통제체제(MTCR)의 가이드라인의 범위 내에서 매우 제한적인 수준에서 추진하고 있다. 이로 인해 남·북한 간 핵·미사일 분야에서의 군사적 역량의 격차가 날로 심화되고 있는

---

[137] 김천구, "2013년 북한 GDP 추정과 남북한의 경제·사회상 비교," 『통일경제』, 제1호(현대경제연구원, 2014), pp. 52-57.

추세이다.

이외에도 남과 북의 인구의 차이는 남과 북이 각각, 5천만 명, 2,500만 명 정도로 남한이 북한 보다 두 배 정도 많다. 또한 남과 북은 분단의 장기화로 인해 사회·문화 등 면에서도 이질화가 심화되고 있어 각종 법제와 생활양식이 다르다. 인권적 측면에서도 북한은 UN에서 비인권적 상황의 개선을 요구하는 결의안이 통과될 정도로 그 정도가 심각하다.

이러한 남·북한 간 사실상(de facto)의 비대칭성은 연방제 추진시 정치적, 법적(de jure) 비대칭성의 문제로 전화된다. 연방제 협상에서 합의(consensus)는 당연한 것이 아니라, 경쟁적, 갈등적 당사자들 간에 어렵고 고단한 흥정과 협상을 통해 이루어질 수밖에 없다. 합의를 이끌어내기 위해서는 상당한 정도의 유연성(flexibility)이 있어야 한다.138) 이러한 비대칭적 관계는 연방국가에 있어서 정통성, 개인과 단체의 참여, 통치의 안정성 등과 관련되어 궁극적으로 전반적인 연방제의 유지 여부를 좌우할 수 있기 때문에 엄청나게 중요한 문제이다.139)

우선 남·북한 간의 인구의 차이는 연방국가 형성시 중앙의 연방정부에서의 구성국들의 대표성 문제를 발생시킨다. 일반적으로 연방국가에서의 비대칭적 구성국들의 대표성은 의회에서 양원제의 형태로 나타난다. 이는 구성국 인구의 비대칭성을 완화시키려는 타협의 산물로서, 일반적으로 하원은 구성국 시민들의 대표로서 시민들의 인구수에 비례하여 의석수를 배정하는데 비해, 상원은 구성국의 대표로서 구성국 인구수에 관계없이 구성국 주권의 평등성을 고려하여 동일한 의석을 배정하게 된다.

연방제도는 이러한 비대칭 구성국의 대표성 문제를 양원제, 구체적으로는 상원의 지역대표성을 통해 해결하고 있지만, 남과 북이 연방제 협상시 각각 자신의 기존의 입장에서 물러나 양원제 방안에 타협할 수 있을지는

---

138) Burgess, *Comparative Federalism*, p. 222.
139) *Ibid.*

미지수다. 과거 남과 북은 일제로부터 해방된 후 단일정부 수립문제를 놓고 대립한 적이 있는데, 남측은 인구비례 총선을, 북측은 의회에서의 동일의석을 주장함으로써 타협점을 찾지 못하고 결렬된 바 있다. 이로써 남과 북은 통일된 단일정부를 수립하지 못하고 각각 단독정부를 수립하여 분단국가로서 오늘날에 이르고 있다. 연방제 협상시 의회구성 문제를 둘러싸고 해방 후의 대립이 재현될 가능성이 농후하며, 이에 대한 타협점을 찾기는 쉽지않아 보인다.

북한은 그간 "고려민주련방공화국의 행정부와 련방의회는 북과 남에서 각각 같은 수의 인원으로 구성하게 된다"고 주장해 왔다. 이같이 남과 북의 평등한 대표성을 주장해온 북한은 당연히 강력한 지역대표성을 가진 상원, 즉 하원만큼 상원의 권한이 강한 대칭형 또는 평등주의적 양원제를 선호할 것으로 예상할 수 있다.[140] 그렇지만 예상과 달리 북한은 다른 연방국가들이 보통 여러 국가(주)와 여러 민족의 연립으로 이루어지는 만큼 의회가 국가(주)대표들과 민족대표들로 각각 상하양원을 구성하지만, 고려연방제의 최고민족연방회의는 단일민족의 결합이기 때문에 민족대표인 상원이 필요없으므로 양원제가 아닌 단일제로 구성된다고 주장한다.[141]

이러한 북한의 주장은 북한이 사이비연방인 소련연방을 연방제의 모델로 삼고 있는 데서 비롯된 것으로 보인다. 진정한 연방제 국가들에게서 구현되는 상하양원의 대표성에 대한 현실적인 사례들은 북한측 주장이 사실과 다름을 보여준다. 밀러(J. D. B. Miller)는 상대적으로 동질화된 호주의 경우에 연방제를 채택하고 있는 이유는 인종, 언어 등과 같은 사회적 이질성이 아니라, 강한 지역성(locality) 때문이라고 지적한다.[142] 안성호도 오늘날 상원이 가장 보편적으로 대표하는 대상은 연방국가와 단방국가를 가릴

---

140) 손병권, 앞의 논문, p. 196.
141) 장 석, 앞의 책, p. 40.
142) Miller, op. cit., pp. 150-151.

것 없이 '지역'이라면서, 연방국가의 상원 모형으로서 정치적 지역대표형 미국 상원, 법률적 지역대표형 독일 상원, 지방정부를 대표하는 프랑스 상원으로 구분하고, 단방제 국가의 상원 모형으로 계급에 기초한 고전적 영국 상원을 제시한다.143) 미국의 경우에도 상원은 민족의 대표가 아니라 구성주 정부의 대표이기 때문에 주별 인구 크기와 관계없이 동일한 수(각 2명)의 주대표들로 구성되어 있다. 상원은 상대적으로 인구가 많은 주가 큰 대표권을 갖고 인구가 적은 주가 작은 대표권을 갖고 있는 하원에서의 비대칭적 대표성을 대칭적 대표성으로 보완해주기 위한 장치인 것이다. 〈표 1〉에 나타난 단일민족으로 구성된 연방국가들은 모두 양원제를 채택하고 있다.

이같이 북한이 강력한 지역대표성을 가진 상원을 선호할 것이라는 예상과 달리, 상하양원의 대표성의 성격을 사실과 다르게 왜곡하고 구성국들의 평등성에 기초한 대표성을 가진 상원의 필요성을 부정하는 데는 그 이유가 따로 있다. 상원의 존재를 인정하게 되면, 인구비례에 따라 선출되는 하원의 존재를 인정할 수밖에 없기 때문이다. 북한이 상원을 부정하는 것은 하원을 부정하기 위함이며, 이는 곧 양원제의 부정을 의미한다. 북한은 연방의회가 상하 양원으로 구성될 경우 필연적으로 제기되는 문제가 하원의 인구비례 대표성 문제일 것이 분명하기 때문에 이를 원천적으로 봉쇄하려는 의도를 갖고 있는 것으로 보인다.

설령 어렵게 양원제 도입에 타협이 이루어진다고 하더라도 이번에는 하원과 상원의 성격과 권한·기능을 둘러싸고 남과 북의 이해가 충돌할 가능성이 있다. 이옥연은 통일한국에 있어서 양원제 하(下) 상원의 필요성을 지적하면서도, 비공식적인 헌법 외 기구인 '지역협의회'와 그 부속기구로서의 '자문기구'를 상설하여 이질적 체제 간 일방적 흡수로 인한 우려와 문제점

---

143) 안성호, 앞의 책, pp. 73-121.

을 해소할 수 있는 절차를 보완하는 것이 필요하다고 지적한다.144)

연방제와 관련하여 경제적 비대칭성의 문제는 재정연방주의의 문제와 연관되어 나타난다. 연방제 국가를 유지하기 위해서는 중앙과 구성국 간 헌법에 의한 형식적 권력배분뿐만 아니라 구성국들의 자치적 운영을 위해 이러한 권력배분이 실제로 집행될 수 있고 운영, 유지될 수 있는 실질적 기반으로서의 재정연방주의가 실현되어야 한다. 이를 위해서는 구성국들의 재정적 능력이 기초가 되어야 하는 것은 당연하다. 그런데 북한의 경우에는 현재 북한 자체를 유지해 나갈 수 있는 물적 기반도 제대로 구축되어 있지 못하다. 이러한 북한의 재정적 어려움은 설사 일정 유형의 연방제 통합이 어렵게 정치적으로 타결된다고 하더라도 부유한 남한으로부터의 가난한 북한으로의 수평적 재정이전 부담뿐만 아니라, 연방정부 수준에서 지방정부 수준으로의 공공재 공급을 위한 수직적 재정이전 문제가 발생한다. 즉 중앙정부의 남북 지방정부로의 교부금 지원문제, 초국가기구나 중앙정부에 대한 남북한의 재정적 부담의 불균등성, 지역정부로서의 북한의 어려운 재정적 운영 등 면에 있어서 심각한 문제를 발생시킬 것이다. 헤르만스도 호주의 연방제가 한반도 연방제 통일에 주는 시사점과 관련하여 "남한과 북한 간의 경제성장과 생활수준에서의 차이를 감안하여 볼 때 재정이전(transfer), 특히 세금에 있어서 중대한 문제가 발생할 수 있다"고 지적한다.145) 키르히너는 독일통일의 후유증과 관련하여 서독과 동독 간 부의 차이로 인하여 중앙정부의 동독에 대한 수직적 재정이전을 통한 통제 강화와 서독의 동독으로의 지속적인 수평적 재정이전에 따른 동독주민의 불만 누적이 독일 연방체계의 약화라는 부정적인 역효과를 나타냈다고 주장한다.146)

---

144) 이옥연, "연방제도 다양성과 통일한국 연방제도의 함의," pp. 75-77.
145) 하이케 헤르만스, "오스트렐리아: 연방주의와 국가발전," 박응격 외 지음,『서구 연방주의와 한국』(고양: 인간사랑, 2006), p. 233.

북한의 어려운 경제상황이 호전되어 남북 간의 경제적 차이가 좁혀지지 않는다면, 남북 간의 불만과 갈등이 증폭되어 통합된 국가의 운영과 유지가 어렵게 됨으로써 결과적으로 연방제 통합추진이 실패로 귀결될 수 있다. 경제적으로 불평등한 사회들에서의 연방주의는 불안정성을 띤다. 알레시나와 스폴라오레(Alesina and Spolaore)에 따르면, 경제적 소득의 격차는 부유한 지역으로 하여금 비중앙화나 심지어 탈퇴로 이어질 수 있게 만든다고 한다.147) 이에 대해 헉(Simon Hug)은 이들의 모델이 탈퇴로 인해 발생하는 외적변화를 간과한 문제점을 지적하고, 지역의 탈퇴 가능성은 탈퇴로 인한 세율의 변화로 얻게 되는 경제적 이익과 공공재(일례: 안보) 공급에서의 외부성(externalities)의 파급효과(the effects of spillovers)와의 비교형량에 따라 달라진다고 주장한다.148) 즉 탈퇴로 인한 외부효과가 충분히 크고 긍정적인 경우에는 가난한 지역조차도 탈퇴하게 될 것이며, 반면 외부효과가 충분히 크고 부정적인 경우에는 가난한 지역뿐만 아니라 부유한 지역도 탈퇴하지 않을 것이라고 말한다.

한편, 남한에 대한 북한 경제력의 상대적 열세는 남한 내에서 엄청난 통일비용에 대한 우려를 낳고 있다.149) 이러한 막대한 통일비용 문제로 인해 남한 내에서는 급격한 통일보다는 점진적, 단계적인 통일이 바람직하다는 분위기가 지배적으로 형성되고 있으며, 더 나아가 젊은 층에서는 통일의 필요성에 대한 부정적 인식도 생겨나고 있다. 북한은 자신의 생존을 위해 개혁·개방이 필요함에도 불구하고 정권의 생존유지를 위해 핵 개발에 매달린 채 폐쇄정책을 추구하지 않을 수 없는 딜레마에 빠져있다.

---

146) 키르히너, 앞의 논문, p. 241.
147) A. Alesina and E. Spolare, *The Size of Nations* (Cambridge: MIT Press, 2003) 참조.
148) Simon Hug, "Federal Stability in Unequal Societies," *Constitutional Political Economy*, 16(2005), pp. 113-124.
149) KBS가 실시한 통일의식 조사 결과에 따르면, 통일과정에서 가장 우려되는 점으로 '남한주민에 의한 막대한 통일비용 부담'이 43.1%로 1위를 차지했다. KBS 남북교류협력단, 앞의 책, pp. 34-35.

또한 북한의 정치·경제·문화·사회 등의 비대칭성은 연방제 하에서의 정당의 역할과 성격을 규정한다. 정당은 사회 각 분야의 차별성과 다양성을 정치적으로 표현하고 옹호하는 집단이다. 북한이 현재와 같은 당-국가 체제 아래 수령독재체제의 핵심기관인 노동당이 남북 연방제 내에서 지배정당으로 부상할 가능성이 크지만, 전국적 정당으로서 연방 전체의 이익을 대변하기 보다는 주로 북측 이익만을 대변하는 지역정당이 될 가능성이 크다. 이 경우에는 연방제 하에서 건전한 정당제도가 운영되지 못하게 됨으로써 연방제가 실패할 수밖에 없다. 북한 내에 자유로운 선거에 의한 다당제가 형성되지 않는 한 건전한 정당제도에 기초한 남북 간의 연방제 추진은 실현 불가능하다.

역사적으로 비대칭적 구성국들을 성공적으로 수용한 나라들은 많이 있다. 캐나다 내 퀘벡, 스위스 내 주라(Jura), 벨기에의 에우펜과 말메디 내 독일어사용 소수민족, 독일의 슐레빅-홀슈타인 내 덴마크어 사용 소수민족, 말레이시아 내 사라 및 사라왁의 보르네오 주들 등이다. 그런데 이들과 달리 평화적인 분열 또는 내전 발생으로 실패한 경우들도 있다. 소련과 체코슬로바키아의 해체와 유고 내전에 따른 분열 등이 그러한 사례에 속한다. 이들은 주로 사회주의 국가들로서 과거 갖가지 강압적인 수단을 사용하여 약한 구성국들을 병합한 경우들이다. 비대칭적 구성국들의 연방제 형성과 관련하여 배울 수 있는 한 가지 분명한 교훈은 연방제 자체는 구성국들의 소수민족 문제 등의 병폐를 치료할 수 있는 만병통치약이 아니라는 것이다. 그리고 미래의 연방제 실험들은 독립된 사법부에 의해 보호받고 법치주의에 기초한 공식적인 성문헌법 상의 인간의 권리와 자유, 언론의 자유, 비밀투표에 의한 정기적인 경쟁적 투표, 법적으로 정부를 바꿀 권리 등을 확고하게 보장하는 자유민주주의적 전제조건의 기반 위에 세워져야 한다는 것이다.[150] 현재 오랜 기간 극심한 내부 갈등과 내전을 치러온 예멘(북부 시아파, 남부 수니파, 알카에다), 이라크(시아파, 수니파, 쿠르드족), 스리랑카(다수파 신할레스, 소수파 타밀), 사이프러스(다수파 남부 그리스계, 소수파 북부 터키계) 등이 연방제 도입을 추진하고 있지만, 자유민주주의적 풍토가 정착되지 않은 조건에서 내부갈등을 종식하고 상생에 성공할 수 있을지는 미지수다.

탈톤(Charles D. Talton)은 연방주의 요소로서 대칭성과 비대칭성의 중요성을 지적하면서, 공통성(commonality)을 향해 밀어주는 어떤 요소들이 없다면, 비대칭성의 압력이 증가하게 됨으로써 연방적 존립의 지속적인 유지를 거의 불가능하게 만들 것이라고 경고하였다.[151]

나. 이체제(異體制)에 따른 이질화 심화

남과 북은 적대적 분단의 단절성으로 인해 모든 영역에서의 이질화가 심화되고 있다. 남한은 자유민주주의 시장경제 체제를 발전시켜왔고, 북한은 사회주의국가 건설을 목표로 주체사상의 기치 아래 수령독재에 의한 당-국가 사회민주주의체제, 수령유일영도체계, 계획경제에 입각한 자립형 민족경제 체제를 공고하게 구축해 왔다. 이러한 체제의 극단적 상이성은 남과 북에 확고하게 뿌리를 내리고 있기 때문에 가까운 장래에 쉽게 변할 것으로 보이지 않는다. 공유하는 정치적, 경제적, 이념적 기본가치들이 결여된 남과 북의 통합의 기초는 매우 취약할 수밖에 없다. 현 남과 북의 이질적 요소들과 더불어, 연방국가가 구성단위체들의 다양성을 고려하여 다양성과 통일성을 조화시킨 정치체라는 점, 그리고 최근 국가 간 상호의존의 증대

---

150) Burgess, *In Search of the Federal Spirit*, p. 225.
151) Charles D. Tarlton, "Symmetry and Asymmetry as Elements of Federalism: A Theoretical Speculation," in John Kincaid, ed., *Federalism: Alternative Models, Constitutional Foundations, and Institutional Features of Federal Governance*, vol. 2(Los Angeles · London · New Delhi · Singapore · Washington DC: Sage Publications Ltd, 2011), p. 312.

에 따른 초국가적 협력과 교류가 중시되고 있는 새롭게 변화된 국제환경 속에서 국가주권 개념이 상대적으로 축소되고 있는 추세 등을 감안할 때, 통일한국의 모습은 단방제국가보다는 연방제국가가 더 바람직할 것으로 보인다.152)

국가연합이 조약에 의해 성립되는 반면, 연방국가는 성문헌법에 의해 성립된다. 그런데 이체제의 국가들의 연방국가로의 통합은 통합국가의 이념과 가치를 하나의 연방헌법 안에 담아낼 수가 없기 때문에 이론적으로나 현실적으로 거의 불가능하다.153) 최상의 1차적인 정치적, 이념적 가치에 대한 결의가 결여된 연방국가로의 통합은 성립될 수 없다. 이체제 구성국들의 연방국가 형성의 어려움뿐만 아니라, 설사 어렵게 연방국가가 형성된다고 하더라도 연방국가의 운영과 유지 면에서도 거의 성립이 불가능하다. 이체제 아래서 운영되고 있는 현재의 남과 북이 합의를 통해 외교권, 군사권, 주요 내치권 등을 중앙정부에 부여하여 현실적으로 운영해 나가는 것은 거의 불가능한 일이다. 예멘이나 동독의 경우도 단일체제로 전환된 연

---

152) 서동만도 60년 이상 지속된 남북 각각의 체제가 일궈온 성과와 그 부정적 측면까지 포함한 상호이질성을 감안한다면, 단일국가로의 통합만이 능사가 아닐 것이라면서, 해방 당시 좌절되었던 단일국가로의 통일을 복원하는 데 치중해온 한국 내 통일논의는 연방제를 포함한 다양한 형태의 복합국가로의 통일도 시야에 넣어야 한다고 주장한다, 서동만간행위원회 엮음, 『북조선연구: 서동만저작집』 (서울: 창작과 비평사, 2010), pp. 365-366.
153) 김명기는 북한의 연방제에 관하여 연방의 결합근거가 헌법인데, 이체제로 되어 있는 남북을 동일한 헌법으로 결합시키는 것은 그 자체가 실현 불가능하며, 지구상에 이러한 국가가 결합한 연방제가 아직 존재한 적이 없다면서, 한반도의 특수성을 고려한다 하더라도 한반도가 예외가 될 수는 없다고 주장한다. 김명기, 『남북한연방제 통일론』(서울: 탐구원, 1988), pp. 55-66; 양동안도 연방국가에서는 연방 헌법과 지분국의 헌법이 동일한 원리를 가져야 하므로 연방국가의 틀 속에서 남·북한이 상이한 체제를 유지한다는 것은 원칙적으로 불가능하며, 역으로 상이한 통치원리를 가진 남·북한에 공동으로 적용될 수 있는 연방헌법을 만들어 내는 것도 불가능하다고 말한다. 양동안, "남북한공동체 형성을 위한 정치통합," 이서행 외, 『통일시대 남북공동체: 기본구상과 실천방안』(서울: 백산서당, 2008), p. 122.

후에야 통합이 이루어졌다. 역사적으로 이체제 간 연방국가 통합을 이룬 사례는 없다. 진정한 실질적 의미의 연방국가는 다원적 자유민주주의, 연방민주주의, 연방정신이 발달한 곳에서나 형성, 유지가 가능하기 때문에 당-국가체제의 수령독재체제 하에서는 연방국가가 형성될 수 없다. 국가안전보장회의 사무국 조사동원실은 이체제에서라도 공동의 외적의 침략을 방어하기 위한 동맹관계 수립은 가능할 수 있지만, 이체제 간의 연방국가 형성은 불가능하다면서 그 이유를 다음과 같이 제시한 적이 있다.[154] ① 자유민주주의 정치체제와 인민민주주의 정치체제 간에는 주권, 평등, 자유 등 헌법의 같은 문구라도 그 해석이 달라지기 때문에 연방헌법의 제정 합의가 거의 불가능하다.[155] ② 헌법에 대한 최종해석권을 사법부(자유주의국가 헌법)에 둘 것인지, 의회인 최고회의(인민민주주의 국가 헌법)에 둘 것인지 합의가 곤란하다. ③ 이체제의 국가들을 동일화하지 않고 연방에 연방강제권을 부여하는 것은 거의 기대하기가 어렵다.

북한은 자신의 고려연방제방안에서 헌법 문제를 전혀 언급하지 않고 있다. 북한은 한반도의 통일문제는 "두 개의 국가의 결합이 아닌 단일민족, 단일국가의 인위적인 분단으로 산생된 특수한 형태의 두 지역의 재결합문제"라고 주장한다. 북한은 개별국가들을 헌법에 기초하여 통합하는 서구식의 기성 연방제론을 한반도 상황에 "마구 갖다 맞추는" 것을 반대하면서, 한반도 실정에 맞게 "주체적", "창조적"으로 헌법을 제정할 것을 주장한다. 다시말해 "련방제통일국가" 형성문제에 있어서는 "련방제"에 맞는 통일헌법을 제정하고 그것을 법적 기초로 할 수도 있으며, 그것이 필요없다고 인정될

---

154) 국가안전보장회의 사무국 조사동원실,『국가연합 및 연방의 법적 고찰』, 안보연구자료, 제19호(1973.1.30), pp. 23-25.
155) 강성윤은 북한은 "민주주의"라는 공동의 이념에 기초하여 연방제를 구성하자는 주장을 하고 있지만, 북한의 민주주의 개념과 실제는 남한의 것과 상이한 허구적인 것으로서 민주주의가 공동의 이념이 될 수는 없다고 주장한다. 강성윤, "연방주의 통합이론에 관한 연구," p. 194.

때에는 민족적 합의, 이를테면 6·15공동선언과 같은 남북정상들의 공동선언과 그에 따른 민족적 합의의 절차로서 "고려련방제"의 통일국가를 창출할 수도 있다는 것이다. "우리가 헌법이 갖는 기본법이라는 본의에서 출발해 고려련방제가 밝힌 통일국가의 조직과 구성의 중요 요건과 원칙, 정치기구와 정책방향, 국호 등을 법제화하면 그것이 곧 통일헌법이 될 것이다."[156) 민족 단일성을 가지고 있는 남과 북은 사상과 제도가 서로 달라도 얼마든지 "련방제 방식"으로 통일을 실현할 수 있다고 주장한다.[157)

그런데 최근 북한이 남한의 통일방안에서 언급되고 있는 통일헌법과 관련하여 통일헌법에 대한 합의가 불가능하다는 부정적 입장을 보여 주목된다. "우선 《통일헌법》을 작성하고 그에 기초한다는 것 자체가 남과 북의 리념과 체제가 다른 상황에서 그 가능성이 불투명한 것이라 할 수 있다. 남북이 갈라져 수십년이상이나 격폐된채로 있으며 또 이남이 미국의 예속하에 있는 상황에서 그리고 남북에 서로 다른 제도가 있고 쌍방이 그것을 서로 양보하려고 하지 않는 조건에서 《통일헌법》에 따라 총선거를 실시한다는 것은 실제상 가능성을 내다볼 수 없는 것이다."[158) 북한이 통일헌법 작성의 불가능성을 나타낸 것은 스스로 자신의 고려민주연방공화국안의 성립 불가능성을 인정한 것에 다름 아니다. 북한이 연방국가가 아닌 국가연합 유형의 낮은 단계의 연방제를 제안한 이유는 북한의 수세적 입장에 대한 고려 등 여러 가지가 있겠지만, 연방제 통합조건이 전혀 구비되어 있지 않은 현 남북관계의 상황 하에서 고려민주연방공화국안의 실현 가능성이 매우 희박하다는 현실적 인식에서 비롯된 것으로도 볼 수 있다.[159)

---

156) 장 석, 앞의 책, pp. 373-375.
157) 『노동신문』, 2010년 9월 16일.
158) 김혜연, 앞의 책, p. 186.
159) 허준혁은 연방국가 모델은 이념과 체제의 통합이라는 측면에서 일견 상당한 타당성을 갖고는 있으나, 오랜 분단으로 인한 이질감과 상호 불신, 특히 전쟁의 공포와 뿌리 깊은 반공의식 등을 고려할 때 보다 더 신중한 전초단계를 필요로 하는 모델이라고 지적한다. 허준혁, 『조국통일 모델에 관한 연구』(국토통일원, 1989),

헌법이 없는 연방국가는 성립, 유지가 불가능하다. 연방제가 올바로 운영, 유지되기 위해서는 헌법에 연방국가가 추구하는 가치와 원칙, 중앙과 지방 간 권력배분, 중앙정부의 구성(입법부, 행정부, 사법부) 및 기능, 재정연방주의 등에 대한 규정이 명확히 마련되어야 한다. 연방주의가 제대로 구현되기 위해서는 다른 방식의 민주주의 거버넌스보다 훨씬 더 치밀하고 정교하게 운영되는 복합적 통치기재, 즉 다층구조 거버넌스 구축이 필요하다.160) 고려민주연방공화국창립방안의 중앙정부는 최고민족연방회의와 연방상설위원회이다.161) 최고민족연방회의와 연방상설위원회는 외교·군사·내치권을 모두 보유한다. 그런데 이러한 연방제안에는 중앙과 구성국의 권력배분을 위한 법적장치인 헌법이 없고 남과 북의 갈등을 해소할 수 있는 연방최고사법재판소도 없다.

킨케이드(John Kincaid)는 민주적 가치에 대한 체제 전반적인 열의가 없는 곳(일례: 브라질, 인도)에서 연방민주주의 국가를 세우는 것은 어렵다고 지적한다.162) 그는 연방구성체들 간 민주주의적 통합(consolidation)의 결핍은 체제 전반적인 민주주의의 붕괴의 주원인이 된 사례들이 있다고 말한다. 또한 그는 연방제와 비시장경제는 함께 공존하기 어렵다면서, 연방국가의 지방정부가 토지와 자본을 현저하게 규제할 경우에는 연방제를 약화시키거나 분열시킬 수 있는 강력한 압력을 받게 될 수 있다고 주장한다.163) 노들링거(Eric A. Nordlinger)도 균열된 사회에서 연방제 실시는 국가의 해체

---

p. 55.
160) 이옥연, "연방제 정립과정 비교," pp. 101, 131.
161) 북한은 초국가기구로서 60년대 남북연방제안에서 최고민족위원회, 70년대 고려연방공화국안에서 최고민족회의, 80년대 고려민주연방공화국 창립방안에서 최고민족연방회의와 연방상설위원회, 2000년대 낮은 단계의 연방제안에서 민족통일기구를 각각 제안했다.
162) Roper, op. cit., p. 529.
163) Ibid.; John Kincaid, "Values and Tradeoffs in Federalism," Publius: The Journal of Federalism, vol. 25(Spring 1995), p. 34.

를 초래할 가능성이 있다고 말한다.164) 겔리건(B. Galligan)은 연방주의에 대한 사회학적 접근법을 비판하면서, 연방주의는 사회적 차이의 함수라기 보다는 제도적 유형과 정치공동체의 함수라면서, 이질적인 사회보다는 동질적인 사회에서 더 잘 기능한다고 주장한다.165) 역사적으로 이념적 이체제로 이루어진 단일국가 간 연방국가 통합을 이룬 사례는 없다. 듀차섹과 오스트롬(Vincent Ostrom)은 연방국가의 정부들은 형태에 있어서 비슷하다면서 "진정한 연방국가"(true federation)로 존재하기 위해서는 주정부의 레짐형태가 민주주의적이어야 한다고 말한다.

그런데 국가연합의 경우는 지방정부의 레짐형태가 매우 다양하게 존재하며, 민주주의적 다원주의가 없는 국가연합 유형은 존재할 수 있고 실제로 존재한다고 한다.166) 엘라자르도 성공한 연방국가는 공통된 자유민주주의적 시민사회에 기반을 두지만, 성공한 국가연합은 가끔 독특한(서로 다른) 민주주의적 커멘웰스들의 결합체(union of often distinctive democratic commonwealths)에 기반을 둔다고 말한다. 국가연합은 연방국가보다 구성국들의 체제형태가 더 다양하다. 즉 연방국가의 모든 체제들은 형식에 있어서 유사한 반면, 국가연합은 체제형태들의 범위가 더 넓고 그럼에도 불구하고 여전히 생존하여 성장할 수 있다.167) 샤(Anwar Shah)도 구성국 내부적으로는 동질적이지만 하나의 전체적인 그룹으로서는 이질적인 커뮤니티들에게는 국가연합제가 적합하다고 말한다.168) 이와 관련하여 손병권은 국가연합의 경우는 사실상 통일국가라고 보기 어려운 측면이 있다면서, 남북

---

164) Eric A. Nordlinger, "Conflict Regulation in Divided Societies," *Occassional Papers in International Affairs*, no. 29(Center for International Affairs, Harvard University, 1972); 홍기준, 앞의 논문, p. 119 재인용.
165) B. Galligan, *A Federal Republic: Australia's Constitutional System of Government* (Cambridge: Cambridge University Press, 1995), p. 55.
166) Duchacek, "Comparative Federalism," p. 29.
167) Elazar, *Constitutionalizing Globalization*, p. 10.
168) Shah, *op. cit.*, p. 7.

간의 전쟁경험, 오랜 분단의 역사, 정치·경제 체제 등의 이질성, 남한에 비해 열세한 북한의 특수한 지위 인정 등을 감안하면, 현실적으로 가능한 통일한국의 연방국가 형태는 약한 형태의 분권형 연방국가가 될 것으로 추정하였다.169)

남북한이 이체제로 되어 있는 한 국가의 최고통치이념 등을 규정한 헌법 마련이 거의 불가능하기 때문에 북한의 체제변화가 없이는 연방국가의 창설이 불가능하다. 설령 북한 내에 상당한 정도의 가시적인 체제변화가 생겨나 우여곡절 끝에 연방헌법이 마련된다고 하더라도 수령이 헌법 위에 존재하는 북한지역정부가 통합된 단일한 연방국가내에서 연방헌법에 의해 남한지역정부와 같은 방식으로 실효적으로 통치될 수 있을지가 극히 의문이다. 따라서 북한이 남한과 거의 같은 수준의 자유민주주의적 시장경제체제로 완전하게 전환된 연후에라야 연방국가의 형성문제가 검토될 수 있을 것이다. 조민은 통일로 가는 길에 선차적인 문제는 북한체제의 변화라면서, 북한의 "정권진화"와 정치리더쉽의 변화 모색의 필요성을 지적한다.170) 최현호도 독일통일의 촉진요인의 하나로 사회주의체제인 동독의 변화와 그 지도자들의 개혁적인 인식변화를 지적한다.171) 그런데 김근식은 북한의 체제전환 가능성을 매우 낮게 전망한다. 그는 소련, 중국, 쿠바 등 여타 사회주의 국가들과 다른 북한의 체제전환을 장애하는 북한식의 초기조건으로 수령제라는 대내조건과 적대적인 북미, 남북 관계라는 대외조건을 든다. 이러한 북한의 대내외 조건이 북한 지배층뿐만 아니라 주민들에게 "피포위의식"을 형성시켜 북한으로 하여금 체제전환의 시도를 경계하면서 체제보위를 최우선적 과제로 삼게 하고 있다는 것이다. 그는 외부에서 기여할 수 있는 체제전환의 필요조건은 북미 적대관계 해소와 남북관계 개선을 통한

---

169) 손병권, 앞의 논문, pp. 174-175.
170) 조 민, "북한의 정권진화와 개발독재체제", pp. 94-95.
171) 최현호, 앞의 책, p. 213.

흡수통일 위협을 덜어내도록 하는 것이라고 말한다.172) 결국 북한내부의 수령독재체제 유지 필요성의 지속과 더불어, 북핵문제가 해결되지 못하고 경색된 남북관계가 계속 진행되는 한, 북한의 체제전환을 기대하기는 어렵다. 북한의 체제안정도 순위를 보면, 178개 국가들 가운데 취약성 순위가 2005년 13위였으나, 이후 매년 점차 낮아져 2015년에는 29위로 떨어져 점차 안정되어 가는 모습을 보여주고 있다.173)

다. 연방민주주의의 부재

연방주의(federalism)와 연방국가를 동일시하는 듀차섹은 연방주의와 민주주의는 쌍둥이 형제와 같다고 말한다. 민주주의는 연방제가 아니더라도 발전해 나갈 수 있지만, 연방제는 구성국들에게 진정한 자치를 허용해 줄 수 있는 민주주의적 다원주의(democratic pluralism)가 없으면 존재할 수 없다고 한다. 정의상 모든 정치권력이 하나의 정당이나 군부, 또는 일인에게 집중되어 있는 권위주의 체제는 연방주의적 분권 개념과는 양립될 수 없다는 것이다.174) 리빙스턴도 연방정부는 민주주의나 공화주의의 기초 위에 세워진 정치체들에게만 적합하며, 독재나 절대주의와는 양립될 수 없다고 주장한다. 이러한 권위주의적 중앙정부의 무제한의 권력은 반드시 연방주

---

172) 김근식,『대북포용정책의 진화를 위하여』, pp. 293-323.
173) 조성렬, "김정은 정권은 왜 쉽게 망하지 않는가",『북한연구논평』, 통권 제16호 (북한연구회, 2015.10), pp. 9-10; 미국 평화기금(Fund for Peace) 홈페이지 http://ffp.statesindex.org.
174) Ivo D. Duchacek, "Antagonistic Co-operation: Territorial and Ethnic Communities," *Publius*, vol.7, no. 4 (1977), p. 14; Duchacek, "Dyadic Federations and Confederations," pp. 16-17; 장명봉도 사회주의 체제를 유지하였던 동독과 남예멘은 서독과 북예멘 체제로의 통일과정에서 소멸되고, 결과적으로 두 분단국가는 자본주의 국가체제로 전환되어 자유민주주의체제로의 통일을 이룩하게 되었다고 설명한다. 장명봉,『분단국가의 통일과 헌법-독일과 예멘의 통일사례와 헌법 자료-』(국민대 출판부, 2001), p. 179.

의적 원리를 항상 뒤엎거나 뒤엎으려고 위협한다.[175] 연방의 중앙정부뿐만 아니라 하위국가 수준인 구성국 수준에서도 권력분립이 없으면 연방국가가 아니다.[176] 키르히너는 제2차 세계대전 후 소련의 점령 아래 있던 동독지역에 탄생(1949년)한 독일민주공화국(DDR)에서 연방의 주들이 초기에는 어느 정도 권한을 행사할 수 있었지만 1952년에 완전히 소멸되었다면서, 이는 권력의 분권화는 독재체제의 잠재적인 위협으로서 공산당의 독재체제와는 맞지 않음을 보여준다고 말한다.[177]

왓츠는 연방주의적 과정들의 중요한 특징들은 다음과 같은 내용들을 가정하고 있기 때문에 강한 민주주의 성향을 포함하고 있다고 주장한다.[178] ① 구성단위체들에서의 시민들의 자발적인 동의 ② 정치적 의사결정의 다양한 중심들을 통해 표현되는 원리로서 비중앙화 ③ 의사결정이 내려지는 방식의 주요특징으로서 공개된 정치적 흥정 ④ 정치권력의 집중을 피하기 위한 견제와 균형의 작동 ⑤ 중앙과 지방정부들이 각각 헌법으로부터 권력을 획득하기 때문에 헌법주의와 법치의 존중.

민주주의를 개인의 권리와 자유에 기초한 "자유민주주의"와 유기체적 공동체의 이익을 중시하는 "공동체민주주의"(communal democracy)로 이분화한 엘라자르는 소위 "연방민주주의(federal democracy)의 정치이론"을 다음과 같이 정의하였다. "(연방)민주주의의 방식은 영원한 다수가 없이, 각자의 이익들을 표현하는 다양한 소수들의 총합체가 모든 다수가 되는 방식으로, 논의와 심사숙고…, 이익의 균형, 각종 목소리들, 그리고 다양성을 통한 비중앙화의 기초위에 권력을 배분하는 헌법화된 파트너쉽의 방식이다…… 연

---

175) W. S. Livingston, *Federalism and Constitutional Change* (Oxford: Clarendon Press, 1956), pp. 308-309.
176) Maxwell A. Cameron and Tulia G. Falleti, "Federalism and the Subnational Separation of Powers," *Publius*, vol. 35, no. 2(Spring 2005), pp. 245-271.
177) 키르히너, 앞의 논문, p. 239.
178) Watts, *Comparing Federal Systems*, 3rd ed., p. 18.

방민주주의는 민주적 정치체를 단일한 중심을 통해서가 아니라, 다중심 또는 비중앙화된 방식으로 함께 권력을 공유하는 제도들의 매트릭스 위에 세워진 것으로 본다."179)

버제스는 연방민주주의는 보다 넓은 의미의 속(genus) 민주주의의 하위 개념인 종(species)의 하나로서 민주주의-헌법민주주의-자유민주주의-연방민주주의로 분류되는 하위개념으로 파악한다.180) 즉 연방민주주의는 서구 헌법주의와 자유민주적 헌법국가의 확립된 절차적 규칙과 원리들에 기초하고 있는 자유민주주의의 특정한 형태이다. 이러한 연방주의의 개념은 헌법주의와 연방주의의 사회적 기초를 형성하는 시민사회, 그리고 연방주의적 정치문화와의 상호관계성을 중시한다. 그는 연방민주주의의 특징으로 아래 8가지 요소들을 제시하였다. ① 자치와 공치의 결합에 의해 공식적으로 확고해진 '통일성과 다양성'에 기초한 성문 최고헌법 ② 연방국가의 시민들이 제도, 절차, 정부의 관행뿐만 아니라, 해석의 규범과 규칙을 자유롭게 인식하고 받아들이는 헌법주의적 문화 ③ 충돌이 일어났을 때 '헌법주의적'의 의미를 결정할 뿐만 아니라 '보통의' 규범과 규칙을 만들어 내는 능력을 포함한, 더욱 높은 헌법적 규범에 의해 부과된 법적·도덕적 제약을 따르는, 법적·도덕적 힘에서 우위에 있는 높은 수준의 정부와 낮은 수준의 정부를 구분하는 정치적 규범과 규칙의 두 개 수준의 제도로서의 헌법적 정치제도 ④ 갈등해결을 위해 어떠한 그룹도 모든 권한을 가지지 못하도록 공무원들에 대한 구속력 있는 법적·도덕적 제약을 부과하는, 헌법주의적이며 보통의 정치적 규칙들의 인정에 기초한 헌법주의적 정부. 법의 지배는 정부 자신이 법을 따르고 마음대로 통치할 수 없음을 의미한다. ⑤ 내부 민주적 당 구조와 공개적이고 책임 있고 정당성이 있는 수단에 의해 정당

---

179) Daniel J. Elazar, *Commonwealth: The Other Road to Democracy* (Lanham, Boulder, New York and Oxford: Lexington Books, 2001), p. 261.
180) Burgess, *In Search of the Federal Spirit*, pp. 252-278.

하게 선출된 후보들을 가진 정당들에 기초한 다층의 정당경쟁의 존재 ⑥ 부패, 위협, 뇌물이 없는 비밀투표에 의한 정기적인 선거를 보장하는 선거제도의 존재 ⑦ 공개비판의 자유, 도전권, 평화적이고 정당한 민주적 수단에 의해 기존의 정부를 바꿀 수 있는 능력 등을 가진 조직화된 야당의 존재 ⑧정부에 의해 소유되거나 통제받지 않는 자유로운 경쟁적 언론의 존재. 버제스는 헌법적 형식과 실제적으로 그렇게 운영되는지 여부는 구별되어야 함을 지적하면서, 이 둘을 고려할 때 연방주의와 자유민주주의적 헌법주의는 상호 공생관계(symbiotic)에 있다고 말한다. 연방국가에 대한 대부분의 정의에는 자유민주주의의 가정이 거의 항상 내포되어 있다.[181]

연방제도가 제대로 운영, 유지되기 위해서는 전국적 범위의 경쟁적 다당제의 정당제도와 이를 위한 선거제도가 존재해야 한다. 정당이 모두 지역적 정당이거나 국가적 정당과 지역적 정당이 거의 분리되어 있는 연방제는 성공적으로 유지되기가 어렵다.[182] 이 경우에는 정당지도자들이 지역적 차이를 부각시키면서 지역적 카드를 이용할 가능성이 크기 때문에 지역주의로 흐를 위험이 있다. 전국적 범위의 경쟁적 다당제 및 선거제도의 부재는 북한의 전체주의적 당-국가체제에서 극명하게 나타난다. 북한체제는 노동당 일당 독재에 의해 움직이는 전체주의체제이다. 북한은 당국의 감시 하에 당의 결정에 따라 매 선거구마다 1인의 후보자만을 내는 후보자 추천제도와 흑백투표함 내지 단일투표함 제도를 운영하는 다수대표제 선거제도를 운영하고 있다.[183] 이는 당이 추천한 후보자에 대한 주민의 반대의사를 봉쇄함으로써 일반·평등·직접·비밀선거의 일반원칙을 실질적으로 저해

---

181) *Ibid.*, p. 270.
182) Richard Simeon, "Preconditions and Prerequisites: Can Anyone Make Federalism Work?", in Thomas J. Courchene, et al., eds., *The Federal Ideas: Essays in Honour of Ronald L. Watts* (Mcgill-Queen's Univ., 2011), pp. 207-223.
183) 임성학, "통일한국의 선거제도," 윤영관·강원택 엮음, 『통일한국의 정치제도』, 서울대학교 국제문제연구소 총서 6(서울: 늘품플러스, 2015), pp. 211-212.

하기 때문에 북한 내에 경쟁적 다당제가 형성될 여지가 없다. 북한 내의 조선천도교청우당과 조선사회민주당은 노동당의 명목상 외곽기구에 불과하다.

남과 북으로 구성된 통일한국의 연방제 통합에서 북한의 지역정부가 노동당 일당에 의해 지배될 경우, 자연적으로 경쟁적인 다당제를 운영하고 있는 남한지역의 경우에도 남한만을 대표하는 지역정당들만이 남게 될 가능성이 크다. 이렇게 되면 연방의회가 남과 북의 대결장으로 변모할 수밖에 없고, 이를 중재할 수 있는 다른 세력이 없는 상황에서 중앙의 연방정부가 제대로 운영, 유지되기는 거의 불가능할 것이다. 통일한국의 연방제 통합이 제대로 작동되려면 노동당 일당 중심의 '당-국가체제' 자체가 바뀌지 않으면 안된다. 동독이 통일 전 헌법개정을 통해 독일사회주의통일당(SED)의 일당지배체제를 종식하고 새로운 자유 · 평등 · 비밀 · 직접선거를 통해 다당제의 길을 열었듯이 북한 내에 민주화가 이루어지고 경쟁적 다당제와 이를 보장하는 선거제도가 마련되어야 한다.[184] 동독의 민주화와 경쟁적인 다당제로의 전환은 서독정당들의 동독정당들에 대한 개입과 동 · 서독 정당 간 통폐합을 촉진시킴으로써 통일 전후 서독과 동독에 전국적 범위의 경쟁적 다당제를 형성시킬 수 있는 토양이 되었으며, 독일 연방제 통합의 견인차적 역할을 수행할 수 있었다. 그런데 통일 전 동독에서의 다당제 형성은 동독시민들의 민주적 개혁운동에 의한 정치체제의 변혁요구로부터 촉발되었음을 상기할 때, 북한 내에서 민주화와 경쟁적 다당제가 언제 형성될 수 있을지는 현재로서는 가늠하기 힘들다. 김갑식은 통일과정에서 남한 정당들의 이념적 포용성과 더불어 북한 정당체계의 온건 다당제화를 이끌어내야 한다고 지적한다.[185]

---

[184] 박광기, "남 · 북한 통일과정에서 나타날 정당통합문제와 바람직한 정당의 구조 및 체제연구: 통일독일의 정당통합과정에서 나타난 문제점과 시사점을 중심으로," 『사회과학논문집』, 제18권 제1호(1997), pp. 157-188.

김일성 일가의 세습에 의한 수령유일사상체계의 당-국가체제를 유지하고 있는 폐쇄적이고도 억압적인 전체주의 체제의 북한은 연방민주주의와는 너무나 거리가 멀다. 북한에는 자유민주주의의 하위 개념으로서의 연방민주주의의 중심적인 가치와 제도들인 헌법주의적 법치문화, 권력분립, 경쟁하는 정당, 야당의 존재, 비밀선거, 시민사회, 경쟁언론의 자유 등이 존재하지 않는다. 그리고 표현의 자유, 결사의 자유 등 주민들의 기본적인 권리나 자유 등도 보장되어 있지 못하다. 주체사상의 통치이념 아래 김일성-김정일주의, 김정일 애국주의 등의 실천이념에 대한 끊임없는 세뇌적 교화와 폭력기구들에 의한 감시, 공개처형 등을 통한 폭압적 공포정치로 체제가 유지되고 있다. 북한이 이러한 폭압적인 수령독재체제를 고수하고 있는 한 한반도에서의 연방국가 통합은 이루어질 수도 성공할 수도 없다. 남광규는 남·북한 합의통합을 위해서는 정당의 역할이 무엇보다도 중요함을 강조하면서, 북한이 일인지배의 수령절대주의체제에서 변화하여 최소한 노동당을 중심으로 한 '당-국가' 운영으로 정상화되면서 동독의 공산당인 동독사회주의통일당이 동독 붕괴과정에서 민사당(PDS)으로 변화하는 정도에 준하는 노선변화를 이루어야 한다고 지적한다.[186] 북한이 자유민주주의 체제로 전환되지 않는 한 자유민주주의를 국시로 하고 있는 남한과 연방국가를 형성할 수 있는 여건이 전혀 조성되어 있지 않다고 할 수 있다.

한편, 자유민주주의와 시장경제 체제를 신봉하며 유지하고 있는 남한의 경우는 일견 대체적으로 별 문제가 없어 보인다. 그런데 김근식은 통일의 필요조건으로 상호 민주화의 필요성을 주장한다. 그는 "한반도식 통일과정이 극단적 세력의 무분별한 대결과 적대에 의해 발목잡히지 않기 위해서는 북한체제의 변화 및 기득권 세력의 약화와 더불어 남한의 수구강경세력의

---

185) 김갑식, 앞의 논문, p. 52.
186) 남광규, "남한의 '3단계 통일방안'과 북한의 '연방제'에 있어 정당의 역할,"『국제문제연구』, 제14권 제1호 통권 53호(국가안보전략연구소, 2014 봄), pp. 79-107.

민주화가 이루어져야 한다"고 지적한다.187) 북한에 친남세력이 형성되고 남한에 극단적인 반북세력이 약화되어야만 점진적 평화통일이든 흡수통일이든 적대와 대결의 통일과정을 피할 수 있다는 것이다. 그는 예멘 통합의 문제점으로 "서독처럼 동독의 공산당과 민사당의 존재마저 관용해 내는 성숙한 민주주의가 부재한 탓에 예멘은 무력적이고 폭력적인 방식으로 통일 과정을 진행할 수밖에 없었다"고 말한다.188) 최현호는 독일통일의 촉진요인의 하나로 서독의 안정된 민주정치발전을 지적한다. 그는 제2차 세계대전 이후 동서독으로 분리 독립하였을 당시 서독에는 국가주의, 독일이상주의, 형식주의 등과 같은 민주주의 현존에 반하는 전통적인 정치문화 요소들이 잔존하였으나 이러한 요소들이 민주주의의 발전 속으로 흡수되었으며, 서독의 정치체제에 대한 동독인들의 동경심과 기대감이 서독으로의 정치통합을 가능하게 하였다고 말한다.189)

4. 소결론

장애요인에 대한 분석을 종합한 결과, 연방제 국가들의 통합에서 분화요인 또는 실패요인들로 작용했던 요소들 모두가 한반도 상황에서 그대로 발견되었다. 그리고 이에 더하여 서구 등의 맥락에서는 사례가 없었던 2개 구성국, 이체제의 심화된 이질성, 적대적 의존관계, 북한의 핵·미사일 문제 등의 새로운 강력한 장애요소들이 추가로 확인되었다. 통합 장애요인에는 심리적 요인 및 구조적 요인뿐만 아니라, 통합 촉진요인에는 없었던 제도적 요인도 포함되는 등 더욱 다양한 요소들로 구성되어 있음을 확인하였

---

187) 김근식, "남북관계와 통일", p. 324.
188) 위의 논문, p. 318.
189) 최현호, 앞의 책, pp. 210-211.

다. 일반적으로 알려진 한반도의 면적의 크기나 인구의 크기와 같은 요소들은 연방제 형성을 위한 통합조건과는 직접적인 상관관계가 없었다. 장애요인의 다양한 구성요소들 가운데는 2개 구성국, 적대적 의존관계의 분단대결구조 등과 같은 구조적 요인과 주변 강대국과 관련된 대외적 요인들도 있었지만, 상당부분은 북한의 체제나 핵문제, 북한의 남한에 대한 적대행위와 같은 북한의 문제들과 연관되어 있음을 발견했다. 또한 남한요인들도 발견되었다. 북한요인들이 주로 북한의 특수한 수령독재의 당-국가체제에서 비롯되는 요인들인 데 반해, 남한요인들은 주로 함께 일한 의지와 능력 결여, 연방국가 형성의 열망과 결의의 부족, 연방주의 정신의 결여, 남남갈등과 같은 심리적 요인과 관련된 것들이 많았다.

그리고 통합요인의 구심력이 매우 미미한 데 반해, 장애요인의 원심력은 상대적으로 매우 강력한 것으로 나타났다. 또한 이러한 장애요인들은 심리적, 구조적, 체제적, 대외적 요인들이기 때문에 단시일 내에 해소되기 어려운 만성적이고 구조적인 특성을 갖고 있다. 장애요인들의 다양한 구성요소들의 성격을 감안할 때, 장애요인의 제거나 해소를 위해서 남한이 단독으로 할 수 있는 것도 매우 제한적이다. 시간이 흐를수록 통합 촉진요인은 약화되는 반면, 분단구조의 고착화, 남북 간의 적대적 경험에 따른 불신의 심화와 북한체제 및 북핵문제의 상황악화, 강대국 간 경쟁 심화 등에 따라 장애요인의 원심력은 더욱 증가될 것으로 예상된다.

이상의 분석결과를 토대로 남·북한 통합방안으로서의 연방제 통합조건과 구성요소들의 조건충족 여부에 대한 평가를 〈표 2〉로 정리하였다.

〈표 2〉 통일한국의 연방제 통합조건의 구성요소 평가

구분	통합촉진요인	평가	통합장애요인		평가
심리적 요인	단일민족 의식	△			
	분단극복 의지	△			
	연방주의 정신	X	연방주의 정신 부재		O
	연방국가 형성 열망	X	연방국가 형성 열망과 결의 부족		O
	가치의 공유	X	최상의 이념적 결의 부족		O
구조적 요인	지리적 접근성	△			
	남북 교류협력	△			
			남북관계	2개 구성국	●
				적대적 의존관계	●
			남북한 내부요소	지역적 정치지도력	O
				북핵문제	●
				남남갈등	O
	외세의 개입 부재	X	대외관계	대외관계의 충돌	O
				주변 강대국의 영향	O
호혜적 요인	안보위협 해소	△			
	경제적 이익 및 영토적·전략적 가치	△			
제도적 요인	대칭성(균형성)	X	비대칭성 심화		O
	제도의 유사성	X	이체제의 이질성 심화		●
	연방민주주의	X	연방민주주의 부재		O

*평가기준: o 조건 충족, △ 조건 일부충족, x 조건 미충족, ● 한반도만의 특수한 장애요인.

제7장_ 맺음말
연방제 통합의 한계와 시사점

제7장_ 맺음말: 연방제 통합의 한계와 시사점

본 연구는 남·북한 통합방안으로서의 연방제 통합에 관한 기초적인 연구의 하나로 시도되었다. 연방제도는 '공치와 자치'의 권력배분의 원리를 통해 '통일성과 다양성'을 아울러 남과 북의 이질화에 따른 갈등을 최소화함으로써 상생을 도모하고 통일비용도 줄일 수 있는 여러 가지 장점이 많은 정치제도이다. 그럼에도 불구하고 본 연구는 통일한국의 국가형태로 과연 연방제 도입이 가능할 것인지, 가능하다면 어떤 유형이 가능한지, 그리고 어떤 수준의 권력배분의 헌법적 설계가 가능한지 등에 대한 문제의식을 갖고, 연방제의 통합조건, 즉 통합 촉진요인(구심력)과 통합 장애요인(원심력)에 착안하여 이를 중점적으로 분석하였다.

연방제의 개념 및 형성과정 등에 대한 전반적인 이론적 배경을 토대로 서구학자들의 비교정치학적 연구결과들을 통해 확인된 통합조건들을 한반도적 맥락에서 남·북한의 연방제 통합에 적용하여 분석한 결과, 통합 촉진요인과 장애요인이 동시에 존재하고 있어 연방제 통합을 위한 최소한의 필요조건은 갖추고 있는 것으로 확인되었다. 그런데 통합 촉진요인의 구심력은 아주 미미한데 반해 통합 장애요인의 원심력이 매우 강력한 것으로 나타남으로써 연방제 통합을 위한 충분조건은 충족되지 못한 것으로 확인되었다. 또한 이들 요인들이 주로 정신적, 구조적, 체제적, 대외적 구성요소들로 이루어져 있어 단시일 내에 이같은 상황을 개선하기도 쉽지 않은 것으로 파악되었다.

이상의 분석결과를 통해 확인된 한반도적 연방제 통합의 한계성은 다음과 같은 몇 가지 정책적 함의를 보여준다. 우선 미미한 통합 촉진요인에 비해 강력한 장애요인의 존재는 한반도에서의 연방제 통합 추진을 위한 여건이 거의 갖추어져 있지 않음을 알려준다. 이는 무력통일이나 흡수통일 못지않게 한반도에서의 합의를 통한 평화적 연방제 통합의 경우도 연방제의 형성이나 운영·유지가 매우 어렵다는 것을 시사해 주고 있다.

둘째, 한반도에서의 열악한 통합조건은 통일국가의 헌법적 제도설계에 초점이 맞추어진 형식적인 통일방안 보다도 통일에 이르기까지의 통합과정이 먼저 우선시되어야 함을 시사해준다. 역동적이고 실질적인 통합의 과정을 통해 통합준비는 서두름 없이 긴 안목을 가지고 인내심을 발휘하여 통합조건을 하나씩 하나씩 개선해나가는 방향으로 진행되어야 한다. 통일교육을 통한 통일의식의 제고, 각종 제도개선, 평화체제구축 등의 통합준비 과정을 통해 점차적으로 통합 촉진요인의 구심력을 강화시키고, 아울러 장애요인의 원심력을 약화시켜야 한다.

셋째, 통합 촉진요인의 구심력과 장애요인의 원심력의 상대적 크기의 차이는 통일한국의 헌법적 제도설계, 유지·운영, 진화 등에 그대로 반영될 것이다. 우선 제도설계 면에서 보면, 통일한국의 국가유형 등의 선택지는 매우 협소할 수밖에 없다. 2개 구성국·적대적 의존관계의 분단대결 구조 등의 구조적 장애요인과 심한 비대칭성·이체제의 이질성·연방민주주의의 부재 등의 제도적 장애요인 등은 통일한국의 연방국가(1연방국가, 1체제, 2개 지역정부)로의 통합이 거의 어렵다는 것을 알려준다. 미약한 구심력과 강력한 원심력으로 형성된 현재의 통합조건 하에서는 통일한국의 연방제 유형은 결합도가 약한 유형, 즉 낮은 단계의 국가연합(2국가, 2체제) 수준의 형성을 당면한 목표로 추진하는 것이 현실적이다. 권력배분의 제도설계 면에서는 약한 중앙의 역할과 기능, 강한 자치성을 가진 지방으로의 수직적 권력배분, 그리고 중앙에서의 강한 지역적 대표성을 갖는 제도화가 우선적으로 검토될 수 있을 것이다.

그리고 연방제의 유지와 운영 면에서는 약한 통합력으로 인해 중앙의 통치력보다도 지방의 자치성, 즉 원심력이 상대적으로 강하게 작용함으로써 통합체의 안정성은 현저하게 떨어질 것이다. 이는 남·북한이 정치적 흥정을 통해 우여곡절 끝에 연방제 통합을 이룬다 하더라도 불안정성이 상존하기 때문에 안정성을 높일 수 있는 특별한 거버넌스의 체계를 구축해야 함을 의미한다.

통합조건의 구성요소들이 늘 가변적일지라도 이들의 미약한 변동성의 한계는 구심력과 원심력 간 상대적 힘의 균형의 변동을 어렵게 만들 것이다. 그 결과 연방제의 진화적 면에서 볼 때, 낮은 단계로부터 높은 단계로의 연방제의 이행에 필요한 새로운 균형의 형성이 더딜 수밖에 없다. 이 때문에 진화의 속도는 그만큼 매우 느리게 진행될 것이다. 따라서 남북통합은 길고 긴 준비과정을 거쳐 점진적, 단계적으로 이루어질 수밖에 없다. 그렇지 않고 단계를 뛰어넘는 급속한 통합은 인위적인 무력적인 강제력 동원이나 국내외의 급격한 정세변화 등 극히 예외적인 환경 속에서 강력한 통합 촉진요인의 구심력이 생겨날 경우에나 가능할 것이다. 또한 통합조건에 더 이상의 개선이 없거나 악화될 경우에는 원심력의 증가로 연방제 형성 자체가 어렵게 될 것이며, 어렵게 연방제 통합을 이루더라도 구성단위체의 분리, 이탈의 위험성이 늘 상존할 것이다.

넷째, 통일과정의 중요성에도 불구하고 한반도적 통합조건을 현실적으로 반영하지 못하고 있는 현재의 통일방안은 통합조건이 고려된 새로운 통일방안으로 대체될 필요가 있다. 새 통일방안의 1차적 목표는 현재의 여건상 연방국가로의 통합이 사실상 어려운 점을 고려하여 당분간은 화해협력을 통한 평화체제 구축 등 평화적 분단관리에 힘을 기울이면서 공존단계인 낮은 단계의 국가연합(2국가, 2체제) 형성을 모색하고, 이후 '협의체적 연합연방'(1국가, 2체제)으로 실질적인 통합을 이루는 것을 통합의 최대치로 설정하는 것이 필요하다. 그런데 국가연합이 통합의 목적보다는 호혜적 이익을 바탕으로 성립한 불안정한 결합의 연방제 유형임을 감안할 때 통합의 최종 목표가 될 수는 없다. 따라서 진정한 통일의 비전을 보여줄 수 있는 보다 큰 틀의 통일방안으로 ① 제1단계: 협의체적 연합연방국가(1국가, 2체제) → ② 제2단계: 높은 단계의 연방국가(1국가, 1체제, 2개 지역부)로 서서히 진화해 나가는 단계적 방안을 마련할 필요가 있다. 물론 각각의 단계별 국가유형에는 이를 형성, 유지시키는 데 필요한 합리적인 선행요건들이 반드시 포함되어야 한다. 제1단계 진입을 위해서는 심리적 문제들의 개선뿐만 아니라, 남북 간 적대성 해소, 북핵문제 해결, 평화협정 체결, 군축, 북한체제의 변화 등이 선행되어야 한다. 그리고 제2단계 진입을 위해서는 남북 간 적대적인 각종 제도들의 개선, 북한체제의 자유민주주의 시장경제로의 전환, 북한의 경제력 향상 등을 통한 비대칭성 개선, 2개 구성국으로 이루어진 불안정한 연방제의 안정화 장치 마련, 주변강대국들로부터의 협조 획득 등이 이루어져야 한다. 이러한 통합조건을 충족시키기 위해서는 장구한 세월의 통합준비기간이 필요할 것이다. 또한 결합의 수준이 낮아 불안정성을 갖고 있는 제1단계에서의 기간이 너무 길어 제2단계로 진화하지 못할 경우에는 다시 독립국가로 퇴행할 수도 있다. 이러한 부정적인 통합경험은 연방제 통합에 대한 기대감 자체를 없애버릴 수도 있다. 2단계의 진화가 성공적으로 이루어지더라도 연방국가가 단일제 국가로 진화한 사례가 없는 점 등을 감안할 때, 연방국가는 통일한국의 최종적인 형태가 될 가능성이 크다.

마지막으로, 심리적, 구조적, 제도적, 국내적, 대외적인 다양한 복합요인들로 구성되어 있는 통합조건은 한국의 특정 정치인이나 정치집단의 의지와 일방적인 노력만으로는 통합의 형성이나 운영, 유지가 성공적으로 이루어지지 못한다는 것을 보여준다. 북한체제의 전환이나 북핵문제 해결, 적대적인 남북관계의 개선을 위해서는 북한의 협조도 필수적이다. 그리고 남과 북 "우리끼리"만이 아닌, 한반도 주변 이해당사국 등의 국제적 협조도 필요하다. 남과 북의 정치지도자, 정부, 시민단체, 개인, 국제적 행위자, 주변 강대국 등 모두가 다함께 협력해야 통합조건의 개선을 기대할 수 있다.

통일한국의 연방제 통합조건에 대한 분석시도에도 불구하고 연구의 한계점은 있다. 우선 통합조건의 여러 가지 변수들을 논할 때, 어느 것이 필수적 요소인지 또는 바람직한 요소인지, 절대적인지 또는 상대적인지, 그리고 어느 것이 더 우선순위가 있는지, 형성에 필요한 것인지, 유지에 필요한 것인지, 연방주의에만 특수한 것인지, 아니면 안정적인 민주주의 체제의 보다 일반적인 조건들인지 등을 명확히 구분해내지 못하였다. 그리고 통일성을 향한 구심력과 다양성을 향한 원심력으로 이루어진 연방제 통합조건을 구성하는 각 요소들의 상대적 힘의 구체적인 크기나 차이를 실증적으로 계량화하지는 못하였다. 향후 실질적인 통일준비를 위해서는 통합조건의 각 구성요인들의 하위에 있는 변수들과 이들 각자를 구성하는 또 다른 하위변수들을 세분화하는 연구도 심도있게 이루어져야 할 것으로 보인다. 연방제 국가의 구체적인 단계적 유형별 통합조건이 무엇인지를 구체적으로 규명해 내는 작업도 필요하다.

연방제는 한국인들이 이제껏 경험해 본 적이 없는 혁신적인 정치제도로서, 통일한국의 연방제의 실험은 매우 불확실성이 높은 제도적 실험이 될 것이다. 그럼에도 불구하고 하나의 연속선상에 있는 연합과 연방의 공통적인 성격과 다양한 형태의 연방제 유형, 그리고 법제·운영의 다양성에 주목할 때, 남과 북이 현재의 통합조건을 개선해 나갈 경우에는 평화적으로 한반도적인 연방제를 만들어낼 수 있는 선택지는 매우 다양하게 존재한다. 앞으로 연방제 통합조건의 개선방법과 통합조건을 고려한 실현 가능한 합리성 있는 통일방안과 법제 등에 관한 연구들이 지속적으로 이루어질 수 있기를 기대해 본다.

참고문헌

1. 국내 문헌

가. 단행본

강원택·이재철·조진만·한정택·김새미, 『남북한 젊은 세대의 통일관』, 서울대학교 통일학연구총서 23(서울: 서울대학교 출판문화원, 2015).
건국대학교 통일인문학연구단, 『통일의 기본가치와 인문적 비전』, 통일인문학연구총서 019(서울: 선인, 2015).
경실련 통일협회 편, 『통일 논의의 쟁점과 통일운동의 과제』(서울: 선인, 2015).
공용득, 『북한의 '연방제' 연구: 중앙과 지방정부의 관계를 중심으로』(서울: 청목출판사, 2005).
국가안전보장회의 사무국 조사동원실, 『국가연합 및 연방의 법적 고찰』, 안보연구자료, 제19호(1973).
국토통일원, 『국가연합이론 검토보고서』(1986).
_____, 『지역통합의 사례(I)』, 통일대화정책개발자료 86-1 (1986).
국회예산정책처, 『한반도 통일의 경제적 효과』(서울: 한디자인코퍼레이션, 2014).
김계동, 『현대 유럽정치론 -정치의 통합과 통합의 정치-』(서울대학교 출판문화원, 2014).
김광철, 『김일성민족주의 정치전략의 비판적 분석』(서울: 북랩, 2014).
김국신, 『남북연합 형성 및 운영방안 연구』(민족통일연구원, 1994).
김국신 외, 『분단 극복의 경험과 한반도 통일 Ⅱ: 독일, 베트남, 예멘의 통일사례 연구』 (서울: 한울, 1994).
김규륜 외, 『한반도 통일의 효과』, 통일비용·편익 종합연구 2014-3(통일연구원, 2014).
김근식, 『대북포용정책의 진화를 위하여』(서울: 한울, 2011).
김명기, 『연방제에 관한 종합적 연구』, 연구논문시리즈 88-07(일해연구소, 1988).
_____, 『남북한연방제 통일론』(서울: 탐구원, 1988).
김용욱, 『한반도 연방제 통일실현의 단계와 과정에 관한 연구』, 한남대학원 박사학위논문(2008.8).
김용재, 『국가연합 형태 통일이후의 국가상』, 국통조 87-1-1(국토통일원조사연구실, 1987).

_____,『한반도 통일론-통일정책의 전개와 전망-』(서울: 박영사, 2012).
미국정치연구회,『미국정부와 정치 2』(서울: 오름, 2013).
민족통일연구원,『제2차대전 후 신생국가의 연방제도 운영사례』, 연구보고서 91-01(1991).
박도태,『연방제 통일론』(서울: 정경숙, 1988).
박명규·강원택·김병로·김병조·송영훈·장용석·정은미,『2015 통일의식조사』(서울대학교 통일평화연구원, 2016).
박응격 외,『서구연방주의와 한국』(고양: 인간사랑, 2006).
박종철·허문영·송영훈·김갑식·이상신·조원빈,『2015 남북통합에 대한 국민의식조사』(통일연구원, 2015).
배정호·제성호,『연방제 통일과 평화협정』(파주: 형성출판사, 2016).
백낙청,『분단체제 변혁의 공부길』(서울: 창작과 비평사, 1994).
성경륭,『국민국가개혁론: 연방주의와 지방주의 논리』(한림대학교 출판부, 1996).
세종연구소,『21세기를 향한 한국의 국가전략』(세종연구소, 1996).
신정현·김영윤·김현·정성장,『국가연합사례와 남북한 통일과정: 남북연합 형성에 관한 새로운 모색』(서울: 한울, 2004).
아태평화재단,『김대중의 3단계 통일론』(아태평화재단, 2009).
안동일,『갈라진 45년 가서 본 반쪽: 안동일 기자의 1989년 북한르뽀』(서울: 돌베개, 1990).
안성호,『양원제 개헌론: 지역대표형 상원 연구』(파주: 신광문화사, 2013).
염돈재,『올바른 통일준비를 위한 독일통일의 과정과 교훈』(평화문제연구소, 2010).
옥태환,『미국연방제 연구-역사적 발전과정 중심으로-』(민족통일연구원, 1991.8).
윤대규 엮음,『북한의 체제전환과 국제협력』(서울: 한울, 2009).
이서행,『한반도 통일론과 통일윤리』(한국학중앙연구원, 2012.8.30).
이수훈 엮음,『동북아 지역협력과 북한의 체제전환: 시나리오를 통해 본 동북아 미래 구도』(서울: 한울, 2012).
_____,『동북아 질서 재편과 북한의 정치경제적 변화』(서울: 한울, 2010).
이수훈·조대엽,『한반도 통일론의 재구상』, 고려대학교 민족문화연구원, 경남대학교 극동문제연구소 공동기획(서울: 선인, 2012).
이옥연,『통합과 분권의 연방주의 거버넌스』(서울: 오름, 2008).
이용희,『미래의 세계정치: 국가연합론 강의』(서울: 민음사, 1994).
이종석,『분단시대의 통일학』(서울: 한울, 1998). 장명봉,『국가연합 사례연구』(국토통일원, 1986).
_____,『분단국가의 통일과 헌법-독일과 예멘의 통일사례와 헌법자료-』(국민대출판부, 2001).
전득주,『한국의 국가권력구조의 개혁방향-미국, 독일, 스위스 사례를 중심으로』(서울: 지식과 교양, 2013).
정은미 · 김병로 · 박명규 · 송영훈, 『북한주민 통일의식 2015』, 서울대 통일평화연구원 통일학연구 23(서울대학교 통일평화연구원, 2016).
제성호, 『북한연방제안의 분석과 평가』(민족통일연구원, 1991).
최선집, 『통일, 그 길을 묻다: 독일의 통일비용재원조달 분석과 한국에의 시사점』(서울: 교보문고 퍼플, 2015).
최양근, 『한반도 통일연방국가 연구: 동북아를 넘어 유라시아로』(서울: 선인, 2014).
최 진, 『통일한국의 전단계로서 국가연합에 대한 연구』, 전주대학교대학원 박사학위논문 (2004.2).
최현호, 『남북한 민족통합론』(서울: 형성출판사, 2003).
허문영 · 이정우, 『통일한국의 정치체제』, KINU 연구총서 10-09(통일연구원, 2010).

나. 논문

강경선, "캐나다, 인도, 미국의 연방제 비교," 『KNOU 논총』, 제49집(한국방송통신대학교, 2010.2), pp. 27-55.
강광식, "남북한통일방안과 통일지향적 과도체제로서의 복합국가체제: 그 수렴과 가능성 탐색," 『한국과 국제정치』, 제24권 제2호 통권 제61호(경남대학교 2008 여름), pp. 73-97.
강동완 · 박정란, "북한주민의 통일의식 조사 연구: 북한주민 100명 면접조사를 중심으로", 『통일정책연구』, 제23권 제2호(통일연구원, 2014년 12월), pp. 1-31.
강성윤, "분단국 공산세력의 연합론과 북한의 연방론," 『안보연구』, 제12호(동국대학교 안보문제연구소, 1982), pp. 55-70.
_____, "연방주의 통합이론에 관한 연구-한반도의 적용가능성 여부를 중심로-," 『행정논집』, 제13집(동국대학교 행정대학원, 1983.11), pp. 175-199.
강원택, "호주 연방제의 특성과 변화," 『아시아리뷰』, 제2권 제1호(서울대학교 아시아연구소, 2012), pp. 187-205.
김갑식, "통일과정에서의 과제와 대안," 『외교』, 제109호(한국외교협회, 2014.4), pp. 45-57.
김근식, "남북관계의 제도화를 위한 근본적 접근: 포괄적 평화," 김영재 · 최진욱 · 박인휘 편, 『국제학술회의: 한반도 평화통일 어떻게 만들 것인가? -제네바 합의 이후 20년의 교훈과 과제』(통일연구원, 2014), pp. 309-329.
_____, "남북관계와 통일," 장달중 편, 『현대북한학강의』(서울: 사회평론, 2013), pp. 280-328.
_____, "남북한 관계의 특성," 『남북한 관계론』(경남대학교 북한대학원, 2007), pp. 112-139.
_____, "연합과 연방: 통일방안의 폐쇄성과 통일과정의 개방성 -6 · 15공동선언 2항을 중심으로," 『한국과 국제정치』, 제19권 4호 통권 43호(경남대학교 극동문제연구소,

2003 겨울), pp. 155-176.
김성우, "북한의 대남 도발 사례분석," 『융합보안 논문지』, 제14권 제3호(한국융합보안학회, 2014.5.30), pp. 79-88.
김신규, "체코-슬로바키아, 슬로바키아-헝가리 갈등양상의 원인과 전망," 『동유럽 발칸학』, 제4권 제1호(동유럽발칸학회, 2002), pp. 314-143.
김영일, "구스타프 란다우어(Gustav Landauer)의 연방주의: 민주주의와 사회주의의 새로운 관계 모색," 『한국정치학회보』, 35집 1호(2001), pp. 43-63.
_____, "연방주의의 비교연구: '보조성의 원리(Subsidiaritaetsprinzip)'에 기초한 새로운 공동생활의 패러다임 모색", 『국제정치논총』, 44집 3호(2004), pp. 217-237.
김용욱, "한반도 연방제통일 실현방안에 관한 연구," 『사회과학연구』, 제18권(충남대학교 사회과학연구소, 2007 겨울), pp. 1-22.
김준석, "국가연합(confederation)의 역사적 재조명: 미국, 독일, 네덜란드 그리고 유럽연합", 『국제정치논총』, 제48집 1호(2008), pp. 143-169.
남광규, "남한의 '3단계 통일방안'과 북한의 '연방제'에 있어 정당의 역할," 『국제문제연구』, 제14권 제1호, 통권53호(국가안보전략연구소, 2014년 봄), pp. 79-107.
남궁영, "국가연합과 '낮은 단계 연방제': 쟁점과 과제," 『세계지역연구논총』, 제24집 3호(한국세계지역학회, 2006.12), pp. 89-113.
_____, "북한 체제변화의 단계와 방향," 『사회과학논집』, 제21권, 제2호(한국외국어대학교 사회과학연구소, 2004), pp. 129-155.
민병천, "한반도의 통합과 분열요인에 관한 연구", 『안보연구』, 제13호(동국대학교 안보연구소, 1983), pp. 5-19.
박명림, "분단질서의 구조와 변화: 적대와 의존의 대쌍관계동학, 1945-1995," 『국가전략』, 3(1)(세종연구소, 1997.2), pp. 41-79.
박영호, "정치통합의 이론적 접근과 정책 현실," 『낮은 통합 단계에서의 통일준비: 2015 남북통합지수의 함의와 활용』(서울대학교 통일평화연구원, 2015.8.11), pp. 1-25.
박정원, "민족주의와 사회주의 연방의 해체: 체코슬로바키아 사례", 『국제정치논총』, 제38집 제2호(1998), pp. 265-290.
박종철, "남남갈등과 통일담론의 지평," 박순성 편저, 『통일논쟁: 12가지 쟁점, 새로운 모색』, 북한연구학회 연구총서 05(서울: 한울, 2015), pp. 59-76.
박호성, "북한통일정책 연구의 쟁점: '연방제' 통일방안을 중심으로," 『북한연구학회보』, 제8권 제2호(북한연구학회, 2004 겨울), pp. 1-31.
성경륭, 윤황, "통일코리아의 국가목표와 국가형태에 관한 연구", 『평화학연구』, 제13권 제4호(한국평화연구학회, 2012), pp. 43-73.
손병권, "통일한국의 의회제도," 윤영관, 강원택 엮음, 『통일한국의 정치제도』, 서울대학교 국제문제연구서 총서 6(서울: 늘품플러스, 2015), pp. 169-199.

손병권, 이옥연, "미국과 캐나다의 연방제 비교연구,"『국제정치논총』, 제44집 제4호(한국국제정치학회, 2004년 12월), pp. 319-340.

송영대, "1국 양체제식 통일방안 고찰: 국가연합제안과 낮은단계의 연방제 통일방안을 중심으로,"『자유공론』, 405(한국자유총연맹, 2000.12), pp. 86-96.

안창호, "연방국가와 국가연합에 관한 일반적 고찰,"『법조』, 530(법조협회, 2000.11), pp. 108-146.

양길현, "남북한 평화통일과 국가연합제 통일방안,"『동아시아연구논총』, 제12집(제주대교 평화연구소, 2001.12), pp. 261-274.

양동안, "남북한공동체 형성을 위한 정치통합," 이서행·양동안·윤황·조영기·박흥기·최문형,『통일시대 남북공동체: 기본구상과 실천방안』(서울: 백산서당, 2008), pp. 91-136.

우성대, "'낮은 단계의 연방제안'과 '연합제안'의 비교연구: 개념적 의미 분석을 중심으로,"『한국동북아논총』, 제12권 제3호 통권 44집(한국동북아학회, 2007년 9월), pp. 109-132.

_____, "북한의 연방제 통일방안의 재검토,"『한국동북아논총』, 제9권 제4호 통권33호(한국동북아학회, 2004.12), pp. 81-101.

윤 황, "북한의 '낮은 단계의 연방제' 분석을 통한 남한의 연합제안과의 비교접근,"『통일문제 연구』, vol. 1, no. 16(2004), pp. 233-266.

이기동, "통일환경의 변화와「민족공동체 통일방안」,"『한국동북아논총』, 제19권 제2호 통권 71집(한국동북아학회, 2014.6.15), pp. 189-208.

이서행, "남북한공동체 형성을 위한 가치통합," 이서행·양동안·윤황·조영기·박흥기·최문형,『통일시대 남북공동체: 기본구상과 실천방안』(서울: 백산서당, 2008), pp. 19-90.

이수훈, "동북아 질서의 재구조화와 한반도 평화,"『입법과 정책』, 제5권 제1호(2013년 6월), pp. 47-60.

이옥연, "다층구조 거버넌스로서의 연방체제,"『한국정치학회보』, 제37집 제5호(2003), pp. 393-416.

_____, "연방제도 다양성과 통일한국 연방제도의 함의,"『한국정치연구』, 제4집 제1호(2015), pp. 55-80.

_____, "연방제 정립과정 비교: 안정된 연방국가 7개국의 다층구조 거버넌스 구축을 중심으로,"『한국과 국제정치』, 제23권 제4호, 통권59호(경남대학교 극동문제연구소, 2007), pp. 99-137.

_____, "오스트리아, 호주, 캐나다, 독일의 연방주의 비교,"『한국과 국제정치』, 제18권

제4호 통권 제39호(2002 겨울), pp. 69-98.
이옥연, 조성대, "연방주의", 미국정치연구회 편, 『미국정부와 정치 2』(서울: 오름, 2013), pp. 85-96.
임채완, 장윤수, "연방제와의 비교를 통해 본 남북연합의 형성조건," 『한국동북아논총』, vol. 28(한국동북아학회, 2003), pp. 79-104.
장명봉, "국가연합(Confederation)에 관한 연구: 우리의 통일방안의 발전과 관련하여," 『국제법학회논총』, 제33권 제2호, 통권 제64호(대한국제법학회, 1988.12), pp. 27-49.
정성장, "남북연합의 제도적 장치 및 운영방안," 신정현 외, 『국가연합사례와 남북한 통일과정: 남북연합 형성에 관한 새로운 모색』(서울: 한울, 2004), pp. 219-257.
_____, "통일정책의 전개와 변화", 박호성·홍원표 외, 『북한사회의 이해-정치·경제·문화-』(고양: 인간사랑, 2002), pp. 369-398.
_____, "한반도민주평화상생통일방안의 모색," 경실련 통일협회 편, 『통일논의의 쟁점과 통일운동의 과제』(서울: 선인, 2015), pp. 187-221.
정용길, "남북한 통일방안과 과도체제 모색," 『사회과학연구』, 제10권 1호(동국대학교 사회과학연구원, 2003년 8월), pp. 7-32.
제성호, "남측 연합제와 북측의 낮은 단계의 연방제 비교," 『국제법학회논총』, 제46권 제1호(대한국제법학회, 2001), pp. 257-276.
조 민, "통일방안의 재검토와 '연방제 프로젝트'," 경실련통일협회 편, 『통일논의의 쟁점과 통일운동의 과제』(서울: 선인, 2015), pp. 155-186.
최완규, "남북한 통일방안의 수렴 가능성 연구: 연합제와 낮은 단계의 연방제," 『북한연구학회보』, 6권 1호(2002), pp. 5-35.
_____, "북한의 연방제 통일전략 변화연구," 『북한조사연구』, 제10권 제2호(국가안보통일정책연구소, 2006년 11월), pp. 95-135.
_____, "북한의 체제전환 전략과 국제협력: 평가와 과제," 『현대북한연구』, 제12권 제1호(북한대학원대학교, 2009), pp. 7-50.
최 진, "국가연합의 기구에 관한 소고," 『비교법학』, 제5집(전주대학교 비교법학연구소, 2005년), pp. 451-470.
_____, "남북의 통일방안으로서 국가연합과 연방국가," 『비교법학』, 제4집(전주대학교 비교법학연구소, 2004년), pp. 259-284.
하병주, "남북예멘 통일수립 특징과 한반도에의 적용-," 『국제문제논총』, 제5집(부산외국어대학 국제문제연구소, 1994), pp. 5-24.
한종수, "독일의 국가연합과 한반도 통일방안," 『국제정치논총』, 42집 2호(2002), pp. 175-194.
함택영, "남북한 통합과정 모델 비교분석," 『한국과 국제정치』, 제16권 제1호 통권 제32호(경남대 극동문제연구소, 2000.6), pp. 161-196.

홍재우, "권력 공유의 실험과 위험: 벨기에 복합연방제의 패러독스," 『한국정당학회보』, 제9권 제2호, 통권 17호(한국정당학회, 2010), pp. 243-278.

2. 북한 문헌

가. 사전

사회과학출판사, 『정치사전』(평양: 사회과학출판사, 1973).

나. 단행본

김재호, 『김정일강성대국 건설전략』(평양: 평양출판사, 2000).
김혜연, 『민족통일의 바른길 -7·4공동성명에서 오늘에 이르는 40년의 력사적 로정을 새겨보다-』(평양: 평양출판사, 2012).
김혜련, 류승일, 최금룡, 『조국통일을 위한 력사적 로정』(평양출판사, 2008).
김혜련, 한남철, 『반통일론 해부』(평양: 평양출판사, 2011).
림이철, 『민족중시의 경륜』(평양: 평양출판사, 2014).
송승환, 『우리 민족제일주의와 조국통일』(평양: 평양출판사, 2004).
심병철, 『조국통일문제 100문 100답』(평양: 평양출판사, 2003).
장 석, 『김정일장군 조국통일론 연구』(평양: 평양출판사, 2002).
최기환, 『6·15시대와 민족공조』(평양: 평양출판사, 2004).
허종호, 『주체사상에 기초한 남조선혁명과 조국통일 리론』(평양: 사회과학출판사, 1975).

3. 외국 문헌

가. 단행본

Anderson, George, *Federalism: An Introduction* (Canada: Oxford Univ. Press, 2008 Forum of Federations).

Barry, Donald D., *Contemporary Soviet Politics: An Introduction*, 2nd ed. (Englewood Cliffs, N. J.: Prentice-Hall, Inc., 1982).

Burgess, Michael, *Comparative Federalism: Theory and Practice* (London and NY: Routledge, 2006).

_____, *In Search of the Federal Spirit: New Theoretical and Empirical Perspectives* in *Comparative Federalism* (Oxford Univ. Press, 2012).

_____, ed., *Federalism and Federation in Western Europe* (London: Croom Helm, 1986).

Burgess, Michael, and Alain-G. Gagnon, eds, *Comparative Federalism and Federation: Competing Traditions and Future Directions* (Toronto: Toronto Univ. Press, 2003).

Davis, S. R., *The Federal Principle: A Journey Through Time in Quest of Meaning* (London: University of California Press, 1978).

Duchacek, Ivo D., *Comparative Federalism: The Territorial Dimension of Politics* (New York, NY: Holt, Rinehart and Winston, Inc., 1970).

_____, *The Territorial Dimension of Politics: Within, Among, and Across Nations* (Boulder, Colorado: Westview Press, 1986). Elazar, Daniel J., *Commonwealth: The Other Road to Democracy* (Lanham, Boulder, New York and Oxford: Lexington Books, 2001).

Elazar, Daniel J., *Commonwealth: The Other Road to Democracy* (Lanham, Boulder, New York and Oxford: Lexington Books, 2001).

_____, *Constitutionalizing Globalization: The Postmodern Revival of Confederal Arrangements* (New York: Rowman & Littlefield Publishers, Inc., 1998).

_____, *Covenant and Civil Society: The Constitutional Matrix of Modern Democracy. The Covenant Tradition in Politics, vol. IV* (New Brunswick: Transaction Publishers, 1998).

_____, *Exploring Federalism* (Tuscaloosa, Alabama: The University of Alabama Press, 1987).

_____, ed., *Constitutional Design and Power-Sharing in the Post-Modern Epoch* (Lanham, MD: Jerusalem Center for Public Affairs and Univ Press of America, 1991).

_____, ed., *Federal Systems of the World: A Handbook of Federal, Confederal and Autonomy Arrangements* (London: Longman, 1994).

Filippove, M., P. C. Ordeshook, and O. Shvetsova, *Designing Federalism: A Theory of Self-Sustainable Federal Institution* (Cambridge: Cambridge University Press, 2004).

Friedrich, Carl J., *Constitutional Government and Democracy: Theory and Practice in Europe and America* (New York: Ginn and Company, 1950).

_____, *Trends of Federalism in Theory and Practice* (New York: Praeger, 1968).

Hueglin, Thomas O. and Alan Fenna, *Comparative Federalism: A Systemic Inquiry* (Canada: Broadview Press Ltd., 2006).

Karmis, Dimitrios and Wayne Norman, ed., *Theories of Federalism: A Reader* (Palgrave, 2005).

Lijphart, Arendt, *Thinking about Democracy: Power Sharing and Majority Rule in Theory and Practice* (London and New York: Routledge, 2008).
Livingston, W. S., *Federalism and Constitutional Change* (Oxford: Clarendon Press, 1956).
Moreno, Luis and Cesar Colino, ed., *Diversity and Unity in Federal Countries* (McGill-Queen's Univ. Press, 2010).
Oates, Wallace E., *Fiscal Federalism* (Hampshire: Gregg Revivals, 1993).
Riker, W. H., *Federalism: Origin, Operation, Significance* (Boston: Little, Brown & Company, 1964).
Sidgwick, Henry, *The Elements of Politics* (London: Macmillan & Co., 1891).
Smiley, D. V. and R. L. Watts, *Intrastate Federalism in Canada*, vol. 39 (Toronto: University of Toronto Univ., 1985).
Watts, Ronald L., *Administration in Federal Systems* (London: Hutchinson Educational Ltd., 1970).
_____, *Comparing Federal Systems in the 1990s* (Kingston: Institute of Intergovernmental Relations, Queen's University, 1996).
_____, *New Federations: Experiments in the Commonwealth* (Oxford at the Clarendon Press: Oxford, 1966).
_____, Working Papers 1998(3), *Federal Systems and Accommodation of Distinct Groups: A Comparative Survey of Institutional Arrangements for Aboriginal Peoples* (Kingston: Institute of Intergovernmental Relations, Queen's University, 1998).
_____, *Comparing Federal Systems*, 3rd ed. (Montreal and Kingston: McGill-Queen's University Press, 2008).
Wheare, K. C., *Federal Government*, 4th ed.(London: Oxford Univ. Press, 1963).
_____, *Modern Constitutions*, 2nd ed.(London: Oxford Univ. Press, 1966).
Ziblatt, D., *Structuring the State: The Formation of Italy and Germany and the Puzzle of Federalism* (Princeton: Princeton University Press, 2006).

나. 논문

Birch, A. H., "Approaches to the Study of Federalism," *Political Studies*, vol. 16, no. 1(1966), pp. 15-33.
Duchacek, Ivo D., "Antagonistic Co-operation: Territorial and Ethnic Communities," Publius: *The Journal of Federalism*, vol. 7, no. 4(1977), pp. 3-30.
_____, "Comparative Federalism: An Agenda for Additional Research," in Daniel J. Elazar, ed., *Constitutional Design and Power-Sharing in the Post-Modern Epoch*

(University Press of American Jerusalem Center, 1991), pp. 23-40.

_____, "Consociations of Fatherlands: The Revival of Confederal Principles and Practices," *Publius*, vol. 12, no. 4(Fall 1982), pp. 129-177.

_____, "Dyadic Federations and Confederations," *Publius*, vol. 18, no. 2 (Spring 1988), pp. 5-31.

Elazar, D. J., "From Statism to Federalism: A Paradigm Shift," *Publius*, vol. 25, no.2 (1995), pp. 5-18.

Friedrich, Carl J., "Federal Constitutional Theory and Emergent Proposals," in Arthur W. Macmahon, ed., *Federalism: Mature and Emergent* (New York: Russell and Russell Inc., 1962), Chap. 26, pp. 510-533.

Livingston, W. S., "A Note on the Nature of Federalism," *Political Science Quarterly*, vol. 67(March 1952), pp. 81-95.

Requejo, Ferran, "Federalism and democracy," in Michael Burgess and Alain-G Gagnon, eds., *Federal Democracies* (NY: Routledge, 2010), pp. 275-298.

Riker, W. H., "Federalism," in F. I. Greenstein and N. W. Polsby, eds., *Governmental Institutions and Processes* (Massachusetts: Addison Wesley, 1975), pp. 93-172.

Simeon, Richard, "Preconditions and Prerequisites: Can Anyone make Federalism Work?," in Thomas J. Courchene, John R. Allan, Christian Leuprecht and Nadia Verrelli, eds., The Federal Ideas: Essays in Honour of Ronald L. Watts(Mcgill-Queen's Univ., 2011), pp. 207-223.

Smith, Jennifer, "Definitions, Typologies and Catalogues: Ronald Watts on Federalism," in Thomas Courchene et al., eds., *The Federal Idea: Essays in Honour of Ronald L. Watts* (McGill-Queen's Univ. Press, 2011), pp. 65-76.

Stepan, Alfred, "Federalism and Democracy: Beyond the U. S. Model," *Journal of Democracy*, vol. 10(4)(1999), pp. 19-34.

Watts, Ronald L., "Comparing Forms of Federal Partnerships," in Dimitrios Karmis and Wayne Norman, ed., *Theories of Federalism: A Reader* (Palgrave, 2005), pp. 233-254.

_____, "Daniel J. Elazar: Comparative Federalism and Post-Statism," *Publius*, vol. 30, no. 4(2000), pp. 155-168.

_____, "Models of Federal Power Sharing," *International Social Science Journal*, vol. 53, no. 167(March 2001), pp. 23-32.

Wheare, K. C., "What Federal Government is," in Patrick Ransome, ed., *Studies in Federal Planning* (London: Macmillan & Co. Ltd., 1943), pp. 17-38.

4. 기타 자료

『노동신문』.

The Pyongyang Times.

통일부: http://www.unikorea.go.kr/content.do?cmsid=3099.

미디어다음: http://media.daum.net/breakingnews/newsview?new.

이산가족정보통합시스템: http://reunion.unikorea.go.kr/reunion/jsp/user/uc.

연합뉴스: http://www.yonhapnews.co.kr/northkorea/2016/07/07/1801000000AKR20160707117500014.HTML.

부록

⟨표 1⟩ 연방제 통합조건 비교연구 사례
⟨표 2⟩ 초국가기구(국가연합)
⟨표 3⟩ 초국가기구(연방국가)

〈부록 표 1〉 연방제 통합조건 비교연구 사례

연구학자	통합요인/성공요인	분화요인/실패요인
위어 (K. C. Wheare) * 영연방, 캐나다 등 연방제 국가 비교연구	① 연방국가 형성 열망 ② 제도의 유사성 ③ 자유민주주의의 존재 ④ 공동의 적에 대한 적개심 또는 두려움과 공동방위를 위한 필요성 ⑤ 인종, 언어, 종교의 공동체와 민족이 결합력을 창출 ⑥ 개별정부로서의 구성단위체들이 既존재 ⑦ 중앙정부와 지방정부에 대한 두 개의 충성심이 공존하지만, 연방정부에 대한 공동의 애착심이 존재 ⑧ 구성단위체들 간 영토, 富, 인구 등 면에서 균형 ⑨ 통치능력을 가진 정치엘리트층의 존재 ⑩ 경제적 자원의 충분한 공급 ⑪ 연방정신의 유지	① 사회적·정치적 제도의 차이 ② 자유민주주의의 부재 ③ 차이가 연방을 창출하지만, 다양성이 한계를 지님 ④ 이전의 정부 경험의 부재 ⑤ 충돌하는 중앙과 지방에 대한 라이벌 충성심 ⑥ 한두 구성 단위체가 다른 구성단위체들을 무시하거나 연방정부의 의지를 꺾을 수 있을 정도의 우위성 보유 ⑦ 지배엘리트층 인력의 충분한 공급부족 ⑧ 경제적 자원과 연방 내 분배 면에서 커다란 불균형 ⑨ 구성단위체들이 자체 재정의 부족으로 헌법적 의무 수행 불능 ⑩ 연방정신의 붕괴
라이커 (W. H. Riker) * 미국 연구	① 중앙화의 필요성 ② 구성단위체들에게 통합체로부터의 보호에 대한 보장을 유지 ③ 중앙과 지방 정부에 대한 동시적인 대중적 충성심 ④ 성숙된 정치제도의 운영 ⑤ 원심적 요소와 구심적 요소를 균형시켜 주는 정당제도의 구조	① 충분한 정도의 중앙화 부재 ② 충분한 정도의 자치나 보호부재 ③ 다양한 비연방적 충성심들의 존재 ④ 비효율적이고 정통성이 부족한 정치적, 법적 제도들 ⑤ 원심적 요소들을 강화, 유지시켜 주는 정당제도의 구조
왓츠 (R. L. Watts) * 캐나다 등 비교연구	① 정치적 독립의 욕구 ② 경제적 이익의 추구 ③ 행정적 효과의 필요 ④ 외교적, 군사적 외교관계의 제고 ⑤ 인종, 종교, 언어 혹은 문화에 기초한 전망의 공동체 ⑥ 지리적 요소, ⑦ 역사의 영향 ⑧ 정치적, 사회적 기구의 유사성과 상이성 ⑨ 정치적 지도력의 특성 ⑩ 국가연합의 성공적 구모델의 존재 ⑪ 헌법 제정에 있어서 영국정부의 영향	① 격차의 수준 ② 독립의 전망 ③ 지역적인 경제적 이익 ④ 행정적 편의 ⑤ 대외관계의 충돌 ⑥ 윤리적 및 문화적 격차 ⑦ 지역적 분산 ⑧ 역사적 일치성 ⑨ 정치적 및 사회적 기구의 비유사성 ⑩ 지역적인 정치 지도력 ⑪ 지역적 자치의 모델 ⑫ 영국의 정치
프랭크 (T. M. Frank) * 1960년대 동아프리카연방, 로데시아연방, 서인도연방 등 비교연구	① 정치엘리트와 그의 추종자들이 연방적 의식 보유 ② 카리스마를 지닌 엘리트 지도자의 역할과 국민들의 광범위하게 공유된 연방적 가치의 정치적 지도자로의 전이 ③ 성공을 위해 필요하지만 그들 자체로는 충분하지는 않은 2차적(secondary) 요소들과 가치들이 이따금씩 생겨나고 점차적으로 성장하여 융합	① 최상의 이념적 결의가 부족. 연방을 목적으로 여기는 연방의 주요 목표에 대한 결의가 부재 ② 연방이 '단지 즉흥적으로 실현될 수 있는 실질적인 이익에 대해서만 구성국에게 정당화된다면 실패. 각 구성국이나 지도자를 위한 단기적 이익은 서로 다르고 모순되기 때문에 파괴적인 갈등을 야기

힉스 (U. K. Hicks) * 말레이시아연방, 인도-파키스탄 연방, 호주, 스위스 등 비교연구	① 문제처리 능력 ② 사회-역사적 측면들을 이해 ③ 구성주 간 인적, 물적 자유 이동 및 자신의 주와 국가에 대한 이중적 충성심 존재 ④ 국가를 형성하고 구성 단위체들의 정체성을 유지할 수 있도록 적절히 고안된 연방 헌법과 제도적 설계 ⑤ 재정연방주의: 효과적인 수입-지출 재분배	① 사회적, 문화적 동질성의 부족 ② 국가의식의 결여 ③ 차이가 최적의 기능을 방해할 정도로 중대한 불일치가 되도록 허용되어서는 안 됨. ④ 성문헌법 상의 균형들이 경제적, 기술적, 혹은 사회적 변화로 인해 파괴 ⑤ 재정불균형: 연방과 구성단위체 수준에서의 불충분한 재원
버제스 (M. Burgess) * 1990년 이후 탈 냉전시대에 새로 생겨난 연방주의 모델들 (이디오피아, 보스니아-헤르체고비나, 이라크)을 비교연구	① 연방 통합체에 대한 열망 ② 공식적 성문헌법 ③ 자유 민주주의의 자발적 또는 강압적 도입 ④ 함께 일할 열망이나 의지, 그리고 능력을 가진 정치 엘리트들의 존재 ⑤ 연방주의적 관계 안에서 공동체내 그리고 공동체간 특정한 정치 공동체들을 대표하고 함께 통합하기 위해 일할 강력한 정치지도자들을 옹호 ⑥ 연방 수준의 경쟁적 정당체제의 창설과 발전을 대표하고 정당화시키도록 고안된 적절한 선거제도의 도입 ⑦ 연방 재정주의의 공정한 실행 체계의 존재 ⑧ 연방적 가치, 신념, 이익을 증진시키고 시민사회, 사회적 자본, 정치적 신뢰 등을 형성, 유지시키며 연방주의적 민주주의를 옹호할 수 있도록 의도적으로 고안된 정치 사회화 과정의 도입 ⑨ 외부적 위협을 줄 수 있는 이웃의 개입이 부재 ⑩ '연방주의 정신'을 형성, 유지.	① 차이와 다양성을 헌법적, 제도적으로 수용할 연방주의적 처방을 도입하기 위한 기존의(또는 생겨나고 있는) 정치체에서의 충분한 열망이나 결의가 부재 ② 정치체 내의 정치적으로 건전한 다양성을 효과적으로 수용하지 못하고 창설 초기에 정통성을 확보하지 못한 연방 헌법의 도입 ③ 자유민주주의의 부재 또는 약화 ④ 기본적인 신뢰 부족, 극심한 정치적 경쟁, 또는 양립할 수 없는 야망 등으로 인해 정치 엘리트들이 함께 일할 능력이 부족 ⑤ 연방의 유지와 통합에 반대되는 하위 구성국의 이익, 가치, 신념 등에 봉사하는 구성국 내 원심력을 증진시키는 식으로 된 정당체계의 구조와 운영 ⑥ 재정 할당과 재분배의 중요 공공정책 이슈들을 효과적으로 처리하지 못하는 재정연방체계의 부재 또는 약화 ⑦ '연방주의 정신'의 부재

*출처: Burgess, *In Search of the Federal Spirit: New Theoretical and Empirical Perspectives in Comparative Federalism* (Oxford University Press, 2012), pp. 220-325의 내용을 표로 정리함.

〈부록 표 2〉 초국가기구(국가연합)

국가연합명	초국가기구	구성	의결방식	기능
스위스 연합 (1291-1789)	타흐자충 (Tagsatzung)	3-19개 칸톤 (2명/칸톤)	1표/칸톤 다수결	전쟁·평화권, 외교사절 접수·파견권, 속령 지배권, 소속 영토 관리권, 위생, 도로수리, 공동주화권, 칸톤 간 불화 중재권
스위스 신연합 (1815-1848)		26개 칸톤		군대조성권 추가
신성로마 제국 (1660-1806)	제국의회 (Reichstag) 산하 집행기구 크라이스 (Kreis)	300여개 정치 단위체	공동안건을 3개 그룹별로 심의, 총회에서 그룹별 투표로 최종 결정 (삼원제)	공동 방위
네델란드 연합 (1581-1795)	국가회의 (States General)	7개 주 (4-6명/주)	1표/주 의장 윤번제	전쟁·평화권, 외교권, 속령 지배권, 군대조성권, 연합재정권, 각 주에 대한 중재권, 공동주화권, 종교권 * 구성주도 외교권 보유
	산하 집행기구 국가이사회 (Council of State)		홀란드 3표, 젤란드, 겔더란드 2표, 기타 각 1표	
독일연합 (1815-1866)	연방총회 (Bundestag)	37개의 작은 군주국, 도시들, 속령들, 오스트리아, 프러시아 등	큰 나라 1표, 작은 나라 5-6 합쳐 1표, 다수결 주의	전쟁·평화권, 외교권, 재정권, 중재권, 무역관계, 연합군
북미연합 (1781-1789)	의회(Congress), 산하 집행위 (Council), 집행위 산하 위원회 (Committee of States)	13개주 (1-7명/주)	1표/주, 중요안건은 9개주 이상의 찬성으로, 그 밖의 안건은 과반수의 찬성으로 결정	전쟁·평화권, 외교사절 접수·파견, 공동방위, 자유의 보호, 복지(무역 및 상업), 안보·군사(징병권 없음), 조폐권, 신용증권 발행권, 도량형, 우편, 州간 분쟁 조정권 * 구성주도 외교권 보유

*출처: 이용희, 『미래의 세계정치: 국가연합론 강의』(서울: 민음사, 1994)의 내용을 표로 정리함.

〈부록 표 3〉 초국가기구(연방국가)

국가		기능	상원
독일	배타적 권한	외교, 국방, 국적, 출입국, 연방 철도·항공, 통화·화폐, 도량형, 관세, 통상, 우편·전신, 연방범죄 * 조약체결권은 연방국가가 갖고 있으나, 집행권과 동의권은 구성국이 보유 * 구성주는 주의 배타적 또는 공유 입법권한을 갖는 분야에서 조약체결권 보유	o 상원의석은 주별 인구비례에 의해 배정 (최다인구 6표, 중간 규모 4표, 최소 인구 3표) o 상원의원들은 국민의 직접 투표에 의하지 않고 지역의회에 의해 지명
	경합적 공유권한	민법, 형법 및 형의 집행, 변호사제도, 호적제도, 결사·집회의 권리, 외국인 체재권, 무기법 및 폭발물법, 경제법, 노동법 및 사회보험, 토지법, 주거제도, 의료법, 자동차교통제도 등 * 연방정부가 미입법시 주가 권한을 행사	
미국	명시적 권한 (위임된 권한)	외교, 국방, 재정(화폐주조 및 가치규제), 대외 및 주간 통상 규제, 육군 및 해군 설립 및 유지, 우편제도 설립 및 유지 * 주는 유보된 권한 및 잔여권한 행사	o 각 주 대표 2명씩으로 구성 o 주 시민들의 직접 선거에 의해 선출 o 상원과 하원은 입법 문제에 있어서 역할이 평등
	암시적 권한	명시권한의 수행을 위해 '필요하고도 적절한' 권한	
	공동 권한	농업, 민법, 형법, 사회보장, 환경보호, 조세, 차관, 은행 및 기업 설립, 법원설치, 일반공공복지, 법령 제정 및 집행, 국경수비대 운영* 연방우위의 원칙	
	금지된 권한	주 수출품에 대한 관세징수, 주 의회 동의 없이 주 영토변경, 공직자에 대한 종교 통관시험 부과, 권리장전과 상충하는 법령제정	
EU	배타적 권한	관세동맹, 역내시장 경쟁규칙 결정, 유로화 통화정책, 해양생물자원 보전, 공동통상정책, 제한된 국제협정 체결권	
	공유적 권한	역내시장, 사회정책, 경제적·사회적·영토적 결속, 농업, 어업, 환경, 소비자 보호, 운송, 유럽횡단 네트워크, 에너지, 자유·안전 및 사법지대, 공동위생분야 공동안전관심사항, 연구·기술개발, 항공분야, 개발협력 및 인도적 지원분야	

인도	지원·조정·보충 권한	건강보호 및 증진, 산업, 문화, 여행, 일반교육, 직업교육, 청년 및 스포츠, 시민보호, 행정협력	o 상원의원을 주별 인구비례에 따라 결정 * 최다 인구수를 갖고 있는 우타르 프라데쉬는 최다의 석인 34석을, 나갈랜드는 1석을, 연방수도인 뉴델리는 3석을, 다른 연방지역은 1~2석으로 차등 배정
	연방목록 권한	외교, 국방, 전쟁과 평화, 주간통상, 주화 및 통화, 철도, 운송, 우편과 통신 등 97개 항목 * 연방정부가 조약체결시 구성국과 협의 의무	
	동시목록	형법 및 절차, 가족법, 계약, 파산, 소셜시큐리티, 신문, 동물보호 등 47개 항목 * 연방정부 우선권	
	잔여권한	헌법에 열거되지 않은 권한	
호주	고유권한	국방, 대외관계, 주화 등 * 조약체결권은 연방국가가 갖고 있으나, 집행권과 동의권은 주정부가 보유 * 잔여권한은 주정부가 보유	o 직접선거로 선출되며 주별 동일 의석 배정 o 상원의 재정에 대한 권한은 법안내용에 대한 수정요구에 그쳐, '억제된 연방주의'로 나타남
	공동권한	은행, 무역, 철도	
캐나다	고유권한	국방, 외교, 국제무역, 국가경쟁력정책, 형법, 통화와 금융, 우편 및 통신, 이민과 고용, 보험 * 주도 고유권한 보유	o 상원의원(104명)은 1867년 당시 9개주를 4개 그룹으로 나누어 그룹별로 24석을 배정(이후 가입한 뉴펀들랜드에 6석, 노스웨스트지역과 유콘지역에 각 1명을 추가 배정) o 수상이 지역정부의 자문을 받아 지명한 인사들을 총독이 임명
	공동권한	관세권, 조세권 등	
	주정부 상대 권한	조약체결권은 연방국가가 갖고 있으나, 집행권과 동의권은 주정부가 보유	
	잔여권한	주정부가 규정하지 않은 권한 보유	
스위스	고유권한	외교, 국방, 관세, 우편, 계량, 화폐, 문화, 환경, 수송, 경제, 외국인 등에 관한 입법 * 잔여권한과 집행권의 대부분은 칸톤이 보유	o 각 칸톤 대표 2명씩으로 구성(46명) o 상원의 칸톤에 대한 독립성이 상대적으로 약함
	공동권한	도로, 민법, 형법, 경찰·치안, 사회보장, 가족법, 주류 등에 관한 입법	

*출처: 최양근, 『한반도 통일연방국가 연구: 동북아를 넘어 유라시아로』(서울: 선인, 2014); 전득주, 『한국의 국가권력구조의 개혁방향』(서울: 지식과 교양, 2013); 이옥연, "오스트리아, 호주, 캐나다, 독일의 연방주의 비교,"『한국과 국제정치』, 제18권 제4호 통권 제39호(2002 겨울), pp. 69-98 등의 내용을 표로 정리함.

찾아보기

ㄱ

강제적 연방제 67, 86, 87
개이농 63
거버넌스 103
거울영상 효과 222
겔리건 255
경제·핵무력 병진노선 229
경합적 권한 130
고려련방제 253
고려민주연방공화국창립방안 70
고려연방공화국안 70
고유권한 130
공급측면의 연방주의이론 99
공동권한 131
공동기구 56, 72, 123
공동기능적 정부간기구 74
공동사무국 72
공유적 권한 133

공치 58, 142
구성단위체 137, 210, 214, 215
구심력 43, 115, 142, 167, 173
국가연합 37, 52, 56, 60, 61, 62, 66, 69, 71, 73, 84, 106, 123, 255
국가연합적 협의체적 연방제 220
국가유형도 50
국제관계 접근방법 85
군사적 조건 78
권력배분 50
권력분산 58
기능적 공동기구 72
기능주의적 접근방법 25, 187
김대중안 25
김일성 민족주의 180
김일성-김정일주의 206
김일성민족 179
김정일 애국주의 206

ㄴ

남남 갈등 233
남북연방제 70
낮은 단계의 연방제 70
네델란드연합 125, 165
노들링거 254
노먼 103
느슨한 련방 69

ㄷ

다양성 41, 50, 55, 63, 115
단방제 50
단방제 국가 51
단원제 117
닫힌 민족주의 179
당-국가체제 206
대쌍관계 동학 223
대안의 사업체계 188
데이비스 79
도이취 45, 82
독일 122, 129
독일연합 126, 163
동맹 68, 72, 74
동방의 핵대국 230
동아프리카공동기구 167
듀차섹 49, 146, 155, 160, 210, 211, 255, 257

ㄹ

라이만 115
라이커 44, 78, 85, 94
라이커-벌취 조건 79
라이파트 218
랏나팔라 86
러시아 148
레닌의 연방론 91
렉터 85
련방 69
련방국가 69
련방제 66
련방제국가 66
로데시아와 니아살란드연방 167
리빙스턴 41, 197, 257
리스터 61, 63

ㅁ

말로리 143
매독스 92
매트릭스 모형의 연방주의 58
명시적 권한 131
모레노 233
미국 120, 131, 144, 162
미국식 연방 모델 94
민족공동체 176, 177
민족통일기구 70
민주적 결핍현상 107
밀러 245

ㅂ

배타적 권한 133
버미오 87
버제스 64, 76, 83, 99, 142, 147, 184, 199, 259
벌취 78
벨기에 157
보스니아-헤르체고비나 135, 156
보스니아-헤르체고비나연방 156
보충성의 원칙 132
북미연합 127
분권화 142
분단체제 223
분화능력 93
분화요인 81, 82, 115
비대칭성 55, 181, 186, 243
비대칭적 연방국가 72, 74
비대칭적 연합국가 72, 74
비례의 원칙 133
비어 104
비영토적 협의체 연방국가 72
비중앙화 55, 58, 64
비핵화 224, 230, 231

ㅅ

사드배치 231
사이버네틱 모형 58
사이비연방제 146
사이프러스 213

사회정치적 생명체론 206
사회주의 연방제 89
상원 119, 244, 246
상호의존성 53
샤 104, 105, 255
성공조건 93, 94, 96, 97, 100
세네감비아연합 167
세방화 213, 215, 221
소련 147
속연방주의 60
수직적 권력배분 129
수평적 권력배분 129
스위스 134, 162
스위스연합 124
스테판 80, 86, 148
스펙트럼 44, 49, 60, 75
시미온 83
신(新)연방주의 145
실패조건 93, 95, 96, 98, 101

ㅇ

아랍공화국연합 167
알레시나와 스폴라오레 248
암시적 권한 131
양원제 119, 212, 244, 245, 246
언약적 연방주의 56
엘라자르 56, 71, 84, 101, 166, 255, 258
연방 35
연방정치 파트너쉽 60, 73

연방국가 36, 41, 46, 51, 55, 56, 59, 60,
　　　61, 62, 64, 71, 73, 107, 129
연방대통령 118
연방민주주의 199, 258, 259
연방민주주의 국가 모델 76
연방법우위조항 129
연방상설위원회 70
연방수도 136
연방적 가치 65
연방적 우의 199
연방적 충성심 199
연방적 흥정 78
연방정치체제 모형 71
연방제 49, 54, 55, 77, 103
연방제 국가유형 58, 60, 108
연방제의 유형 71
연방주의 43, 50, 54, 57, 59, 64, 103, 104
연방주의 사회 41
연방주의 원리 40
연방주의 정신 42, 53, 197
연방주의적 가치 104
연방주의적 정치문화 200
연방화 47, 49, 86
연속선 63, 75
연합기구 56
연합제 38
열린 민족주의 177
영토확장적 조건 78

영합게임 210
예멘 154, 165
오스트롬 255
오스트리아 120, 134, 159
오츠 104
와첸도퍼-슈미트 64, 105
왓츠 52, 73, 82, 88, 102, 104, 106, 139, 221, 258
우리민족끼리 208
우리민족제일주의 179
우산 개념 54
원심력 43, 115, 142, 167, 173
위압적 연방주의 145
위양 88
위어 40, 93, 143, 166, 197
위임된 권한 131
유고슬라비아 168
유니온 72, 73
유럽연합 132
유보된 권한 131
유연 또는 계수 조항 131
유지기반 92
융합 안전공동체 45, 82
이디오피아 148
이라크 135
이옥연 103
이중적 연방주의 144
이체제 151, 250, 252
인도 134

일국양구 통일방안 153
일국양제론 152

ㅈ

자발적 통합 연방제 80, 86
자치 58, 142
잔여권한 130
재정연방주의 140, 145, 247
적대적 의존관계 222, 223
전속적 권한 130
정치적 흥정 44
정치파트너쉽 140
정황적 인과관계 이론 81, 83
제1경제 188
제2차경제 188
제3그룹 211
조선민족제일주의 179
조약 56
주한미군 철수 237
준연방제 146
중앙집권화 142
중앙화 55
지블라트 99
진정한 연방국가 50, 255
진정한 연방주의 49
진화 115

ㅊ

체제유지적 연방제 86, 87

체코슬로바키아 157
초국가 58
초국가기구 68, 70, 118, 123
최고민족연방회의 70
최고민족회의 70

ㅋ

카르미스 64, 103
캐나다 121, 132, 143, 157, 158
콘도미니움 72, 74
콜롬비아 167
키르히너 258
킨케이드 254
킹 80

ㅌ

통일대박론 182
통일방안 24
통일비용 194, 248
통일성 41, 55, 63
통일의 경제적 효과 193
통일의식 190
통일한국 168
통일헌법 253
통합 57, 88
통합 장애요인 174, 197
통합 촉진요인 174, 175
통합능력 93
통합요건 82

통합요인 81, 82, 115
통합조건 115, 168, 173
퇴행 167

ㅍ

파키스탄 122, 212
평화체제 224, 230
평화협정 224
포괄적 연방제도 52
포시스 59, 78
프랑크 95
프리드리히 47, 86, 160, 198
필리포브 외 98

혼합형 74
휴글린 65
흡수통일론 208
힉스 96

C

confederation 22, 23, 117

F

federation 23

ㅎ

한미동맹 236
한반도 문제의 한반도화 232
한반도민주상생통일방안 161
할벌스템 115
핵문제 228
혁 248
헌법적 제도설계 115, 173
헌법적으로 비중앙화된 유니온 73
헤르만스 247
협력적 연방주의 144
협의체민주주의 218
형성기반 92
호주 164
혼합연방제 158

이형근

- 서울대학교(영어영문학 학사), 뉴욕시립대학교 퀸즈대학 (정치외교학 석사), 경남대(정치학 박사) 졸업
  * 논문 제목: 통일한국의 연방제 통일조건
- 주미대사관, 밴쿠버·보스턴 총영사관, 국가안보전략연구원(비상임) 근무
- 현 21세기전략연구원 연구위원